Torsten Weigel

ABENTEUER
SÜDHALBKUGEL

Torsten Weigel

ABENTEUER SÜDHALBKUGEL

Sechs Monate, sechs Länder,
drei Kontinente

Mit 35 farbigen Abbildungen
und einer Karte

www.cpibooks.de/klimaneutral

Mehr über unsere Autoren und Bücher:
www.malik.de

Für meinen Großvater, der mich mit seiner Kreativität,
Sorgfalt und Neugier nachhaltig geprägt hat

Bibliografische Information der Deutschen Nationalbibliothek
Die Deutsche Nationalbibliothek verzeichnet diese Publikation in der
Deutschen Nationalbibliografie; detaillierte bibliografische Daten
sind im Internet über http://dnb.d-nb.de abrufbar.

MALIK NATIONAL GEOGRAPHIC

Originalausgabe
März 2017
© Piper Verlag GmbH, München/Berlin 2017
Redaktion: Matthias Teiting, Dresden
Umschlaggestaltung: Dorkenwald Grafik-Design, München
Fotos: Torsten Weigel
Karte: Ralf Bitter, Hamburg
Satz: Uhl + Massopust, Aalen
Litho: Lorenz & Zeller, Inning a. A.
Papier: Schleipen Fly
Druck und Bindung: CPI books GmbH, Leck
Printed in Germany   ISBN 978-3-492-40409-9

Das Papier wurde aus chlorfrei gebleichtem Zellstoff hergestellt.

Inhalt

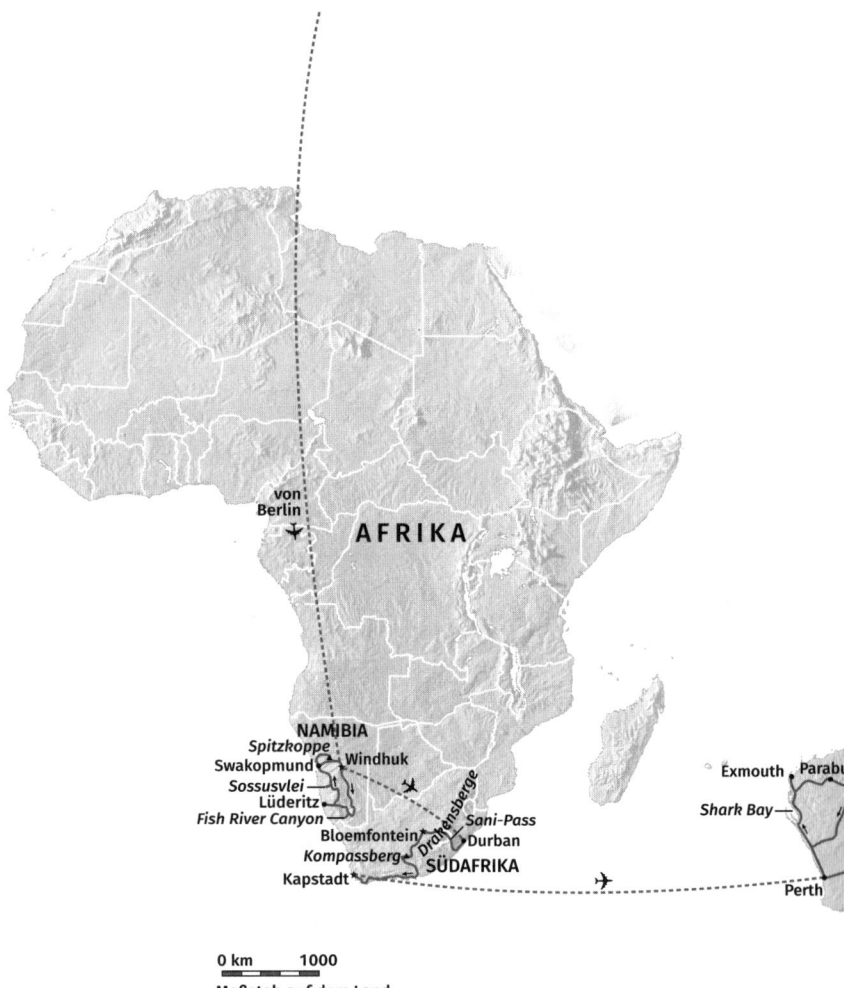

von
Berlin
✈

AFRIKA

NAMIBIA
Spitzkoppe
Swakopmund — Windhuk
Sossusvlei
Lüderitz
Fish River Canyon
Bloemfontein
Drahensberge
Sani-Pass
Durban
Kompassberg
Kapstadt **SÜDAFRIKA**

Exmouth Parabu
Shark Bay
Perth

0 km   1000
Maßstab auf dem Land

nach
Berlin

SÜDAMERIKA

*Chajnantor-Hochebene
(ALMA-Observatorium)*
Calama
Vulkan Láscar

CHILE ARGENTINIEN

Santiago *Paso
Vergara*
Duao *Malargüe* • Buenos Aires
Buta Ranquil *Ruta Nacional 40*
Bahía Blanca

*Torres-del-Paine-
Nationalpark*
Punta Arenas

USTRALIEN

fahrt mit dem Indian Pacific
Sydney

Adelaide Canberra
*arbor-
oene* Melbourne
Tasmanien Launceston
Port-Davey- Hobart
Bucht

Staubiger Auftakt

Spurensuche in Namibia

Geräuschlos öffnet sich die Flugzeugtür. Trockene, heiße Luft strömt in den Flieger und trifft mich wie ein Schlag. Natürlich weiß ich, dass ich vom Herbst geradewegs in den Sommer geflogen bin. Und natürlich ist mir bewusst, dass in Windhuk andere Temperaturen herrschen als in Berlin. Aber an 32 Grad Celsius um 20 Uhr muss ich mich erst noch gewöhnen.

Die Wärme kriecht mir unter die Haut, und bereits nach wenigen Minuten rinnen mir die ersten Schweißperlen von der Stirn. Ich sehne mich danach, meine Jeans gegen eine leichte Baumwollhose zu tauschen und mir den Pullover auszuziehen. Doch vorerst komme ich nicht dazu. Das Flughafenpersonal hat etwas anderes mit mir vor.

Unter dem grellen Licht der Vorfeldbeleuchtung laufe ich mit den anderen Passagieren über das Rollfeld. Es stehen an diesem Abend nur zwei andere Maschinen auf dem Flughafen. Überhaupt bin ich ein wenig überrascht. In großen Lettern prangt der Schriftzug »Hosea Kutako International Airport« weithin sichtbar über dem einzigen Terminal. Trotz des klangvollen Namens kommt jedoch kein internationales Flair auf. Namibias größter Flughafen fertigt im Jahr nicht einmal 800 000 Passagiere ab und ist kaum mehr als ein Betonstreifen in der Steppe. Ein paar Palmen wiegen sich leicht im Wind. Ab und an flattern Vögel kreischend durch die Luft. Ansonsten sehe ich nicht viel. Sogar die Beleuchtung der Landebahn wurde soeben ausgeschaltet. SA78 aus Johannesburg war der letzte Flug des Tages.

Dann wird die friedliche und verschlafene Atmosphäre unvermittelt gestört. Fünf Männer in weißen Kitteln stellen sich den Passagieren in den Weg. Eine Gruppe bewaffneter Polizisten fordert uns dazu auf, dass wir uns in eine Reihe stellen. Die Situation ist so surreal wie beunruhigend. Ich beobachte die Menschen und verhalte mich ruhig. In meinem Kopf kreisen die Gedanken. Was könnten die Männer wollen? Handelt es sich um eine Drogenkontrolle? Gibt es bestimmte Lebensmittel, die man nicht einführen darf? Im Geiste prüfe ich die Nahrungsmittel in meinem Handgepäck. Aber außer einem Apfel, einem labbrigen Brot und einem Stück Schokolade habe ich nichts dabei. Das sollte wohl in Ordnung sein.

Es stellt sich heraus, dass uns die Männer auf Symptome des Ebolavirus überprüfen wollen. Mit Laserpistolen messen Ärzte unsere Körpertemperatur. Außerdem muss ein Fragebogen ausgefüllt werden. »Hatten Sie in letzter Zeit hohes Fieber, Muskelschmerzen, Magenkrämpfe oder Durchfall?« Nein, nichts von dem trifft auf mich zu, und ich darf passieren. Erfreulicherweise hat auch mein Gepäck den Weg nach Namibia gefunden, und so stehe ich nach einem kurzen Stopp beim Zoll wenig später auf der Straße vor dem Terminal und atme tief durch. Jetzt bin ich hier. Das Abenteuer kann beginnen.

Eineinhalb Jahre habe ich geplant und auf den Tag des Abflugs hingearbeitet. Nach dem Ende meines Geografiestudiums und dem Scheitern einer langen Beziehung war der richtige Zeitpunkt gekommen, um zu neuen Ufern aufzubrechen. Ich habe überlegt, was ich mit meinem Leben anstellen möchte, und mich für eine Weltreise entschieden.

Der Traum, einmal die Welt zu umrunden, spukte schon lange in meinem Kopf herum. Ich weiß nicht so recht, warum. Vielleicht wollte ich als Geograf einfach nur sichergehen, dass die Welt wirklich rund ist? Außerdem würde sich so die Chance ergeben, neue Länder kennenzulernen und spannende Menschen zu treffen.

Aus früheren Unternehmungen habe ich gelernt, dass ich der Reisetyp »Nomade« bin. Ich hocke ungern wochenlang an einem Ort. Ich will raus, mich weiterbewegen, frei sein und verschiedene Facetten eines Landes entdecken. Das Thema Bewegung sollte sich deshalb zu einem zentralen Element meiner Tour entwickeln. Mit ganz verschiedenen Fortbewegungsmitteln würde ich unterwegs sein und dabei immer wieder den körpereigenen Kräften vertrauen. Die Möglichkeit, mich von ausgetretenen Pfaden zu lösen und auf die Einheimischen zuzugehen – das war es, was mich von Beginn an reizte.

Nie im Leben hätte ich allerdings gedacht, dass es ein derart langer Weg von den ersten Träumereien bis zur Durchführung werden würde. Ein Knackpunkt war die genaue Route. Da ich den Reisebeginn für Oktober geplant hatte, nahm ich die Südhalbkugel ins Visier. Nichts gegen den Winter. Aber die Verlockung war groß, dem nasskalten und oft trüben Wetter meiner Heimatstadt Berlin zu entfliehen und dem Sommer hinterherzureisen. Ich suchte einen Weg, die Welt südlich des Äquators zu umrunden und dabei möglichst die Regionen zu meiden, die politisch allzu instabil waren oder von denen ein hohes medizinisches Risiko ausging. Da ich über weite Strecken allein unterwegs sein würde, wollte ich mich nicht unnötig in Gefahr begeben.

Der südliche Wendekreis kristallisierte sich als nördliche Begrenzung heraus. Namibia, Südafrika, Lesotho, Australien, Chile und Argentinien sollten demnach auf meinem Kurs liegen. Alles Staaten, die zahlreiche Möglichkeiten für Abenteuer fernab der

Touristenströme bieten und für mich Neuland sein würden. Sechs Monate, sechs Länder. Das passte.

Als ich die grobe Route endlich ausgetüftelt hatte, tat sich eine neue Baustelle auf – die Logistik. Schließlich musste ich mich gleichermaßen auf Wüsten, Regenwälder und Hochgebirge einstellen. Als Fortbewegungsmittel wählte ich Auto, Flugzeug, Bahn, Kajak, meine Füße und das Fahrrad.

Je länger ich mich mit dem Projekt beschäftigte, desto mehr Fragen taten sich auf. Der Teufel steckte im Detail. Einige Freunde beobachteten den Prozess der Vorbereitung mit einer Mischung aus Neugier und Mitleid. Wenn ich mal wieder übernächtigt zu einem Treffen erschien, durfte ich mir anhören, dass ich das Ganze doch lockerer sehen sollte. Aber genau das wollte ich nicht. Die Vorbereitung auf einen dreiwöchigen Strandurlaub ist nun einmal eine andere als die für eine halbjährige Weltumrundung mit Abschnitten, die an entlegene Orte führen und Expeditionscharakter besitzen. Ich wollte mich physisch und mental bestmöglich vorbereiten.

Es kam der Punkt, an dem ich die Ausrüstung mehrfach geprüft hatte. Ich hoffte, dass ich alles berücksichtigt hatte, und ging dennoch davon aus, irgendetwas übersehen zu haben. Nur selten gelingt die perfekte Planung – das wusste ich von meinen vergangenen Reisen.

Ich gehöre zu der Sorte Mensch, die nicht an das Schicksal glaubt, sondern versucht, die Ereignisse mit wissenschaftlichen Fakten zu erklären. Umso komischer fühlte es sich an, als ich einen Tag vor meinem Abflug am Zelt einer Wahrsagerin vorbeikam. Ich ging natürlich nicht hinein. Im Rückblick frage ich mich allerdings, was wohl passiert wäre, wenn ich es doch getan hätte. Hätte mir die Frau sagen können, dass ich zwei entscheidende Details bei meiner Planung übersehen hatte? Scheinbare Kleinigkeiten, die mich später vor große Probleme stellen sollten?

Davon ahnte ich nichts, als ich in Berlin-Tegel eincheckte. Ich hievte meinen Rucksack auf die Waage und beobachtete, wie sich die Anzeige bei dreiundzwanzig Kilogramm einpendelte. Perfekt. Mit dem Flugticket in der Hand ging ich in Richtung Sicherheitskontrolle. Meine Mutter und zwei gute Freunde begleiteten mich.

»Halt dich wacker«, meinte Gerald und gab mir einen Klaps auf die Schulter. Er ergänzte grinsend: »Wir sehen uns dann im Februar in Chile.«

Katja drückte mich und sagte, ich solle auf mich aufpassen. Zur Vorsicht mahnte auch meine Mutter, die mich nicht zum ersten Mal ziehen lassen musste und wohl eine Mischung aus Stolz und Angst empfand. Schließlich hatte ich die Reiselust von ihr geerbt, was aber auch bedeutet, dass sie bestens über die Risiken Bescheid wusste, die eine solche Tour mit sich bringt. »Melde dich mal«, gab sie mir noch mit auf den Weg. Dann löste ich mich und trat meine Reise an. Ich mag Abschiede nicht besonders. Die Vorstellung, vertraute Menschen in der einen Sekunde zu umarmen und im nächsten Augenblick monatelang von ihnen getrennt zu sein, löst ein unbehagliches Gefühl in mir aus.

Ich ging zügig in Richtung Kontrolle. Noch ein Blick zurück, noch einmal winken. Dann bog ich um die Ecke und stand inmitten wildfremder Menschen. Fortan war ich auf mich allein gestellt. Nach Monaten der Vorbereitung und tagelangen Verabschiedungen stellte sich eine Mischung aus Leere, Vorfreude und Erleichterung ein. Über allem schwebte eine große Wolke der Müdigkeit. Auf der rund zwanzigstündigen Reise ins afrikanische Windhuk holte sich mein Körper dann das zurück, was er in den Vorwochen nur unzureichend bekommen hatte – Schlaf.

Die ersten Meter

Nach der langen Anreise und einer ersten Nacht auf afrikanischem Boden sitze ich am nächsten Morgen neben meinem Rucksack und breite die Landkarte aus. Ich betrachte die vielen Gelb-, Grau- und Ockertöne auf dem Papier. Sie markieren die großflächigen Wüsten, Halbwüsten und Steppenlandschaften des Landes und dominieren die Karte. Ich fahre mit meinem rechten Zeigefinger über die Sandflächen und folge der B1 nach Süden. Wie ein langer, dünner Asphaltfaden zerschneidet die Straße das Land. Beim Blick auf die Kilometerangaben wird mir einmal mehr klar, wie riesig Namibia ist. Der Staat, der im Westen vom Atlantik begrenzt wird, ist knapp zweieinhalb Mal so groß wie Deutschland. Mir klingen die Worte des Taxifahrers im Ohr, der mich gestern vom Flughafen ins vierzig Kilometer entfernte Windhuk gebracht hat: »Achte immer auf deinen Benzinvorrat«, riet er mir. Noch zwei weitere Tipps hatte er parat: »Nimm genug Wasser mit und geh davon aus, dass die Einheimischen wie Verrückte fahren.«

Ich markiere die Tankstellen auf der Karte und lege mir eine Route zurecht. Demnach würde ich über Mariental und Keetmanshoop zum Fish River Canyon fahren und dann wieder in Richtung Norden abbiegen.

Tief in meinen Gedanken bemerke ich nicht, wie eine weitere Person den Raum betritt. Es ist Holger, der deutsche Besitzer der Unterkunft, in die ich mich für die Nacht einquartiert hatte. Er mustert mich.

»Was hast du vor?«, will er wissen.

»Erst mal Richtung Süden. Dann weiß ich es nicht so genau«, entgegne ich und zeige ihm auf dem Papier meinen groben Plan.

Er runzelt die Stirn: »Du bist also allein unterwegs und willst mit einem Corolla durch Namibia fahren? Nun ja, viel Glück. Wenn du wachsam bleibst und mutig bist, dann wirst du auf dieser Tour wunderschöne Gegenden entdecken.« Nach einer kurzen Pause ergänzt er, wie ungewöhnlich es sei, dass ein Namibia-Reisender mit unklaren Vorstellungen ins Land kommt. »Die meisten haben jeden Tag genau geplant und folgen einem detaillierten Programm.«

Ich erkläre Holger, dass das Reisen für mich wie das Erschaffen eines Gemäldes ist. »Den Rahmen baue ich vorher, das Bild male ich unterwegs.« Um die grundlegenden Dinge wie Flüge und Mietwagen habe ich mich vor der Abreise gekümmert. Alles andere entscheide ich vor Ort. Das lässt mir die Möglichkeit zur Spontaneität, denn nichts ist so gut wie der Geheimtipp eines ortskundigen Einheimischen.

Die lose Planung hat allerdings einen Nachteil – die Ungewissheit.

Als ich nach Monaten der Vorbereitung und Tagen der Anreise endlich im Corolla sitze und Richtung Süden rolle, weiß ich nicht, was mich erwartet. Am Anfang ist das nicht weiter schlimm. Im Radio läuft ein Song von Shakira. Ich trommele auf dem Lenkrad und singe im Duett mit der kolumbianischen Pop-Röhre.

Nach neunzig Kilometern lege ich die erste Pause ein. Ich befinde mich etwas südlich von Rehoboth und habe den südlichen Wendekreis passiert. Zusammen mit dem nördlichen Wendekreis markiert dieser Breitengrad den Bereich, in dem die Sonne im rechten Winkel zum Erdboden stehen kann. »Tropic of Capricorn« lese ich auf dem verrosteten Schild am Straßenrand. Ich hatte lange überlegt, wie es sich wohl anfühlen würde, das erste Mal diese imaginäre Grenze zu passieren.

Die Antwort fällt wenig romantisch aus. In der Mittagshitze stehe ich neben dem Auto und beobachte, wie zwei Plastiktüten durch die Luft segeln. Sie tanzen auf und ab, ehe sie zu Boden sinken und sich im flachen Dornengestrüpp verhaken. Mit der nächsten kräftigen Böe beginnt das Spiel von vorn. Mit Ausnahme dieses Anblicks gibt es nicht viel zu sehen. Rundherum flimmert die Hitze über der kargen Landschaft. Hochgefühl? Fehlanzeige! Nach fünf Minuten und zehn Fotos habe ich genug von diesem trostlosen Ort und setze meine Fahrt fort.

Ich spüre, wie mir die Ernüchterung etwas von meinem Elan genommen hat. Was hatte ich denn erwartet? Einen Empfang mit Pauken und Trompeten? Ein rotes Band zum Durchschneiden, frei nach dem Motto »Herzlichen Glückwunsch, Herr Weltreisender, Sie haben jetzt Ihren Reisebereich erreicht«? Sicherlich nicht. Dennoch ahne ich beim Anblick der vorbeiziehenden Landschaft, dass die nächsten Wochen einige Herausforderungen bereithalten werden.

Zu allem Übel verlasse ich nun auch noch den Empfangsbereich der Radiosender. Nur ein leises Rauschen kommt noch aus den Boxen. Ich drücke auf den Aus-Knopf, dann ist es still. Abgesehen vom monotonen Fahrgeräusch gibt es keinerlei Ablenkung mehr. An der Landschaft habe ich mich mittlerweile sattgesehen. Mit jedem Kilometer, den ich mich von Windhuk entferne, sehe ich weniger Autos. Drei Fahrzeuge in dreißig Minuten – das ist auf dieser Strecke schon viel.

Auf meinem Weg nach Süden bleibt das Landschaftsbild nahezu unverändert, und außer einer nächtlichen Begegnung mit einem Springbock, der an der Abspannleine meines Zeltes knabbert, passiert nichts Aufregendes. Ich habe mich mittlerweile auf einen ziemlich einseitigen Abschnitt eingestellt und hänge meinen Gedanken nach, als ich mein Auto zwanzig Kilometer von Klein-Karas entfernt abstelle. Ich greife meinen Kamerarucksack, packe zwei Flaschen Wasser und Schokolade ein. »Nach sechs Stunden im Auto kann ein bisschen Bewegung nicht schaden«, sage ich laut zu mir selbst. Dann marschiere ich los. Mein Ziel ist ein kleiner Berg, der in rund zwei Kilometer Entfernung die Gegend überragt.

Mit jedem Schritt komme ich dem ersehnten Aussichtspunkt näher, die Kletterpassage am Ende ist genau nach meinem Geschmack. Ein Lächeln huscht über mein Gesicht, als ich in die entscheidenden zehn Meter einsteige. Seit meinen ersten Versuchen in der Jugend empfinde ich beim Klettern ein Gefühl der Freiheit. Ich liebe es, einen Felsen hinaufzukraxeln, den vor mir keine oder nur wenige Menschen von oben gesehen haben. Ich fühle mich dann wie ein Entdecker, der im 21. Jahrhundert aufbricht, um neue Ziele zu erkunden. Es geht in diesen Momenten ausschließlich um den Menschen und den Berg. Das ausgeschüttete Adrenalin führt dazu, dass sich die Situation wahnsinnig intensiv anfühlt und ich vollkommen im Augenblick gefangen bin.

»Klettern ist kein Kampf gegen die Elemente. Weder gegen das Gesetz noch gegen die Schwerkraft. Es ist ein Kampf gegen dich selbst«, sagte einst der berühmte italienische Alpinist Walter Bonatti. Zwar bin ich bei Weitem nicht so extrem unterwegs wie Bonatti damals, aber ich denke oft an seine Worte, wenn ich am Fuß einer Felswand stehe. Es ist ein überlebenswichtiger Prozess, die eigenen Fähigkeiten und die Schwierigkeiten der Route gegeneinander abzuwägen. Die Kunst besteht darin, die Balance zwischen dem notwendigen Grad der Sicherheit und dem persönlichen Wunsch nach Nervenkitzel zu finden. Schlägt das Pendel zu sehr in eine der beiden Richtungen aus, ist die Tour entweder langweilig, oder man ist tot.

An diesem Abend habe ich keine Zweifel. Ich werde den Aufstieg schaffen, denn der Fels ist fest, ich fühle mich gut und komme zügig voran. Mir läuft das Wasser im Mund zusammen, als ich an die süße Fracht in meinem Rucksack denke. Ich freue mich auf einen genussvollen Moment und auf die friedliche Atmosphäre auf dem Gipfel.

Bis wenige Meter vor dem Ziel deutet nichts auf eine anstehende Überraschung hin, doch dann traue ich meinen Augen kaum. Ich hatte hier – in einer fast vollständig unbewohnten Gegend unweit des Fish River Canyon – mit wilden Tieren gerechnet, aber nicht mit Menschen. Als ich meinen Kopf über die Steilkante strecke, stehe ich vor sieben gut gekleideten Touristen mit Weingläsern in der Hand, und ich weiß nicht, bei wem die Verwunderung größer ist. Es folgt eine lange Phase des ungläubigen Anstarrens. Erst dann löst sich die Situation auf.

Ich schnappe französische Wortfetzen auf und wage einen zaghaften Vorstoß.

»Bonjour, je suis Torsten.«

Mein Gegenüber lacht. »Englisch geht auch, lass uns Englisch reden.«

Nur zu gern. Denn ich muss zugeben, dass von meinem Schulfranzösisch allenfalls ein schäbiger Rest übrig geblieben ist und ich froh darüber bin, dass die Landessprache meiner ersten vier Reiseetappen Englisch ist.

Ich erkläre, dass ich weder obdachlos noch verrückt bin und den Aufstieg über den »impossible way« gar nicht so schlimm fand. Sie zeigen mir, dass auf der anderen Seite des Berges eine Lodge steht und sie sich in diesem Moment zum Sundowner hier oben getroffen haben. Zwanzig Minuten haben sie gebraucht, über einen einfachen Weg mit Treppen. Ob ich auch einen Wein will, werde ich schließlich noch gefragt.

Verdattert stehe ich kurze Zeit später mit einem sechs Jahre alten Rotwein in der Hand auf dem Felsen und schaue in die Ferne. So hatte ich mir das nicht vorgestellt. Aber nun gut, dann teile ich den Sonnenuntergang eben mit einer Gruppe französischer Oldtimerliebhaber. Beim Blick in die Ferne vergesse ich ohnehin alles um mich herum: Kräftige Gelb- und Rottöne bedecken große Teile der Himmelsleinwand. Am Horizont liegen staubhaltige Luftschichten über den Bergketten, nur die höchsten Spitzen ragen aus der dunstigen Suppe heraus. Die Farben sind warm, die Konturen weich. Es sieht aus wie gemalt. Ab und zu schwebt ein Vogel vorbei und dreht seine Kurven genau vor meinen Augen. Mit seiner Flugeinlage verabschiedet er den Tag. Wenig später verblasst die Dämmerung, und das Schwarz der Nacht breitet sich aus. Höchste Zeit, den Rückweg anzutreten. Immerhin will ich über den »impossible way« auch wieder hinabsteigen. Die in Stein geschlagenen Treppen zu benutzen kommt für mich nicht infrage.

Als ich mich gerade auf den Weg machen will, kommt ein Mann auf mich zu und gibt mir zu verstehen, dass ich warten soll.

»Wo schläfst du heute«, will er wissen.

»Ich zelte irgendwo«, entgegne ich. Eigentlich habe ich es eilig und will kein langes Gespräch anfangen.

Doch der Mann lässt nicht locker. »Im Zelt? Ganz allein? Komm doch zu uns in die Lodge.«

»So wie ich das sehe, ist das nicht meine Preisklasse«, antworte ich augenzwinkernd.

Nun fängt der Mann an zu lachen und streckt mir seine rechte Hand entgegen: »Ich bin Tom und der Manager dieser Unterkunft. Wenn du willst, kannst du heute Nacht kostenfrei bei uns schlafen – und beim Abendessen erzählst du mir dann von deiner Tour und erklärst mir, warum du freiwillig in der Kalahari zeltest.«

Das lasse ich mir nicht zweimal sagen. Erstens habe ich nach ein paar trostlosen Tagen rein gar nichts gegen einen geselligen Abend einzuwenden, und zweitens ist die Aussicht auf ein bequemes Bett und eine warme Mahlzeit, die ich nicht auf meinem Benzinkocher zubereiten muss, sehr verlockend. Freudestrahlend schlage ich ein.

»Na dann, bis später, ich hole nur das Auto nach«, sage ich und verschwinde rasch.

»Da sind auch Treppen«, höre ich Tom noch rufen. Doch ich winke ab und setze meinen Abstieg im Schein der Stirnlampe fort.

Zwei Stunden später sitze ich an einem reich gedeckten Tisch. Ich habe mir mein einziges Poloshirt angezogen und die Hose mühevoll vom Staub befreit. Auf ein Galadinner war ich nicht eingestellt. Aber glücklicherweise stört sich niemand an meiner vergleichsweise schlichten Garderobe.

Der Kontrast zu den Vorabenden könnte kaum größer sein. Bisher habe ich im Staub neben meinem Zelt gesessen, nun befinde ich mich in einem Raum mit geschliffenem Steinfußboden. Im Kamin lodert ein Feuer und hält die Kälte der Nacht fern. An den Wänden hängen Bilder. Sie erzählen Geschichten aus der Vergangenheit des Landes und vermitteln einen Eindruck davon, was sich hier seit der Kolonialzeit verändert hat. Das Knacken und Knistern des brennenden Holzes wird nur durch die gedämpften Gespräche der Gäste und das Klappern des Bestecks gestört. Ohne Frage, es ist ein Ort zum Wohlfühlen. Und ich bin unverhofft mittendrin.

Tom kommt ruhigen Schrittes um die Ecke und setzt sich zu mir. Er ist ein jung gebliebener Mittvierziger, dessen eigentlich helle Haut durch die intensive Strahlung einen dunklen Teint angenommen hat. Er redet langsam und mit kräftiger Stimme.

»Na, wie schmeckt dir das Antilopengulasch«, fragt er mich und grinst dabei, als ob er die Antwort schon ahnen würde.

»Vorzüglich«, antworte ich und streiche mir zur Bestätigung über den Bauch.

Tom hat viele Fragen, und der Abend wird lang. Ich erzähle ihm etwa davon, dass ich zwar einige Sponsoren habe, die mich mit Ausrüstung unterstützen, ich aber den Großteil der Reise aus eigener Tasche finanziere. Deswegen wäre es auch nicht clever, bereits auf der ersten Etappe wie ein König zu leben und dann am Ende keinen Spielraum mehr zu haben. Schließlich bin ich kein Millionär und habe lange für diese Tour gespart. Tom kann sich nur schwer vorstellen, dass ich kein Problem damit habe, dauerhaft im Zelt zu schlafen und wochenlang allein unterwegs zu sein. Er fragt mich immer wieder nach dem Warum, und irgendwann merke ich, dass wir in manchen Punkten einfach unterschiedliche Vorstellungen vom Leben haben.

Es ist weit nach Mitternacht, als ich den Speisesaal verlasse und an die frische Luft trete. Tom und ich haben einige Bierflaschen geleert, und für jemanden wie mich, der sich beim Alkohol sonst zurückhält, hätte es auch nicht viel mehr sein dürfen.

Die klare kalte Luft weckt noch einmal die Lebensgeister. Ich bleibe stehen und lege meinen Kopf in den Nacken. Wahnsinn. Tausende Sterne funkeln über mir. Außer dem Zirpen einiger Grillen ist es totenstill. Es wäre ein guter Zeitpunkt, um über den Sinn und Zweck des Lebens zu philosophieren. Aber jetzt bin ich dafür zu müde und beginne zu frösteln. So heiß es am Tag in der Wüste ist, so kalt wird es in der Nacht. Höchste Zeit, ins Bett zu gehen, denn morgen will ich mich zum Canyon vortasten.

Update 17 vom 25. Oktober (27°380' S, 17°36' O): Nach der unerwartet komfortablen Nacht in der Lodge suche ich den Gegensatz. Der Abstieg in den Fish River Canyon ist aus Sicherheitsgründen gesperrt, da vor zwei Wochen eine Touristin an einem Hitzschlag starb.

Ich tippe diese Zeilen in einen kleines schwarz-gelbes Gerät und jage die Information via Satellit zu einem Freund in Berlin. Sofern die Technik funktioniert, wird Max das Update als SMS bekommen und auf meiner Homepage in der Rubrik »Kurzmeldungen« öffentlich sichtbar machen.

Das handygroße Objekt hat noch mehr zu bieten. In einem von mir ausgewählten Intervall sendet es Positionsangaben direkt auf meine Internetseite. Mein Standort ist dann für jeden und auf fünf Meter genau zu sehen. Das kleine Ding ist meine Lebensversicherung. Würde mich abseits des Handyempfangs eine Schlange beißen oder eine schwerwiegende Panne ereilen, so könnte ich zumindest noch einen Notruf mit meiner aktuellen Position absetzen. Rettungsmannschaften hätten es dann leichter, mich zu finden.

An jenem Oktobertag verschicke ich die 17. Textmeldung der Reise. Das Ganze dauert nicht mehr als zwei Minuten, dann stecke ich den Empfänger weg und kehre aus der virtuellen Welt zurück in die reale. Und was ich da sehe, raubt mir den Atem.

Ich stehe an einem steilen Abhang, zu meinen Füßen windet sich der Fish River um 180 Grad und schneidet sich mehrere Hundert Meter tief in den Boden ein. Es wirkt, als hätte die Erde ihre obersten Hautschichten verloren und gäbe den Blick auf das Darunterliegende preis. Seit fünfhundert Millionen Jahren bearbeitet das Wasser die Steine. Mit Blick auf den fernen Grund des derzeit nahezu ausgetrockneten Flussbettes erinnere ich mich an mein Geografiestudium. Im zweiten Semester lernte ich in der Geomorphologievorlesung, dass der Fish River Canyon mit 160 Kilometer Länge der größte Canyon Afrikas und der zweitgrößte der Welt ist. Nur der Grand Canyon in den Vereinigten Staaten ist noch größer. Damals betrachtete ich dazu ein kleines Bild im Lehrbuch. Jetzt stehe ich direkt an der Felskante und bin mittendrin in der Landschaft.

Unten steht die Hitze, und ein kurzer Test endet mit der Erkenntnis, dass ich irre wäre, bei diesen Temperaturen tiefer hinabzusteigen. Ich begnüge mich stattdessen mit einer Wanderung entlang der Kante, wobei ich aufpassen muss, nicht von einer Böe erfasst und in die Tiefe geweht zu werden.

Am Rand der Schlucht lerne ich Allan kennen. Den quirligen Engländer schätze ich auf etwa siebzig Jahre. Er hantiert mit einer teuren Kameraausrüstung herum, und wir kommen schnell ins Gespräch.

»Welche Farbtemperatur stellst du bei dieser Landschaft hier ein?«, fragt Allen und kaut dabei energisch auf seinem Kaugummi herum.

Will er mich testen? Noch nie hat mich jemand im zweiten Satz nach der Farbtemperatur meiner Fotos gefragt. Diese recht spezielle Einstellung wird meist automatisch definiert. Dabei sorgen die geringen Farbtemperaturen für eine Blaufärbung, die höheren für einen intensiveren Rotton.

»6200 Kelvin. Ich denke, das wird dem Rot und Braun der Umgebung gerecht«, sage ich und drehe am Einstellrad meiner Canon 7D, um andere Werte zu probieren.

»Hmm. Gut. Ich habe 6300«, meint Allan und vergisst für eine Sekunde seinen Kaugummi.

Wir haben beide dieselbe Kamera. Allerdings hat Allan fünf Objektive mehr dabei. Ich schleppe auf meiner Weltreise lediglich drei Linsen mit mir herum, die den Brennweitenbereich von zehn bis dreihundert Millimeter abdecken. Dazu kommen das Stativ und die Ersatzakkus.

Allan entpuppt sich als leidenschaftlicher Fotograf, der seit seiner Pensionierung durch die Welt streift, um Fotos zu machen. In Namibia ist er zusammen mit seiner Schwester Elisabeth unterwegs, die seit knapp vierzig Jahren in Südafrika lebt. Die beiden könnten unterschiedlicher kaum sein. Alle paar Minuten beginnen sie einen Streit über irgendeine Kleinigkeit und liefern sich Wortgefechte mit feinstem britischen Akzent. Ich muss schmunzeln, denn Allan und Elisabeth duellieren sich auf einer humorvollen Ebene und scheinen sich einen Spaß daraus zu machen, den anderen zu necken. Jedenfalls habe ich nicht den Eindruck, dass einer der beiden beleidigt ist. Es ist ein Schlagabtausch auf Augenhöhe, und die gute Laune, die dahintersteht, ist ansteckend.

Den Abend verbringe ich mit Allan am Rand des Canyons. Wir machen Witze, philosophieren über das Leben und genießen den

Ausblick. Es wirkt, als würde uns jemand eine gefärbte Scheibe vor die Augen halten. Die gelben und orangenen Schimmer sind unwirklich und liegen wie ein Schleier über der tief zerfurchten Gegend. Der Gegensatz aus weichen Farben und schroffen Konturen ist überwältigend. Wir können uns nicht sattsehen und kehren dem Canyon erst dann den Rücken, als die letzten Schattierungen verschwunden sind.

Nach wenigen Stunden Schlaf stehen wir erneut am Abgrund. Die Erde hat sich ein halbes Mal um ihre Achse gedreht, und nun geht die Sonne in unserem Rücken auf. Sie haucht der kargen Landschaft Leben ein, treibt das Dunkel nach Westen und sorgt einmal mehr dafür, dass wir die raue Schönheit zu unseren Füßen ungläubig bestaunen.

Zum Abschied breiten wir die Landkarte auf dem staubigen Boden aus.

»Wir werden nach Vioolsdrift fahren, um dort die Grenze zu passieren«, sagt Allan. Er tippt mit dem rechten Zeigefinger auf eine der wenigen Stellen, an der eine Brücke den Oranje-Fluss überspannt und damit den Weg nach Südafrika freigibt.

Mich zieht es in die Gegenrichtung – der Fish River Canyon wird der südlichste Punkt meiner Runde durch Namibia gewesen sein. In den kommenden Wochen werde ich mich grob nördlich halten, zunächst aber einen Haken nach Westen schlagen. Das rund 240 Kilometer entfernte Klein-Aus ist mein Ziel für heute. Mehrere Stunden wird es dauern, die Strecke bei böigen Seitenwinden und schlechten Straßen zu bewältigen.

Nach einer herzlichen Verabschiedung trennen sich unsere Wege. Nun bin ich wieder allein. Die Tour geht weiter, der Westen wartet.

Abgezogen von Piet

Nach vier Stunden auf der Straße kann ich meine Augen kaum noch offen halten. Den Sonnenaufgang zusammen mit Allan zu fotografieren war spannend, doch etwas mehr Schlaf hätte ich durchaus verkraften können, eine Pause ist nun dringend angesagt. Ich rolle an den Straßenrand, drehe die Sitzlehne ganz nach hinten und lasse die Gegend auf mich wirken.

Die B4 verläuft schnurgerade nach Westen. Das schwarze Asphaltband hebt sich deutlich von der Umgebung ab. Erneut sind es die Rot- und Ockertöne der Kalahari-Halbwüste, die das Bild prägen. Die sandigen Böden bieten kaum eine Lebensgrundlage für Pflanzen. Nur einige wenige Dünen- und Wüstengräser können dem trockenen und oft windigen Klima trotzen. Bäume sind die absolute Ausnahme – so weit das Auge reicht, kann ich keinen entdecken. Ich schaue auf eine riesige Ebene, in der Ferne ragen die Silhouetten einiger kleinerer Tafelberge empor. Ein lebhafter Wind fegt über die Gegend und scheucht den Sand vor sich her.

Mit dem Blick auf die karge Landschaft spüre ich, dass sich in meiner Wahrnehmung etwas geändert hat. In den ersten Tagen der Reise habe ich die Umgebung als sehr monoton und fast schon langweilig wahrgenommen. Mittlerweile erkenne ich Details und erfreue mich an Kleinigkeiten. Ich stelle fest, dass ich ruhiger geworden bin.

Das Rauschen des Windes im Ohr, die schier endlosen Weiten vor Augen und mit meinen Gedanken im Kopf stehe ich für einige Minuten einfach nur da. Ich frage mich, ob man derartige Momente auch empfinden kann, wenn man jeden Reisetag minutiös geplant hat. Ich fühle mich frei, habe weder ein klares Ziel noch eine feste Verpflichtung.

Es war ein Stopp zur rechten Zeit, entspannt setze ich meine Fahrt in Richtung Westen fort. Auf der B4 komme ich gut voran, und langsam, aber sicher sollte ich mir Gedanken über meine Abendgestaltung machen. Die Karte kündigt bei Klein-Aus eine Lodge mit Campingplatz an. Dort werde ich haltmachen.

Nach zwei weiteren Stunden *on the road* rolle ich langsam auf das Gelände. Die Bodenwellen zum Durchsetzen des Tempolimits sind von der Dimension her eher für einen Geländewagen geeignet als für meinen Corolla. Überhaupt bin ich derjenige mit dem kleinsten Auto weit und breit. Neben den vierradgetriebenen Boliden sieht mein Toyota winzig aus.

»Bitte warten Sie kurz«, gibt mir die Empfangsdame zu verstehen und bittet mich in den großen Vorraum. Ich folge ihrer Aufforderung und nehme Platz. Das Ambiente ist sehr gediegen. Mit Blick auf den Lageplan erkenne ich, dass es neben dem Haupthaus und einem Zeltplatz noch einige Bungalows auf dem weitläufigen Areal gibt. Die Anlage schmiegt sich in die nahe liegenden Klein-Aus-Berge, und beim Blick aus dem Fenster entdecke ich auf Anhieb einen Felszacken, den ich mir gern einmal genauer anschauen würde.

»Hello?«

»Yes?«, sage ich und drehe mich um.

Mir gegenüber steht ein schlanker Mann mit kariertem Hemd und kurzen Hosen. Es ist Piet, der Besitzer. Er mustert mich.

»Bist du Radsportler?«, will er wissen und schaut auf meine Waden.

»Triathlet. Aber Radfahren ist meine liebste Disziplin.«

Die Chemie stimmt auf Anhieb. Es stellt sich heraus, dass Piet in seiner Altersklasse zu den besten Mountainbikern des Landes gehört und an internationalen Rennen teilnimmt. Zusammen mit seiner Frau und seinem Bruder führt er seit 1997 die Lodge. Er lädt mich dazu ein, ein paar Tage bei ihm zu bleiben, und ich muss nicht lange überlegen: Hier könnte ich prima klettern, fotografieren und natürlich mountainbiken. Vor lauter Dankbarkeit würde ich Piet am liebsten umarmen.

Piet meint es gut mit mir und sponsert mir eine Nacht in seiner besten Unterkunft. »Adlernest« lautet der vielversprechende Name. Am Schlüssel hängt ein aufwendig geschnitztes Holzstück, das die Exklusivität der Lodge unterstreicht. Voller Neugier setze ich mich ins Auto und folge langsam einer sandigen Piste. Die Fahrt führt mich über zehn Kilometer auf die Südwestseite der Klein-Aus-Berge. Als ich dort ankomme, muss ich schlucken. Ich werde die Nacht in einem kleinen Chalet verbringen. Hanglage. Im Rücken die Berge, vor dem Fenster fällt eine weitläufige Ebene allmählich Richtung Westen ab.

Die Tür ist offen. Zaghaft betrete ich das edle Domizil und sehe mich um. Tierfelle liegen auf dem Boden. Zwei Betten, deren Gestelle aus knorrigen Hölzern gebaut sind, stehen im Raum. Ich entdecke einen Kamin und Feuerholz. Schwere Decken liegen für die Nacht bereit. Draußen säuselt der Wind.

Ich weiß nicht, ob ich vor Freude schreien oder vor Einsamkeit heulen soll. Denn tatsächlich ist die Berghütte so romantisch, dass sie für mich allein viel zu schön ist. Albert Schweitzer hatte recht. Glück ist eben das Einzige, was sich verdoppelt, wenn man es teilt ...

Wehmut kommt auf, als ich neben dem flackernden Kaminfeuer auf den Tierfellen sitze und nach draußen schaue. Die Sonne ist gerade hinter dem Horizont verschwunden und haucht dem Himmel orangene und rote Farben ein. Ich blicke auf die Ausläufer der Namib. Wie gern hätte ich jetzt jemanden an meiner Seite, mit dem ich den Moment teilen kann. Das erste Mal seit Reisebeginn fühle ich mich einsam. War das nicht eine der Erfahrungen, die ich machen wollte – nach dem Ende der langen Beziehung das Alleinsein bewusst zu erleben? Auf einmal kommt mir diese Idee gar nicht mehr so toll vor.

Am nächsten Tag habe ich mich mit Piet zum Mountainbiken verabredet. Bereits nach zehn Minuten auf dem Fahrrad merke ich, dass er in einer anderen Liga spielt. Sicherlich habe ich einige Wochen nicht trainieren können. Und sicherlich befinden wir uns hier 1600 Meter über dem Meeresspiegel, was die Sache nicht leichter macht. Aber ich muss neidlos anerkennen, dass Piet sowohl technisch als auch konditionell besser drauf ist. Nach einer Stunde im Sattel fühle ich mich um Jahre gealtert. Und das, obwohl Radfahren mein liebster Sport ist.

Die Quälerei hat aber auch ihr Gutes. Wir sind schnell unterwegs und dringen in Gebiete vor, die zu Fuß nur mit Aufwand zu erreichen wären. Immer wieder halten wir an und schauen auf die Spuren im Sand. Trotz des trockenen Klimas gibt es hier viele Tiere.

»Wir haben einige Berglöwen in der Gegend«, sagt Piet. Mithilfe einer Infrarotkamera hätten sie zwei Weibchen und ein Männchen ausgemacht.

»Springböcke, Kudus, Strauße, Schlangen, Hyänen und wilde Pferde gibt es auch«, bemerkt mein Begleiter und begutachtet ein kleines Fellbüschel, welches sich in einem Dornenstrauch verfangen hat. Auch wenn ich mich im Vorfeld der Reise mit der Flora und Fauna Namibias beschäftigt habe, ist es ein sonderbares Gefühl, sich vorzustellen, welche Tiere in den Zeltnächten an meiner Behausung vorbeistreifen.

Vier Stunden fahren wir durch die Gegend. Kurz vor der Rückkehr machen wir eine Pause und sitzen nebeneinander auf einem massiven Granitblock.

»Wie groß ist das Gelände deiner Lodge?«, will ich wissen.

»Zehntausend Hektar waren 1997 schon im Familienbesitz. Weitere vierzigtausend Hektar haben wir über die Jahre hinzugekauft«, sagt Piet und legt die Stirn in Falten. »Tatsächlich ist die Verteilung der Grundstücke ein heißes Thema in Namibia. Dabei geht es insbesondere um das Agrarland. Die Landreform regelt das so, dass der Staat ein Vorkaufsrecht hat, wenn eine Farm aufgegeben wird. Das führt dazu, dass die Flächen aus Prinzip häufig auch an Personen weitergegeben werden, die wenig Erfahrung mit der Landwirtschaft haben. Dazu kommt die Tatsache, dass die Regierung das Land in tausend Hektar große Parzellen aufteilt. Da die Böden sehr trocken sind, reicht das aber nicht aus, um eine Familie zu versorgen. Nimmt man alles zusammen, macht der Staat wertvolle Agrarflächen kaputt. Die Regierung handelt leider nicht vorausschauend.« Piet schweigt einen Moment. Dann redet er weiter: »Wenigstens sind hier keine Zwangsenteignungen zu befürchten, so wie das in Simbabwe war. Der Staat versucht auf eine verhältnismäßig sanfte Weise, den Anteil der schwarzen Landbesitzer zu erhöhen und damit die Spuren der Kolonialzeit zu verwischen. Immerhin war im Jahr der Unabhängigkeit fast das gesamte Farmland im Besitz der Weißen. Wenn du mehr über dieses Thema wissen willst, empfehle ich dir, auf dem Weg nach Norden bei Thorsten zu stoppen. Er besitzt in den Tirasbergen eine Farm und kann dir sicherlich noch mehr erzählen.«

»Danke für den Tipp«, sage ich und halte kurz inne. Dann fällt mir eine weitere Frage ein. »Du bist europäischer Abstammung. Gibt es Konflikte mit der schwarzen Bevölkerung, wie das etwa in Südafrika vorgekommen ist?«

»Mit der einfachen Bevölkerung hatten wir nie Probleme. Wir versuchen, so viel Personal wie möglich aus der Gemeinde einzustellen, um Arbeitsplätze in der Region zu schaffen. Ärger gibt es eher mit den Landneidern aus den besser betuchten Schichten.«

Wir sitzen noch eine Weile ins Gespräch vertieft da. Piet erzählt mir von der Müllproblematik. Namibia hat moderne Entsorgungsanlagen in Windhuk und in Swakopmund. Da die Entfernungen in den Süden des Landes allerdings groß sind, können nicht alle Müllberge fachgerecht entsorgt werden. »Es ist traurig zu sehen, wie man den Abfall nach Vorschrift trennt und dann wenig später am Ortsrand wieder alles zusammengekippt und verbrannt wird.«

Am Ende der Tour schenkt mir Piet ein Fahrradtrikot mit der namibischen Nationalflagge und lobt meine Fahrkünste.

»Du warst der Erste seit Langem, den ich nicht am ersten Anstieg abgehängt habe. Dafür, dass du mehr auf dem Rennrad als auf dem Mountainbike unterwegs bist, bist du ein ziemlich zäher Hund.« Piet klopft mir auf die Schulter. Ich weiß nicht so recht, was ich antworten soll, und bedanke mich höflich für die Lehrstunde.

Ein permanentes Ziehen in den Beinen erinnert mich auch am nächsten Tag noch daran, dass ich auf dem Fahrrad von einem 46-Jährigen abgezogen worden bin. Und auch unser Gespräch klingt in meinem Kopf noch nach, als ich mich auf meine abendliche Klettertour vorbereite. Der Felszacken, den ich bereits seit dem ersten Tag in den Klein-Aus-Bergen im Visier habe, ist mein Ziel. Doch der Traum droht zu platzen.

Auf dem Weg zum Einstieg setze ich den Wagen im losen Sand fest. Sosehr ich mich bemühe, es geht keinen Zentimeter vor oder zurück, und das linke Hinterrad gräbt sich mit jedem Befreiungsversuch tiefer ein. Ich schaue mit Sorge auf die Uhr und stelle fest, dass die Zeit knapp wird, denn bald wird es dunkel sein. Zu meiner Erleichterung kommt ein spanisches Pärchen in einem Geländewagen vorbei. Ich brauche nicht viele Worte, um meine Situation zu erklären, und die beiden befreien mich aus meiner misslichen Lage. Ihr allradgetriebener Bolide ist offensichtlich das richtige Auto für diese Umgebung ...

Mit reichlich Zeitdruck und einem klaren Ziel vor Augen mache ich ordentlich Tempo. Es ist eine Kletterei wie im Bilderbuch. Das Gestein ist fest und griffig, ich werfe meinen eigenen Schatten dramatisch an die Felswand rechts von mir, und oben angekommen erlebe ich diesmal keine Überraschung. Ich genieße eine traumhafte Aussicht auf die Landschaft.

Der Blick folgt der untergehenden Sonne gen Westen. Es ist heute dunstiger als gestern. Dem Farbspektakel tut das keinen Abbruch, und die Bergketten am Horizont stechen als schwarze Silhouetten in das Rot des Himmels hinein. In einiger Entfernung jagt ein Jeep über den trockenen Boden. Er zieht eine Staubfahne hinter sich her, die sich nur langsam auflöst. Es sieht aus wie gemalt.

Die Lehren der Namib

Die Fahrt führt mich weiter nach Lüderitz. Ich folge der B4 so weit nach Westen, bis sie abrupt am Atlantischen Ozean endet. Es gibt nur diese eine Trasse von und nach Lüderitz. Wann immer ein starker Sturm die Gegend heimgesucht hat, ist der Ort von der Außenwelt abgeschnitten. Der Sand begräbt dann die Straße tief unter sich. Da helfen auch die hohen Holzstangen zur Orientierung nicht weiter. Nur gewaltige Bulldozer mit riesigen Schaufeln haben in dem Fall noch eine Chance.

Nach sieben Tagen in der Kalahari ist es mein erster unmittelbarer Kontakt mit der Namib. Ich spüre, dass diese Wüste ein anderes Kaliber ist. Die Bedingungen sind rauer und schwer zu berechnen. Es sind schon Fahrzeuge gänzlich ohne Lack aus dieser Gegend wieder herausgekommen. Der feine Sand schmirgelt alles ab – allein beim Gedanken daran schaudert es mich. Ich frage mich, wer auf die Idee gekommen ist, sich hier in dieser lebensfeindlichen Landschaft niederzulassen.

Lüderitz ist eine spezielle Stadt. Wie eine urbane Insel schmiegt sie sich an die Küste. Im Westen grenzt der Atlantik an, in allen anderen Himmelsrichtungen findet sich nichts als Wüste, die großflächig als Sperrgebiet abgezäunt ist. Dort befinden sich Diamantenminen. Aus ist die nächstgelegene Siedlung und ist 125 Kilometer entfernt. Von dort kommt auch das lebensnotwendige Wasser, denn Lüderitz hat keine eigenen Trinkwasserreserven. Die Versuche, mithilfe von Sonnenkondensatoren und einer Entsalzungsanlage genießbares Wasser zu gewinnen, scheiterten. Deswegen wurden Rohre verlegt. Über mehrere Hundert Kilometer fließt das kostbare Nass. Das herangepumpte Grundwasser ist hier mehr wert als Benzin.

Ich schlage mein Lager auf einem kühn angelegten Campingplatz auf. Die Haifischinsel war einst ein kleines Eiland vor der Küste. Sie wurde mit dem Festland verbunden und ragt nun als Halbinsel in die Hafenbucht von Lüderitz hinein. Es ist ruhig. Nur drei andere Camper haben ihr Zelt aufgebaut, und der Wind weht schwächer als sonst. Ich koche mir eine Bohnensuppe und bekomme Besuch vom Nachtwächter des Campingplatzes.

Shilongo ist ein kräftiger Mann. 1,90 Meter groß, durchtrainiert, überaus geschickt in seinen Bewegungen. Seine Haut ist durch das Wetter gegerbt. Im Dunkel der Nacht kann ich ihn nur schemenhaft erkennen. Dabei sitze ich direkt neben ihm auf einem Stein und löffle mein Abendmahl. Wir starren auf das dunkle Wasser hinaus, spüren den auffrischenden Wind, sehen den Lichtkegel des Leuchtturms wandern und beobachten den aufziehenden Seenebel. Die Scheinwerfer eines Fischerbootes färben die vom Wind getriebenen Nebelfetzen gelb. Es ist eine mystische Atmosphäre.

»Hast du mal überlegt, hier wegzuziehen?«, will ich von Shilongo wissen.

Der 39-Jährige überlegt kurz und antwortet dann.

»Nein, es ist meine Heimat. Hier kann ich frei sein.«

Stille.

Shilongo scheint meine Gedanken zu erahnen.

»Touristen machen um Lüderitz oft einen Bogen oder bleiben nur, um sich die Geisterstadt Kolmanskop anzuschauen. Ab und an stoppt auch ein Kreuzfahrtschiff hier«, sagt er und ergänzt: »Diesen Ort kann man hassen oder lieben. Oder beides gleichzeitig tun.«

Ich nicke. Die Aussage würde ich so unterschreiben. Lüderitz ist anziehend und abstoßend zugleich. Später erfahre ich, dass die Stadt viel Geld in die Hand nimmt und aufwendige Marketingvideos erstellen lässt. Das Ziel ist klar – mehr Touristen sollen kommen. Bisher steht Lüderitz im Schatten von Swakopmund. Diese Küstenstadt liegt einige Hundert Kilometer weiter nördlich und ist von Windhuk aus leichter zu erreichen. Wegen der Entfernungen und der oft knapp bemessenen Zeit sparen viele Besucher Lüderitz aus oder bleiben nur für eine Nacht.

Ich bin während meiner Reisevorbereitungen auf das Schicksal der Stadt gestoßen und habe Lüderitz bewusst als Ziel ausgewählt. Schließlich habe ich mir vorgenommen, gerade auch die Regionen zu erkunden, die abseits der ausgetrampelten Routen liegen. Denn speziell in Gebieten, die nicht von Touristen überrannt sind, wird oft eine gewisse Ursprünglichkeit bewahrt. In den Augen der Bewohner blinken weniger Dollarzeichen, und es ist eher ein Blick in die Seele eines Landes möglich, als das in den Hochburgen des Kommerzes der Fall ist. Lüderitz liegt auf dem Ranking zwischen ursprünglich und überlaufen irgendwo in der Mitte, lebt neben dem Tourismus vor allem vom Fischfang.

Shilongo erzählt mir von seinen Verwandten im Norden des Landes und gibt mir Einblicke in die Kultur der Ovambo, einer von rund einem Dutzend Volksgruppen im Land. Um die Gegend von Lüderitz besser zu verstehen, rät er mir, ein Stück weiter nach Süden zu reisen.

Ich folge seinem Tipp und fahre am nächsten Tag zur Diaz-Spitze. Auf dem Weg zu diesem Sporn der Lüderitz-Halbinsel quere ich Ödland. Hier möchte ich weder eine Reifenpanne haben noch zelten. Es ist derart trostlos, dass selbst die Möwen, die sonst eigentlich überall durch die Lüfte kreisen, kaum zu entdecken sind. Ich fühle mich wie auf einer Marsmission und naviguere mein Auto vorsichtig um die Gesteinsbrocken auf der Piste herum. Draußen flimmert die Luft bei 35 Grad Celsius.

Die Straße endet an der Küste. Hier steht ein Leuchtturm. Die weiß-rot gestrichene Röhre wurde zu Kolonialzeiten errichtet und dient mittlerweile nur noch Vögeln als Brutplatz. Ein geplanter Neubau ist nicht über das Rohbaustadium hinausgekommen und gammelt als Bauruine wenige Meter neben dem alten Leuchtturm vor sich hin. Das Aufkommen neuer Navigationsmittel wie GPS machte seine weitere Verwendung überflüssig. Die beiden Relikte der Vergangenheit stehen still nebeneinander und geben ein skurriles Bild ab.

Mein Blick wandert über die Gegend und bleibt an einer wackeligen Holzbrücke hängen, die auf eine vorgelagerte Insel führt. Da gerade Ebbe ist, meide ich die brüchige Konstruktion und taste mich über die glitschigen Steine hinüber. Drüben angekommen lege ich mich auf den Bauch und rutsche vorsichtig an die Klippe heran. Unter mir brechen sich unter tosendem Donnern die Wellen des Atlantiks am Fels. Rechts sehe ich eine Kolonie Seelöwen, die auf einem Stein in der Sonne fläzt. Der Wind faucht mir ins Gesicht, und ich habe den Geschmack von Salz auf der Zunge. Vor mir das Meer, hinter mir die Wüste. Es ist ein gewaltiger Gegensatz.

»Wenn deine Bilder nicht gut sind, warst du nicht nah genug dran«, sagte einst der ungarisch-amerikanische Fotograf Robert Capa. Ich denke an diese Aussage, als ich Katz und Maus mit der schäumenden Gischt spiele. Mehrfach bekomme ich eine Dusche ab und stecke meine Kamera zum Schutz schnell unter mein T-Shirt.

Ich erschrecke mich fast zu Tode, als plötzlich eine alte Frau hinter mir steht. Ich war so beschäftigt mit meinen Fotos, dass ich nicht mitbekommen habe, wie sie herankam. Generell hatte ich hier nicht mit Menschen gerechnet. Weit und breit steht kein Auto.

»Guten Tag«, sage ich freundlich und merke, wie mein Herz immer noch kräftig pocht.

»Hallo, Fremder«, begrüßt mich die Frau. »Lustig, wie du dich beim Fotografieren verrenkst.« Sie schmunzelt.

Lachen ist gut. Das nimmt die Anspannung.

»Nun, ist das so? Ich habe mich beim Fotografieren noch nie gesehen«, erwidere ich und lächele.

»Ich fotografiere auch. Komm mal mit, ich zeige dir ein paar Bilder.«

»Mitkommen, wohin? Hier ist doch nichts.«

»Doch, ich wohne gleich da drüben.«

Es stellt sich heraus, dass die Frau Regina heißt und ein Café in der Nähe des Leuchtturms betreibt. Da heute keine Gäste da sind, hat sie die Gelegenheit ergriffen und einen Spaziergang auf die Insel unternommen. So überrascht ich war, sie zu sehen, so unerwartet kam die Begegnung auch für sie. Nun geht sie voraus und legt für ihre vierundsiebzig Jahre ein straffes Tempo an den Tag.

Nach wenigen Minuten erreichen wir eine kleine Holzbaracke. Mit einem lauten Knarzen öffnet sich die Tür und gibt den Blick auf eine andere Welt frei. Mehrere Fischernetze hängen von der Decke. Dazu stehen unzählige Bücher in den Regalen, und mein Blick bleibt an einigen Ausgaben des *National Geographic*-Magazins hängen, die auf dem Tisch liegen. Jahrgang 1978. Eine Uhr tickt laut. Regina nimmt ein Bild von der Wand, pustet den Staub vom Rahmen und deutet mit dem Finger auf die Person, die neben ihr abgebildet ist.

»Das war unser Hochzeitsfoto. 1959 haben wir geheiratet. Mein Mann war Fischer und liebte diesen Ort. Vor fünfundzwanzig Jahren sind wir hergekommen, um uns zur Ruhe zu setzen. Vor vier Jahren starb Brad, aber ich bleibe hier. Mich bekommt hier keiner mehr weg«, sagt Regina und begutachtet das Erinnerungsstück. Ich bemerke eine Mischung aus Trauer und Entschlossenheit in ihrem Blick.

»Warum gehst du nicht nach Lüderitz, fühlst du dich hier draußen nicht einsam?«, will ich wissen.

»Weil ich allein bin? Nein. Alleinsein ist ein Tatbestand, Einsamkeit betrifft das Gemüt. Wer mit sich selbst im Reinen ist, der braucht die Einsamkeit nicht zu fürchten, auch dann nicht, wenn er allein ist.«

Diese Aussage scheint mir so wahr, dass ich nur stillschweigend nicke.

»Aber wie versorgst du dich hier draußen? Hast du ein Auto?«

»Nein, meine Tochter kommt einmal in der Woche aus Lüderitz zu mir und bringt mir Nahrungsmittel mit. Ich habe auch ein Handy für den Notfall.« Regina lacht.

»Ich weiß gar nicht, wie das blöde Ding funktioniert. Meine Tochter meckert deswegen immer mit mir.«

Sie erklärt mir, dass sie lieber in ihrer kleinen Hütte sterben möchte, als an irgendwelche Maschinen im Krankenhaus angeschlossen zu sein – nur um vielleicht ein paar zusätzliche Tage zu gewinnen.

»Die moderne Medizin vollbringt viel Gutes. Sie sollte aber nie dazu führen, dass der Mensch seine Vergänglichkeit vergisst. Der Körper entscheidet selber, wann es genug ist. Man muss sich auch mit dem eigenen Tod auseinandersetzen«, meint Regina und stellt mir eine Tasse Schwarztee auf den Tisch.

Ich nehme einen Schluck und mache große Augen. Es fühlt sich an, als würde ich eine brennende Fackel verschlucken. Die Wärme schießt mir ins Gesicht, und Regina beginnt zu lachen. »Das bisschen Rum im Tee stört dich doch nicht, oder?«

»Nein, nein. Alles gut«, sage ich und lüge dabei ein bisschen. Ich kenne diese Mischung als Jägertee vom Skifahren. Doch gerade herrschen keine knackigen Minustemperaturen, sondern üppige Plusgrade. Die zusätzliche Durchblutung hätte ich nicht gebraucht.

Regina zeigt mir die Fotos, die sie mir auf der Klippe versprochen hatte. Sie erzählt von ihren englischen Eltern, die nach Ende des Ersten Weltkrieges nach Namibia auswanderten, um ein neues Leben anzufangen. Ich halte die vergilbten Aufnahmen in der Hand und tauche geradewegs in die Geschichte des Landes ein. In eine Zeit, als die Deutschen ihre Kolonie »Deutsch-Südwestafrika« aufgeben mussten und das Gebiet unter die Kontrolle der Südafrikanischen Union gestellt wurde. Andere Bilder zeigen die späteren Unabhängigkeitskämpfe der Bevölkerung.

»Hast du die alle selbst gemacht?«

»Nein, nicht alle. Aber viele davon. Für mich sind sie ein Schatz, denn sie dokumentieren wichtige Jahre. Erst seit 1990 sind wir ein eigenständiges Land. Nach mehr als hundertjähriger Fremdbestimmung können wir stolz darauf sein, eine eigene Demokratie zu haben«, betont Regina und tippt energisch auf das letzte Foto des Stapels. Dann sagt sie: »Weißt du, ein Grund, warum mein Mann und ich hier rausgezogen sind, ist der Wunsch nach Frieden und Freiheit. Es ist doch verrückt, was auf der Welt passiert. Ich höre manchmal im Radio die Nachrichten und weiß nicht, ob ich weinen oder vor Wut explodieren soll. Lernen denn die Menschen nie aus den Fehlern der Vergangenheit?«

Ein paar Tage später sitze ich im Auto und quere die Namib. Rechts und links türmen sich die Sandberge auf – aus der Vogelperspektive sehe ich wohl wie eine winzige Nussschale in einem riesigen gelben Meer aus. Die D707 ist eine miese Sandpiste. Volle Konzentration ist notwendig, um den Wagen bei böigen Seitenwinden in der Spur zu halten. Es fühlt sich an, als würde ich auf Eis fahren. Die seichten Treibsandfelder überfahre ich mit Schwung. »Augen zu und durch«, lautet hier das Motto. Im losen Sand darf ich keinesfalls zum Stehen kommen, denn sonst stecke ich fest.

Update 34 vom 30. Oktober (26°7' S, 16°20' O): Das ist keine Genussfahrt heute. Finger- und Fußspitzengefühl sind gefragt. Habe gerade große Lust auf einen Erdbeermilchshake.

Die Sehnsucht nach einem erfrischenden Getränk erfüllt sich nicht, dafür zieht mich die namibische Landschaft in ihren Bann. Der Blick gleitet ungestört über die weiten Ebenen und bleibt an fernen Hügelketten hängen. An einigen Stellen krallen sich Büsche in den trockenen Boden, ringsherum schichtet der Sand riesige Haufen auf. Sofern es die Piste zulässt, denke ich über die Begegnung mit Regina nach. Ich kann mir nicht vorstellen, so abgeschirmt wie sie zu leben. Und doch hat sie mir ein paar Gedanken mit auf den Weg gegeben, die ich in mein Reisetagebuch notierte, um sie für die Zukunft festzuhalten.

Am Abend erreiche ich die Tirasberge gerade rechtzeitig, um den Sonnenuntergang zu bewundern. Wie ein großer gelber Feuerball verschwindet die Sonne hinter dem Horizont und macht aus dem ausladenden Kameldornbaum eine fotogene Silhouette.

Ich befinde mich auf der Namtib-Farm, die mir von Piet empfohlen wurde. Sein guter Freund Thorsten hat hier das Sagen und begrüßt mich freundlich und mit einem kräftigen Händedruck.

»Herzlich willkommen. Du wurdest uns schon angekündigt.«

Zu Thorsten habe ich sofort einen guten Draht. Und das nicht nur, weil wir (fast) denselben Namen haben. Vielmehr sind es die Liebe zur Natur und der Drang zur Bewegung, die uns verbinden.

Mit einem offenen Geländewagen fahren wir ein Stück in die Berge hinauf und legen uns auf die Lauer. Wir hören ein großes

Konzert: Affen kreischen, Grillen zirpen, Warzenschweine grunzen. Über allem scheint der Mond und taucht die Umgebung in ein fahles Licht. Um mehr zu sehen, verwenden wir Nachtsichtgeräte.

»Schade, der Leopard ist heute nicht hier«, flüstert Thorsten und starrt ins Dunkel hinaus. Zwei Schakale kreuzen unseren Weg.

»Ich habe gehört, hier gibt's viele Schlangen. Stimmt das?«, frage ich leise und höre, wie Thorsten ein Lachen unterdrückt.

»Natürlich, was denkst du denn. Auch einige sehr gefährliche. Aber Schlangen sind sehr scheu, man bekommt sie nur selten zu Gesicht. Aufpassen sollte man dennoch, wobei die Affen mehr Probleme machen.«

Wir rollen langsam über eine sandige Piste. Die Scheinwerfer sind aus, Thorsten kennt die Gegend, das Mondlicht reicht ihm. Es ist eine Atmosphäre wie im Traum: Ringsherum die schwarzen Schatten der Berge, darüber scheint der schwache Halbmond, und Sterne funkeln.

Später erzähle ich Thorsten vom Gespräch mit Piet und stoße das Thema der Landreform an. Thorsten atmet schwer und schaut mich nachdenklich an.

»Weißt du, über dieses Thema könnten wir Stunden reden. Die Nahrungsmittelstabilität in Namibia ist eine zentrale Frage. Mir ist ganz gleich, wer das Land besitzt, ob Schwarz oder Weiß. Wichtig ist doch, dass damit vernünftig umgegangen wird. Das Klima hier ist sehr trocken, und die Böden sind anspruchsvoll. Wir können es uns nicht leisten, die wenigen Agrarflächen durch sorgloses Handeln kaputt zu machen. Wer eine Agrarfläche besitzt, der hat auch eine Verantwortung dafür.«

»Welche Rolle spielt der stetig wachsende Tourismus?«

»Eine große, denke ich. Es geht immer um mehr, mehr, mehr, und viele Bauern geben ihre Farmen auf, weil sich im Tourismus leichter Geld verdienen lässt. Aber wir müssen uns bewusst machen, dass unser Ökosystem nur ein gewisses Maß an Tourismus verträgt. Ausländische Besucher bringen Geld, verbrauchen aber auch Wasser und hinterlassen Müll. Es müsste der Punkt kommen, an dem die Besucherströme reguliert werden«, sagt Thorsten und schweigt.

Wir ahnen beide, dass das wohl nicht so schnell passieren wird. Geld scheint eine immer wichtigere Rolle zu spielen, und ich muss mich als Besucher des Landes kritisch hinterfragen, welche Rolle ich in diesem System spiele, spielen will. Bei diesen Überlegungen tut es gut, Menschen wie Thorsten zu treffen. Er ist einundvierzig Jahre alt, hat Maschinenbau studiert und Deutschland den Rücken gekehrt, als er 2010 die Farm von seinen Eltern übernahm. Seitdem setzt er auf die Kombination aus Landwirtschaft und Beherbergung. Anders als in vielen Lodges zapft er das jahrhundertealte Grundwasser nicht an, um etwa einen Pool damit zu füllen. Gegessen wird abends gemeinsam mit allen Gästen im Wohnzimmer.

»Persönlichen Tourismus«, nennt Thorsten das. Er legt viel Wert darauf, den Besuchern Einblicke in das fragile Ökosystem des Landes zu geben. Bei Thorsten und seiner Freundin Linn spüre ich eine Ehrlichkeit und Wärme, die ich bisher auf dieser Reise nirgendwo so stark empfunden habe. Ich gehe mit dem Wunsch, noch einmal wiederzukommen.

Update 40 vom 1. November (24°29' S, 15°47' O): Es weht ein stürmischer Wind. Meine Zeltstange ist angebrochen. Habe sie mit zehn Lagen Isolierband getapet. Das wird eine spannende Nacht.

Nach dem Aufenthalt auf der Namtib-Farm holt mich ein Sandsturm in die Realität des Alleinreisens zurück. Grimmige Böen fegen über die Wüste und wirbeln das Sediment auf. Ich habe das Unheil zu spät kommen sehen, und nun erwischt es mich beim Aufbau meiner Behausung.

Mit Mühe und Not knote ich eine Abspannleine in einem knorrigen Akazienbaum fest, der so aussieht, als hätte er schon mehrere Stürme überstanden. Mit einem Bein stehe ich im Zelt, mit dem anderen draußen. Erbarmungslos schüttelt der Wind die Zeltplane, und es fällt mir schwer zu erkennen, wo oben und unten ist. Die Heringe halten der Belastung nicht stand und rutschen aus dem Sandboden wie ein warmer Nagel aus einem Stück Butter.

Zu allem Überfluss ist mir eine Zeltstange angebrochen, weil ich sie in der Hektik nicht richtig zusammengesteckt hatte. Unter heftigsten Flüchen versuche ich den Schaden mit Isolierband einzudämmen. Ich hätte jetzt gern zehn Hände, und es dauert eine gefühlte Ewigkeit, bis ich das Zelt tatsächlich zum Stehen bringe. Als ich mich hineinlege, ist an Entspannung nicht zu denken. Noch immer rüttelt der Sturm unentwegt an der Plane, und bei starken Böen biegen sich die Stangen bedenklich. Alle zwanzig Minuten muss ich raus, um das Zelt neu zu verspannen. Dann haben sich die Zehn-Liter-Wasserkanister so weit bewegt, dass die Abspannleinen nicht mehr straff sind. Ich hatte die Behälter in den Sand eingegraben, um dem Zelt Stabilität zu geben.

Ich habe etwas Vergleichbares einmal in den Pyrenäen erlebt. Allerdings war ich damals nicht allein unterwegs. Diesmal gibt es keine helfende Hand oder jemanden, mit dem ich über die Situation gemeinsam lachen oder fluchen kann. Da sind nur ich und der Sturm. Hauptsache, die angebrochene Stange hält…

Nachdem sich der Sturm verzogen hat, zeigt sich die Namib von ihrer friedlichsten Seite. Ich nutze die Gunst der Stunde und dringe tief in die Wüste ein. Mein Ziel ist Sossusvlei im Namib-Naukluft-Nationalpark. Nach sechzig Kilometern im Auto ist Schluss. Nun geht es nur noch zu Fuß weiter.

Nach drei Schritten habe ich eine erste Vorahnung, nach drei Minuten perlt mir der Schweiß auf der Stirn, nach drei Kilometern schmerzen meine Beine. Das Laufen auf dem tiefen und losen Sand gleicht einem unkoordinierten Herumtorkeln und fordert die Muskeln und meine Konzentration. Nach jedem Schritt hinauf rutsche ich um die halbe Distanz zurück. Es scheint, als wollte mir die Wüste sagen: »Komm schon, den Ausblick musst du dir verdienen. Streng dich gefälligst an!«

Der Schweiß brennt in meinen Augen, als ich knapp vierzig Minuten vor Sonnenuntergang den Dünenkamm erreiche. Der Ausblick ist gigantisch, und der straffe Wind fegt alle Schmerzen und Zweifel aus meinem Körper. Die letzten Sonnenstrahlen des Tages tauchen die Sandberge der Namib in unwirkliche gelbliche bis rötliche Farbtöne.

Es ist zu schön, um es zu fotografieren. Ich setze mich auf den Kamm, stelle den Rucksack neben mich und lausche den Geräuschen des Windes. Die kleinen Sandkörner tanzen über den Boden. Mein Blick verliert sich in den Weiten der Dünenketten, meine Gedanken gehen weite Wege.

Eine Ameise krabbelt auf meine Schulter und holt mich aus meinem Tagtraum zurück in die Realität. Gerade rechtzeitig zum Sonnenuntergang bin ich wieder Herr meiner Sinne und stelle fest, dass es sich gelohnt hat, weit in die Landschaft hineinzulaufen. Es beruhigt mich zu wissen, dass ich die Koordinaten meines Ausgangspunktes gespeichert habe. Denn wenn ich mich hier verlaufe, steht mir eine ungemütliche Nacht bevor. Keine anderen Menschen haben sich in diesen Bereich verirrt, und ich musste im Vorfeld einiges an Überzeugungsarbeit leisten, um von der Nationalparkverwaltung grünes Licht für mein Vorhaben zu bekommen.

In alle Richtungen erstreckt sich das Sandmeer bis zum Horizont. Ich beobachte, wie der Wind die feinen Körner aufwirbelt und über den Dünenkamm bläst. Eins ist klar: Hier hat der Mensch nichts verloren. Es gibt kein Wasser, die Temperaturen sind am

Tag brütend heiß und nachts bitterkalt. Dieser Ort verzeiht weder Schwäche noch Fehler.

Der Sand knirscht unter mir, als ich mich auf den Rückweg mache. Wie alt mögen die Körnchen wohl sein? Die Namib gilt als älteste Wüste der Welt. Ihr Alter wird auf rund achtzig Millionen Jahre geschätzt. Damit begann ihre Entstehung zu einer Zeit, als die Polkappen eisfrei waren und es Dinosaurier gab. Meine Wanderung über die Dünen ist somit auch ein Spaziergang durch die Erdgeschichte. Im Schein der Stirnlampe folge ich der gespeicherten Route zurück zum Auto. Meine Spuren vom Hinweg sind längst verschwunden.

Zu meiner Freude bietet die Tankstelle, an der ich am nächsten Morgen stoppe, Zugang zum Internet. Ich stöbere durch all die Nachrichten, die sich in den vergangenen Tagen angesammelt haben, und bleibe bei einer Mail mit dem Absender »Tourist Information Swakopmund« hängen.

Hallo Torsten,
wir haben die Bilder auf deiner Homepage gesehen und finden sie sehr schön. Wenn du Lust hast, die Namib aus der Luft zu fotografieren, dann haben wir hier einen guten Kontakt für dich.
Melde dich doch mal.
Liebe Grüße, Dagmar

Und ob ich Lust habe!

Drei Tage später stehe ich am Maschendrahtzaun des Swakopmund Aerodrome und warte auf Jacques, der mir als super Pilot angekündigt wurde. Er werde mich so lange umherfliegen, bis ich mit den Bildern zufrieden sei. Na, das klang vielversprechend.

Wenig später kommt Jacques auch schon um die Ecke und öffnet das verrostete Metalltor. Er ist etwa Mitte vierzig, hat volles grau meliertes Haar und trägt ein blau-weiß gestreiftes Hemd. Nach einer freundlichen Begrüßung gibt er mir ein Zeichen, dass ich ihm folgen soll.

Wir gehen in sein Büro. Dort zeigt er mir auf einer Karte die geplante Route: Von Swakopmund aus wollen wir nach Süden fliegen, um später in einer großen Schleife zurückzukehren.

»Ist das okay für dich?«, will Jacques wissen.

»Na klar, das sieht super aus.«

»Gut, dann warte kurz hier. Ich bin gleich wieder da«, meint er und verschwindet.

Ich sehe mich im Raum um. Neben einer großen Übersichtskarte der Region hängen einige Bilder an der Wand. Sie zeigen Jacques in Militäruniform, mit ein paar Kilo weniger auf den Rippen, vor schnittigen Kampfmaschinen. Es stellt sich heraus, dass er für das südafrikanische Militär im Einsatz war und Tausende Flugstunden auf diversen Maschinen gesammelt hat, bevor er nach Namibia kam. Jacques gilt als einer der besten Piloten des Landes.

Wenig später stehen wir vor dem Hangar und schieben mit vollem Körpereinsatz eine massive Stahltür zur Seite. Ich traue meinen Augen kaum. Vor mir steht ein gefühlt sechzig Jahre altes Flugzeug. Es erinnert mich an eine Messerschmitt 109.

»Das sieht klasse aus. Ist so etwas im Zweiten Weltkrieg geflogen?«

»Die Nanchang CJ-6 wurde als Trainingsflugzug für chinesische Kampfpiloten gebaut und 1960 in Dienst gestellt. Im Zweiten Weltkrieg ist sie also nicht geflogen«, berichtigt er mich.

»Ist es dein Hobby, historische Maschinen zu sammeln?«, frage ich.

Jacques schaut verwundert. »Wieso sammeln, ich fliege damit. Und heute bist du mein Gast.« Er grinst.

Ich weiß nicht so recht, ob mir nach Lachen zumute ist. Dieses Flugobjekt ist sicherlich schön anzusehen. Aber damit fliegen? Eher hätte ich an einen Platz im Berliner Technikmuseum gedacht.

Jacques scheint meine Gedanken zu erahnen.

»Was denn, willst du kneifen?«

»Nein, bestimmt nicht. Ich bin nur... überrascht«, sage ich und begutachte den dunkelgrünen Rumpf. Im Grunde ist es nicht mehr als eine Blechröhre mit einem Propeller an der Spitze, zwei kurzen Flügeln an der Seite und einem Leitwerk hintendran. Die beiden Piloten sitzen hintereinander in separaten Cockpits.

»Diese Maschine ist meine zweite Ehefrau. Fürs Fotografieren eignet sie sich deswegen so gut, weil wir damit besonders enge Kurven und besonders tief fliegen können und du in der Luft die Haube öffnen kannst. Tu mir bloß einen Gefallen und nimm die Spucktüte, falls du dich übergeben musst.«

Ich nicke und helfe dabei, die CJ-6 auf das Vorfeld zu ziehen.

Ein bisschen mulmig ist mir schon, als Jacques den Motor anwirft und der Propeller sich immer schneller zu drehen beginnt. Bald vibriert die ganze Maschine, und es riecht nach Öl. Jacques sitzt nur einen halben Meter vor mir, doch zwischen uns befindet sich eine Scheibe, reden können wir bei dem Lärm ohnehin nur über das Headset.

»Ready?«, knarzt es aus dem Kopfhörer.

»Ready!«, gebe ich zurück und wische meine feuchten Hände an der Hose ab.

Jacques schiebt seine Sonnenbrille von der Stirn auf die Nase und lässt im Stand den Motor dreimal aufheulen. Es scheint alles okay zu sein, denn Sekunden später schiebt er den Schubhebel ganz nach vorn, und die Nanchang ruckelt immer schneller über die Sandpiste.

Es dauert nicht lange, und wir lösen uns vom Boden. Mit einem Steigflug feinster Sorte gewinnen wir schnell an Höhe.

Die Anzeige pendelt sich bei fünfhundert Metern ein, als Jacques den Steuerknüppel in die Ausgangsstellung bringt und Richtung Süden abdreht.

»Keine Sorge wegen der Turbulenzen. Die Kleine hält einiges aus«, gibt er mir zu verstehen, als wir durch das erste Luftloch holpern. Gut, dass ich keine Flugangst habe.

Nachdem wir einige Minuten durch die Luft gebrummt sind, gewinne ich Vertrauen in das fliegende Museumsstück.

»Ich würde jetzt gern die Haube öffnen«, brülle ich ins Headset.

Jacques hebt seine rechte Hand und formt mit Daumen und Zeigefinger einen Kreis. Das ist das Okay. Vorsichtig schiebe ich den Riegel beiseite, der die Glashaube blockiert. Mit einem leichten Ruck löst sich die Konstruktion, und das Dach gleitet nach hinten. Das Dröhnen des Motors ist nun ohrenbetäubend. Glücklicherweise sitze ich hinter dem Cockpit von Jacques und damit im Windschatten. Ansonsten würden mir bei knapp 400 km/h Fluggeschwindigkeit wohl die Ohren wegfliegen.

Jacques kurvt im Tiefflug um die Dünen herum und ermöglicht mir spektakuläre Blickwinkel. Ich spüre förmlich sein Grinsen, wenn er eine Steilkurve fliegt und die Flügel senkrecht in der Luft stehen. Ich gebe mir währenddessen alle Mühe, diesen wohl einmaligen Moment fotografisch festzuhalten.

Nichts als Sand ist unter uns. Zig Milliarden Tonnen dieses Sediments türmen sich auf einem Gebiet auf, das etwa so groß ist wie Bayern und Rheinland-Pfalz zusammengenommen. Es sind die Farben, Formen und Facetten, welche der Namib ihren Zauber verleihen. Viele kleine und große Hügel schieben sich auf, werfen Schatten und werden vom Wind verworfen.

Besonders beeindruckend ist der Anblick, als wir uns der Küste nähern. Sandmassen treffen hier auf die Weiten des Atlantischen Ozeans. Ich hatte das bereits in Lüderitz bestaunt, aber jetzt, aus der Luft, wirkt der Gegensatz noch dramatischer. Grün schimmert das Meer, weiß sind die Schaumkämme, gelbbraun wirkt die riesige Sandmasse dahinter. Wir jagen an der »langen Wand« entlang. Die Düne ragt bei Flut direkt ins Meer hinein und treibt den Gegensatz zwischen Wasser und Sand auf die Spitze.

Ich erspähe eine Robbenkolonie und denke an ein Skype-Gespräch mit Freunden aus Berlin. Sie konnten gar nicht verstehen, warum ich bisher nur ein einziges Mal baden war. Dabei ist der Grund so banal wie eindeutig: Das Wasser ist arschkalt. Der Benguelastrom transportiert kaltes Nass aus der Antarktis bis ins südwestliche Afrika. Damit ist er für die Bildung der Wüste verantwortlich, denn durch die Abkühlung der Luft über dem Meer können sich keine Regenwolken bilden. Wärmer als 15 Grad Celsius wird das Wasser hier selten, die endlosen Strände bleiben der Tierwelt und wenigen hartgesottenen Menschen vorbehalten.

Wir sind seit fünfundvierzig Minuten in der Luft. Ich schließe kurz die Kuppel, um meinen Ohren eine Pause zu gönnen. Dann bemerke ich ein komisches Gefühl im Magen. Das kann nicht sein. Mir war noch nie schlecht beim Fliegen, ganz egal, wie stark die Turbulenzen waren. Wie kann es sein, dass es ausgerechnet heute, bei dieser einmaligen Gelegenheit, anders ist?

Ich versuche mich zu entspannen. Unweigerlich fallen mir die Worte von Jacques ein. »Diese Maschine ist meine zweite Ehefrau... Tu mir bloß einen Gefallen und nimm die Spucktüte, falls du dich übergeben musst.« Ich überlege, was ich Falsches gegessen haben könnte. Doch mir fällt partout nichts ein.

Als ich die Haube wenig später zum Fotografieren erneut öffne und sich das flaue Gefühl prompt verstärkt, fällt der Groschen. Es sind die Abgase des Motors, die ich ungefiltert einatme. Kein Wunder, dass mein Magen mit den schweren Öldämpfen keine Freundschaft schließt. Verübeln kann ich es ihm nicht.

So froh ich über die Erkenntnis auch bin, sie löst das Problem nicht. Es ist ein Kampf. Immer wieder schiebe ich die Haube beiseite, um Robben, Flamingos und Dünen zu fotografieren. Dann schließe ich den Deckel und kämpfe gegen den Würgereiz. Der Genussfaktor tendiert gegen null, aber Abbrechen ist keine Alternative.

Jacques bekommt von alldem nichts mit. Schließlich fragt er mich, ob wir noch ein Salto fliegen wollen.

»Danke, lass mal gut sein. Mein Gurt hat sich gelockert, und meine Objektive liegen hier lose herum«, sage ich. Das ist nicht gelogen, wenngleich es nur die halbe Wahrheit ist.

Im sanften Abendlicht kreisen wir über der Küste und steuern auf Swakopmund zu. Die Stadt liegt friedlich da. Aus der Luft lassen sich die Kolonialbauten gut erkennen, und die Bewohner gucken nicht schlecht, als wir in der Nanchang über ihre Köpfe donnern. Wir drehen eine Schleife über dem Hafen, der vor gut hundert Jahren der wichtigste Landeplatz für die deutschen Einwanderer war, und steuern dann das Swakopmund Aerodrome an.

Wenig später setzt Jacques zur Landung an und bringt die alte Dame sicher auf den Erdboden zurück. Die Fahrt verlangsamt sich, der Geräuschpegel wird leiser, und auch der Ölgeruch verschwindet. Jacques zieht die Parkbremse, und wir stehen.

»Geht es dir gut?«, will Jacques wissen, als er zu mir kommt, um mich aus dem Gurt zu befreien. Ich sehe wohl etwas blass aus.

»Wenn ich gewusst hätte, dass du derart viele Fotos machst, dann hätte ich dir eine Sauerstoffmaske gegeben. Kann sein, dass du jetzt eine leichte Kohlenmonoxidvergiftung hast. Trink viel Wasser und ruhe dich aus«, gibt er mir noch mit auf den Weg, als ich über die Tragfläche die Maschine verlasse und in Richtung Auto torkele.

Sauerstoffmaske. Ja, die hätte ich gern genommen. Aber sei es drum, trotz des immer noch sehr flauen Gefühls im Magen und des konstanten Pfeiftons in den Ohren bereue ich keine Sekunde dieses Fluges.

Am Abend ziehe ich mich in die Unterkunft zurück, sitze mit dem Netbook auf dem Bett und sichte die Fotos. Vor meinem geistigen Auge fliege ich noch einmal über die Weiten der Wüste. Und diesmal kann ich das luftige Abenteuer genießen. Ganz ohne Lärm, Ölgeruch, harte Kurven und Luftlöcher.

An der Grenze

Da sitze ich nun. Auf einer Felskante, Hunderte Meter über dem Boden. Meinen Rücken presse ich an den glatten Granit, die Beine baumeln in der Luft. Mit geschlossenen Augen taste ich im Rucksack nach einer Wasserflasche. Ich drehe den Deckel auf, nehme einen kräftigen Schluck und atme tief durch. Seit drei Stunden sind wir unterwegs, klettern seit Sonnenaufgang ohne Unterbrechung. Es ist ein Rennen gegen die Sonne, denn im Tagesverlauf wird sich das Gestein derart aufheizen, das jede Berührung zu Verbrennungen führen würde. Klettern ist dann unmöglich.

Trotz der knappen Zeit haben wir uns entschieden, unterhalb der schwierigsten Passage eine Rast einzulegen. Ich lasse meinen Blick durch die Gegend schweifen und beobachte, wie ein Raubvogel majestätisch durch die Luft segelt. Geschickt nutzt er die Thermik und lässt sich in großen Kreisen emportragen, fast ohne einen einzigen Flügelschlag. »Der hat es gut«, denke ich und wische mir mit beiden Händen die Salzkruste von der Stirn. Durchatmen. Es ist eine dieser Situationen, in der die Vernunft nach dem Sinn des Ganzen fragt. Warum klettert man ohne Seil auf einen Felszacken mitten in der Wüste? Auf einen Berg, der wegen seiner markanten Form auch »Matterhorn Namibias« genannt wird. Die Frage kommt schneller in meinen Kopf, als ich eine sinnvolle Antwort darauf finden kann.

Das Erongogebirge befindet sich etwa hundert Kilometer nördlich des südlichen Wendekreises und liegt damit eigentlich außerhalb meiner Reisezone. Ich konnte der Versuchung allerdings nicht widerstehen – habe ich mich doch von der Spitzkoppe magisch angezogen gefühlt.

Ich hatte diesen Berg vor meiner Abreise in einem Bildband über Namibia entdeckt und mich auf Anhieb verliebt. Der Felsen gleicht dem Eckzahn eines Raubtieres und überragt die Umgebung um siebenhundert Meter. Ein Sehnsuchtsberg, dessen Gipfel jedes Jahr nur wenige Menschen erreichen. Luftige Kletterei und stabile Nerven sind nötig, um zum höchsten Punkt zu gelangen.

Nach dem Flug über die Namib habe ich zwei Tage benötigt, ehe ich alle Schadstoffe der Nanchang ausgeschieden hatte. Ich nutzte die Zeit, um weitere Informationen über das Gebirge zu sammeln, und entschied mich schließlich, die Anreise auf mich zu nehmen. Die endgültige Entscheidung über eine Besteigung sollte erst vor Ort fallen.

Am Fuß eines solch imposanten Berges, mit all den Rahmenbedingungen vor Augen und den Zusatzinformationen im Hinterkopf, bin ich selten zum Scherzen aufgelegt. Es ist eine nüchterne Rechnung, die ich in meinem Kopf durchführe, ein Abwägen der eigenen Fähigkeiten und der äußeren Gegebenheiten. Im Fall der Spitzkoppe war mir klar, dass ich den Berg nicht allein in Angriff nehmen würde. Weder kannte ich den Weg, noch hätte mir im Notfall jemand helfen können. Daher fragte ich in der kleinen Hütte der Nationalparkaufsicht nach einem Guide, der bereit wäre, trotz der erwartet hohen Temperaturen einen Aufstieg zu wagen.

Mir wurde Benny vorgestellt. Der schlaksige junge Mann hatte den Berg schon einige Male bestiegen und erklärte sich bereit, mich zu begleiten. Beide sind wir fünfundzwanzig Jahre alt, beide mögen wir die Berge. Doch viel mehr Gemeinsamkeiten haben wir nicht. Während er unter einfachsten Bedingungen in einem von

Dürren und Arbeitslosigkeit geprägten Gebiet aufgewachsen ist, habe ich eine unbeschwerte Kindheit in der Seenlandschaft im Norden Berlins verbracht. Der Zufall will es, dass sich unsere Wege an der Spitzkoppe kreuzen. Er, der Bergführer aus Usakos, ich, der Geograf aus Oranienburg.

»Wie sieht's aus, wollen wir es versuchen?«, fragt Benny, nachdem unsere erste Pause drei Minuten gedauert hatte. Wir stehen jetzt an einer Stelle, die Benny als »Entscheidungspunkt« bezeichnet. Die meisten Kletterer würden hier umdrehen, denn die folgenden 150 Höhenmeter sind sehr luftig. Wer dort einen Fehler macht, der hat keine guten Chancen, den Berg lebend zu verlassen.

»Ja, ich bin bereit. Wie geht es dir?«, will ich wissen.

Benny nickt. »Ich fühle mich auch gut. Lass es uns in Angriff nehmen.«

Gesagt, getan. Ich schnappe mir meinen Rucksack und schnalle ihn auf meinem Rücken fest. Außer Benny ist noch sein Onkel Dicka dabei, der auch als Bergführer arbeitet, aber noch nie ganz oben war. Meine beiden Begleiter bewegen sich geschmeidig wie Katzen über die Felsen und scheinen zu wissen, was sie tun. Mit Ausnahme der rutschigen Turnschuhe, die Dicka trägt, habe ich ein gutes Gefühl. Wir arbeiten gut zusammen und haben dasselbe Tempo.

Meter um Meter entfernen wir uns vom Pausenplatz. Hier oben, rund 1600 Meter über dem Meeresspiegel, weht ein angenehmes Lüftchen. Gerade genug, um uns ein wenig Kühlung zu verschaffen. Viel mehr muss es nicht sein, dann wird das Klettern gefährlich.

Je höher wir kommen, desto weniger Griffe und Tritte bietet uns der Fels. Es ist eine glatte Granitwand, die sich im 50-Grad-Winkel vor uns auftürmt. Auf allen vieren bewegen wir uns vorsichtig nach oben. Ein Ausrutscher hätte fatale Folgen. Wahrscheinlich würde man einige Meter auf dem Stein entlangrutschen und dann Hunderte Meter in die Tiefe stürzen. Besser, nicht lange darüber nachdenken ...

Wir erreichen einen letzten steilen Aufschwung, die Schlüsselstelle. Hier durchzieht eine fünf Meter tiefe Spalte das Gestein. Dicka und ich stellen uns über die Spalte. Ein Bein links, ein Bein rechts. Dann bilden wir mit unseren Händen eine Trittleiter für Benny. Dieser stellt sich darauf und streckt sich vorsichtig am Fels empor. Er ist gerade groß genug, um seine Hände oben auf die Steinplatte zu bekommen, und hangelt sich an der glatten Wand hinauf.

Nachdem Benny oben ist, forme ich einen Tritt für Dicka. Ich schiebe von unten, Benny zieht von oben – auch Dicka schafft es auf den Felsvorsprung. Nun bin ich dran.

»Wie kommen wir hier eigentlich wieder runter«, will ich wissen, ehe ich den wohl riskantesten Teil des Aufstiegs beginne.

»Das geht schon, vertrau mir«, meint Benny und streckt mir seine Hand entgegen.

Ich reiche ihm meinen Rucksack und nehme dann all meinen Mut zusammen. Aus dem Stand muss ich nun einen halben Meter in die Höhe springen, um die Hände von Benny und Dicka greifen zu können. Wir hatten uns darauf geeinigt, dass ich es sein würde, der zuletzt und auf diese Weise nach oben kommt. Schließlich bin ich mit meinen 1,81 Metern einen halben Kopf größer als meine Begleiter.

Ich visiere die Hände der beiden an und atme noch einmal kräftig durch. Unter mir ist die Spalte, hinter mir geht es Hunderte Meter abwärts. Dazwischen befinden sich zwei schmale Felsbänder. Auf einem dieser beiden stehe ich nun und starre nach oben.

In Gedanken zähle ich: Drei, zwei, eins ... *Sprung.*

Eine Zehntelsekunde später klatschen meine Hände in die von Benny und Dicka. Wir greifen zu, und die beiden beginnen zu zerren. Zentimeter für Zentimeter geht es aufwärts. Es ist ein komisches Gefühl, fast tatenlos an der Wand zu hängen und sich hinaufziehen zu lassen. Doch es gibt keine andere Möglichkeit. Der Fels ist hier spiegelglatt.

»Sehr gut«, sagt Benny und klopft mir auf die Schulter. Wir sind alle froh, es geschafft zu haben. Die Gedanken an den Abstieg verbanne ich für den Moment aus meinem Kopf. Ich habe wirklich keine Ahnung, wie wir hier wieder herunterkommen wollen.

Noch fünfzig Meter trennen uns vom Gipfel. Fünfzig Meter über blanken Granit. Nur die Haftreibung der Hände und Füße verhindert einen Absturz. Vor Aufregung feuchte Hände sind hier oben genauso wenig wünschenswert wie plötzlich aufziehende Wolken. Denn wenn die Steinplatte nass wird, ist sie gefährlich glatt.

Ich visiere den Gipfel an und blende das Drumherum aus. Das funktioniert ganz gut, und wenig später erreichen wir den höchsten Punkt der Spitzkoppe. Wir teilen uns eine Tafel Schokolade und freuen uns über den erfolgreichen Aufstieg.

»Danke, Benny. Allein wäre ich nie hier hochgekommen«, sage ich zu meinem Guide, der mittlerweile schon zu einem echten Kumpel geworden ist.

»Gern doch. Macht Spaß mit dir, und der Weg ist allein wirklich nur schwer zu finden. Hier kann man sich ziemlich schnell versteigen.«

Der Ausblick ist atemberaubend. In alle Richtungen breitet sich das trockene, flache Land aus. Das Gelb des Bodens trifft auf das tiefe Blau des Himmels. Im Osten schimmert der Atlantische Ozean. Er ist nur rund 110 Kilometer entfernt, liegt aber 1728 Meter unter uns. Umso länger ich in die Gegend schaue, umso mehr Details erkenne ich. Ich entdecke braune und graue Strukturen in der Steppe und erspähe im Norden das Brandbergmassiv. Und auch der Raubvogel, den ich in der Pause beobachtet hatte, vollzieht erneut seinen Tanz mit der Thermik. Es ist friedlich hier oben.

Ich blicke nach Süden und denke an die zurückliegenden Wochen. An meine Ankunft in Afrika, die Einblicke in die Seele des Landes und daran, wie mich die Begegnungen haben ruhiger werden lassen. Ich spüre eine tiefe Dankbarkeit und eine ausgeprägte Neugier auf Neues. Ich kann es kaum erwarten, noch mehr zu sehen und weitere spannende Menschen zu treffen. Doch erst einmal müssen wir hier wieder runterkommen.

»Okay, wir müssen jetzt absteigen, wenn wir vor dem Mittag unten sein wollen«, wirft Dicka in die Runde. Wir nicken. Zumindest den oberen Abschnitt sollten wir vor der großen Hitze meistern, sonst wird es kritisch.

»Ich schreibe noch schnell ein Update, und dann können wir los«, sage ich und beginne zu tippen.

Update 61 vom 6. November (21° 49' S, 15° 11' O): Gipfelgruß! Der Ausblick belohnt die Strapazen. Nun beginnt der knifflige Abstieg.

Nur wenige Sekunden später blinkt mein Satellitenempfänger. Meine Mutter hat das Update gelesen und antwortet nun: »Super!!! Wir freuen uns mit dir und verfolgen deinen Aufstieg ganz genau. Pass auf dich auf!«

Vor der Bergtour hatte ich das Sendeintervall der Positionsangaben auf fünfzehn Minuten eingestellt. Fast in Echtzeit können die Daheimgebliebenen das luftige Abenteuer verfolgen. Sie können sehen, dass wir nur langsam vorankommen.

Der Weg nach unten ist fast immer kniffliger als der nach oben. »Ein Gipfel gehört dir erst, wenn du wieder unten bist – vorher gehörst du ihm«, brachte es der italienische Bergsteiger Hans Kammerlander auf den Punkt. Ich erinnere mich an diese Weisheit, als wir uns langsam nach unten bewegen. Schließlich kommen wir an der Schlüsselstelle an, die wir im Aufstieg mit vereinten Kräften bewältigen konnten. Und nun?

»Wie kommen wir da runter«, will ich wissen und schaue ratlos die Steilstufe hinab. Von oben sieht die Felsspalte noch tiefer aus. Über den Abhang dahinter will ich gar nicht weiter nachdenken.

»Es gibt nur eine Möglichkeit. Wir müssen springen«, sagt Benny.

Ich schaue ihn kritisch an und muss feststellen, dass er es ernst meint.

Der Sprung wäre etwa einen Meter weit und zweieinhalb Meter tief. Als Landefläche dient ein dreißig Zentimeter breites Felsband. Davor ist die Spalte, daneben ein Dornenbusch, dahinter der Abhang. »Das ist doch irre«, murmele ich.

Ehe ich's mich versehe, segelt Benny durch die Luft und landet punktgenau. Ich werfe ihm meinen Rucksack zu – zumindest die Kameraausrüstung ist sicher. Dann stelle ich mich auf den Absprungpunkt und visiere die Landefläche an. Tausend Gedanken schießen durch meinen Kopf. Ich fühle mich wie ein kleiner Junge, der völlig überraschend und das erste Mal in seinem Leben auf einem Zehn-Meter-Turm steht und springen soll. Wenn jetzt was schiefgeht, habe ich ein Problem. Ich denke dabei noch nicht einmal an das schlimmste Szenario. Ein verstauchter Knöchel reicht schon aus, um meine weiteren Reiseplanungen ins Wanken zu bringen.

Ich nehme mir die Zeit, die ich brauche, um mich mit der Situation vertraut zu machen. Angst lähmt, Respekt schärft die Sinne. Deswegen warte ich so lange, bis sich mein Blutdruck wieder senkt und ich zur Ruhe komme. Dann rutsche ich nah an den Fels heran, schaue in die Tiefe – und springe.

Ich lande genau da, wo ich landen wollte. Durchatmen. Der Adrenalinspiegel in meinem Körper senkt sich nur langsam, und auch das Herz hämmert noch gewaltig.

Dicka springt als Letzter. Er hebt ab, segelt durch die Luft, landet – und verdreht sich dabei den rechten Fuß. Das hat uns noch gefehlt. Der Weg ist lang, und es wird unerträglich heiß. Hier oben gibt es keine Bäume, die uns Schatten spenden können.

Drei Stunden brauchen wir für den restlichen Abstieg. Immer wieder müssen wir unterwegs anhalten, um Dickas Knöchel eine Pause zu gönnen. In der brütenden Mittagshitze erreichen wir den Ausgangspunkt unserer Tour und sind völlig erledigt. Ich öffne den Kofferraum und hole einen Fünf-Liter-Wasserkanister heraus. Wir fühlen uns wie Kamele, die nach einer tagelangen Wanderung an ein Wasserloch kommen. Zu dritt brauchen wir kaum zehn Minuten, bis kein Tropfen mehr übrig ist. Dann sitzen wir mit dicken Wasserbäuchen im Schatten eines Kameldornbaums und grinsen uns müde an. Wir sprechen nur wenig, die Spitzkoppe hat uns alles abverlangt.

Auf dem Rückweg nach Swakopmund habe ich Mühe, meine Augen offen zu halten. Glücklicherweise ist kaum Verkehr, und ich rolle durch die karge Landschaft geradewegs auf die Küste zu.

Seenebel liegt über der Region, und das Thermometer zeigt angenehme 18 Grad an. Es ist eine Wohltat nach der Hitzeschlacht auf der Spitzkoppe. Noch größer ist der Genussfaktor unter der Dusche. Das Wasser spült den Dreck und die dicke Salzkruste vom Körper und weckt die Lebensgeister. Ich bin wieder ein Mensch, als ich mich gewaschen und in frischen Sachen auf das Bett lege. Wenn man die Komfortzone verlässt, lernt man die scheinbar alltäglichen Dinge des Lebens umso mehr zu schätzen. Zur Feier des Tages gönne ich mir ein Erdinger Alkoholfrei und eine Tafel Milka-Schokolade, die ich hier tatsächlich im Supermarkt gefunden habe. Ganz verschwunden sind die Spuren der Kolonialzeit offensichtlich noch nicht. Heute freue ich mich über das Stückchen Heimat. Ich fühle mich wie ein König und sinke schnell in einen tiefen Schlaf.

Elf Stunden später wache ich wieder auf und trete auf den Balkon meiner Unterkunft. Es ist immer noch neblig, das Wetter passt zu meiner Stimmung. Sie ist irgendwie unklar. Einen knappen Monat bin ich nun solo unterwegs und war dabei die meiste Zeit auf mich allein gestellt. In einem Land wie Namibia, in dem gerade einmal zwei Millionen Menschen leben, tritt sich keiner auf die Füße.

Mit dem Blick in die trübe Suppe wird mir klar, dass eine gewaltige Umstellung auf mich wartet. In wenigen Tagen reise ich nach Südafrika, um die zweite Etappe meiner Weltumrundung zu beginnen. »Uh, uh, pass auf. Dieses Land ist ganz anders als Namibia. Es ist größer, dort leben mehr Menschen, und es ist gefährlicher«, sagte mir Shilongo, als wir im Lüderitzer Hafen standen und ich ihm von meinen Plänen erzählte.

Und da ist noch etwas. Nach Wochen des Alleinseins wartet eine Umstellung auf mich. Martin, ein guter Freund aus Deutschland, wird sich in Südafrika dazugesellen. Eine schöne Vorstellung. Aber irgendwie auch eine komische, denn über die Wochen hat sich mein Geist auf Stille und Monotonie eingestellt. Das wird sich nun ändern.

Der Schwerkraft entgegen

Luftige Wanderungen in Südafrika und Lesotho

Vier Meter hohe Wellen nagen an der Küste. Immer wieder peitschen die Wassermassen auf die Klippen zu, bauen sich zu furchterregenden Ungetümen auf, um wenig später als feine Gischt in alle Richtungen verstreut zu werden.

Hier, bei Port Edward, zeigt die Natur ihre ganze Stärke. Während ich in respektvollem Abstand zum Wasser bleibe, um meine Kameraausrüstung nicht zu ertränken, steht Martin an vorderster Front im nassen Nebel und sorgt für spektakuläre Fotomotive.

Seit zwei Tagen sind wir zusammen unterwegs. Martin kam aus dem winterlichen Potsdam, ich aus Namibia. In Durban trafen wir aufeinander und sind seitdem gemeinsam auf Tour.

Als Team wollen wir die zweite Etappe der Weltreise in Angriff nehmen und vier Wochen lang Südafrika erkunden. Dieses Land ist nicht nur größer und dichter besiedelt als sein Nachbar im Nordwesten, es gibt auch gewaltige Kontraste: Während Namibia durch den Einfluss der kalten Benguelaströmung von Trockenheit geprägt ist, hat Südafrika Anteil an zwei Ozeanen. Die Westküste ist dabei ähnlich niederschlagsarm wie Namibia. Auf der Ostseite erhitzt jedoch der Agulhasstrom den Indischen Ozean und führt zu höheren Niederschlägen. Dort ist eine vielfältige Tier- und Pflanzenwelt entstanden.

Wir wollen uns einen Eindruck von diesen Gegensätzen verschaffen. Unsere Route führt uns von Durban aus an der Hibiskusküste entlang nach Süden, bevor wir nach Westen in Richtung Lesotho abbiegen werden. Weitere Etappenpunkte sind die kargen Gegenden um Bloemfontein und die Küstenlandschaften im Süden des Landes. Wir haben uns vorgenommen, den Fokus auf die Gegenden zu legen, die sich abseits der klassischen Routen befinden. Dort wollen wir direkt den Kontakt zu Einheimischen suchen, um ihre Geschichten zu hören und etwas über das Leben in Südafrika zu erfahren.

Ich beobachte, wie Martin akrobatisch auf den Klippen herumturnt, und freue mich, dass er da ist. Ich kann mir für diesen Abschnitt der Reise keinen besseren Mitstreiter als ihn vorstellen. Wir sind uns 2004 erstmals über den Weg gelaufen und haben fast zeitgleich mit dem Triathlonsport begonnen. Etliche Stunden haben wir seitdem zusammen in der Schwimmhalle, auf dem Fahrrad und beim Laufen verbracht. Dabei hatten wir viel Zeit, zu reden und uns kennenzulernen.

Martin war über all die Jahre immer an meiner Seite, hat mir ehrlich seine Meinung gesagt und mich auf andere Gedanken gebracht, wenn es nicht so gut lief. Ich habe ihn als jemanden kennengelernt, auf den man sich in allen Lebenslagen zu hundert Prozent verlassen kann. Egal, ob bei einer abendlichen Pokerrunde im Freundeskreis oder beim Zelten auf dem Darß, Martin ist ein guter Freund, der schwer aus der Ruhe zu bringen ist und immer ein Lächeln auf den Lippen hat. Genau der Richtige also, um einen abenteuerlichen Trip durch Südafrika zu wagen.

Sani-Pass im Rückwärtsgang

Dunkle Wolkenfetzen ziehen durch das Tal. Vom Wind getrieben, jagen sie an den Hängen der Drakensberge vorbei und sorgen für eine mystische Atmosphäre. Alles ist in Bewegung. Jede Sekunde formt sich ein neues Bild. Martin und ich sitzen auf einem kleinen Felsvorsprung und beobachten das Schauspiel. Die Drakensberge begrüßen uns eindrucksvoll. Fast scheint es, als wollten sie uns mit der dramatischen Kulisse ihre Kraft demonstrieren. Nach dem Motto: »Egal, was ihr vorhabt, wir sind stärker. Vergesst das nicht.«

Wie zum Beweis für unsere These bricht die Sonne durch das trübe Grau. Sie steht dicht oberhalb des Bergrückens, gerade noch hoch genug, um den tristen Bergen mit ihren letzten Strahlen ungeahnte Farben zu entlocken. Die Drakensberge schimmern nun kontrastreich in Grün-Braun neben den gelblich weißen Wolken. So unerwartet das Farbenspiel begann, so schnell ist es auch wieder vorbei. Nach wenigen Minuten verschwindet die Sonne hinter den Bergen, und die Dunkelheit kriecht in die Täler.

Martin und ich schalten unsere Stirnlampen an und folgen dem schmalen Pfad, der uns zurück ins Tal leitet. Schweigsam hängen wir unseren Gedanken nach, denn zu Beginn unseres Abenteuers haben wir nur eine vage Vorstellung von dem, was uns erwartet.

Der Sani-Pass ist eine der steilsten Passstraßen der Welt, die Durchschnittssteigung beträgt zwanzig Prozent. Wer die einundzwanzig Serpentinen bewältigt, der steht an der Grenze zwischen Südafrika und Lesotho – genau da wollen wir hin.

Das Problem ist, dass für die unbefestigte Schotterpiste ein Allradfahrzeug vorgeschrieben ist. Unser Nissan X-Trail sieht zwar aus wie eins, fährt aber mit normalem Zweiradantrieb. Und genau deswegen machen wir uns Sorgen. Wenn wir Pech haben, ziehen sie uns schon am südafrikanischen Grenzposten, am Beginn der

Passstraße, aus dem Verkehr. Wenn wir noch mehr Pech haben, dann fahren wir uns im oberen Teil der Piste fest und kommen weder vor noch zurück.

»Wir können ja auch rückwärtsfahren, wenn es zu steil wird«, meint Martin plötzlich.

Wir müssen beide lachen. Die Idee klingt absurd. Sie zeigt mir aber, dass wir beide in Gedanken bei demselben Thema sind. Die Wetterprognosen haben wir geprüft, aktuelle Informationen über die Straßenqualität liegen uns vor, und wir haben uns mit dem Auto vertraut gemacht. Wir haben gemeinsam entschieden, dass es unter diesen Bedingungen auch mit einem Zweiradantrieb möglich sein müsste, den Grenzposten zu erreichen. Und dennoch: Trotz aller Vorbereitungen kriecht die Unsicherheit mit in den Schlafsack, denn es gibt mehr Fragen als Antworten.

Update 91 vom 14. November (29°39' S, 29°27' O): Die (An-)Spannung steigt im Minutentakt. In Kürze brechen wir auf. Die erste Hürde ist die Grenzstation. Dort wird entschieden, ob sie uns hinauflassen oder nicht. Die Chancen stehen 50:50.

Wir können es kaum erwarten, endlich aufzubrechen.

Nach fünf Kilometern auf asphaltierter Straße ist die ruhige Zeit vorbei. Ein verrostetes Blechschild weist uns den Weg zum Pass. Auf der löchrigen Sandpiste kommen wir nur langsam voran. Mit jedem Kilometer wird das Gelände anspruchsvoller, der Tacho zeigt selten mehr als 20 km/h an. »Na, das kann ja was werden«, ächzt Martin, als wir eine ausgespülte Rinne durchqueren und die Räder kurzzeitig durchdrehen. Ich nicke.

Die Fahrt gleicht einer Spurensuche. Wir versuchen, den besten Weg auf der ramponierten Piste zu finden, ohne dabei unnötig langsam zu werden. Denn für die kurzen steilen Rampen, die sich immer wieder vor uns erheben, brauchen wir Schwung.

»Kann es sein, dass wir die Grenzstation schon passiert haben?«, fragt Martin unvermittelt.

»Keine Ahnung. Mir kommt das auch ziemlich lang vor«, entgegne ich.

Laut Landkarte müsste die Station der Südafrikaner noch vor dem Beginn der eigentlichen Passstraße kommen. Da wir aber schon eine Stunde unterwegs sind und etliche Höhenmeter überwunden haben, beginnen wir zu zweifeln.

Die vage Hoffnung, dass es vielleicht nur noch einen einzigen Grenzposten auf dem Pass gibt, zerplatzt wenig später wie eine Seifenblase. An einer Stelle, an der das Tal etwas breiter wird, stehen wir plötzlich vor einer Schranke. Daneben befindet sich ein flaches Betongebäude mit Gitterfenstern. Die Flaggen Südafrikas und Lesothos wehen im Wind.

Es gibt keinen Zweifel – die Grenzstation ist ganz sicher nicht verschoben worden.

»Jetzt wird es ernst«, sage ich zu Martin und greife in die Innentasche meiner Weste, um die Papiere herauszuholen. Wir hatten diese Situation in Gedanken durchgespielt. Nervös sind wir dennoch.

Ich verlasse das Auto und gehe mit unseren Pässen in das kleine Büro des Grenzbeamten. Der erfreut sich gerade an halb nackten Frauen im Musikfernsehen und ist nicht beglückt über meine Ankunft. Schließlich muss er sich nun vom Fernseher abwenden. Er atmet tief durch, drückt auf die Pausentaste des Videorekorders und hievt seinen korpulenten Körper zum Schalter.

»Was kann ich für Sie tun?«, brummt er, ohne mir dabei in die Augen zu schauen.

»Hallo, wir möchten gern über den Sani-Pass nach Lesotho reisen«, entgegne ich und versuche dabei freundlich, aber nicht allzu aufdringlich zu klingen.

»Reisepässe«, erwidert er.

Ich schiebe ihm die Dokumente von Martin und mir durch das Loch im Glas und warte. Der Grenzbeamte verschwindet im Hinterzimmer.

Zwei Minuten später kommt er wieder und donnert die Ausreisestempel in unsere Unterlagen. Mein Herz hüpft freudig bei der Vorstellung, dass er sich gar nicht für unser Vehikel interessiert.

Dem Hüpfer folgt ein Herzstillstand.

»Mit welchem Auto sind Sie hier?«, will er wissen und erhebt sich von seinem Bürostuhl.

Ich deute auf unseren Nissan. Martin sitzt auf dem Beifahrersitz und tut so, als würde er entspannt ein Buch lesen.

Bei der Frage nach dem Allradantrieb schaut mir der Beamte das erste Mal direkt in die Augen.

»Natürlich«, antworte ich und halte den Blickkontakt. Die nächsten Sekunden fühlen sich wie Stunden an.

»Okay.«

Er legt die Pässe auf den Tisch und drückt auf eine Fernbedienung. Noch ehe ich das Büro verlassen habe, dudelt das Musikfernsehen wieder vor sich hin, und die Schranke steht offen. Ich atme durch und gehe zum Auto zurück.

»Wir haben den ersten Teil geschafft«, zische ich Martin zu, als ich in den Nissan steige und den Zündschlüssel nach rechts drehe. Ohne uns etwas anmerken zu lassen, passieren wir den Schlagbaum und rollen Richtung Abenteuer.

Eine Kurve später stoppen wir und stoßen zwei Jubelschreie aus.

»Geil«, freut sich Martin und schlägt seine Hand in meine.

»Die paar Kilometer nach oben schaffen wir jetzt auch noch«, sagt er und grinst. Ist es Galgenhumor? Beim Blick nach vorn muss ich fast davon ausgehen. Ich hoffe, dass uns die kleine Allradlüge nicht auf die Füße fällt...

Seit dem Start am Morgen haben wir schon einige Höhenmeter erklommen. Aber ab jetzt geht es richtig zur Sache. Wie wir sehen, wird das Tal immer schmaler und gewinnt rasch an Höhe. Die Piste ist lediglich als grauer Streifen zu erahnen und schlängelt sich auf der Südseite des Schlundes am Hang entlang. Zu Beginn ist der Anstieg noch moderat, doch die letzten Kilometer haben es in sich. In elf Serpentinen windet sich die Piste hinauf zum Pass. Wir haben unser Ziel als winzigen Punkt hoch oben vor Augen. Etliche Höhenmeter trennen uns noch von Lesotho, von 2000 Metern müssen wir es auf 2873 Meter über dem Meeresspiegel schaffen.

Nach der kurzen Pause setzen wir unsere Fahrt fort. Es läuft gut, und wir kommen zügig voran. Kleinere Schlaglöcher durchfahre ich mit Schwung, den größeren weiche ich vorsichtig aus. Gut, dass wir beide keine Höhenangst haben – rechts von uns fällt der Hang steil ab, der Boden des Tals liegt bereits mehrere Hundert Meter unter uns.

Wir haben den halben Weg geschafft, als die Räder zum ersten Mal durchdrehen. Ich rolle ein wenig zurück und nehme die Kurve mit Schwung. Geschafft. Zeit zum Durchatmen bleibt nicht, denn die Piste ist nun deutlich schmaler geworden und bietet keinen Platz für einen Fahrfehler. Höchste Konzentration ist gefragt, und die kreativen Kurvenbezeichnungen treffen den Nagel auf den Kopf. Die Steilkehren mit den Namen »Hämorrhoidenhügel«, »Whiskyquelle« und »Selbstmordbeuge« lassen sich nur mit vollem Körpereinsatz und Mut durchfahren.

Drei Serpentinen später ist Schluss. Der Motor heult auf. Die Vorderräder drehen durch. Steine fliegen durch die Gegend. Wir rutschen. Mit aller Kraft ziehe ich die Handbremse.

Da stehen wir nun. Bis auf 2587 Meter sind wir hinaufgeklettert, haben bisher insgesamt 1300 Höhenmeter auf achtzehn Kilometern bewältigt. Doch hier, an der Serpentine mit dem Namen »Dassie«, scheint Endstation zu sein. Martin und ich schauen uns ratlos an. Draußen pfeift der Wind und scheint uns zuzuflüstern: »Das ist eure Strafe. Diese Passstraße darf nur mit Allradfahrzeugen in Angriff genommen werden. Das steht überall geschrieben.«

Da fallen mir die Worte von Martin ein.

»Du, ich glaube das mit dem Rückwärtsfahren probiere ich mal«, sage ich.

Martin macht große Augen, legt aber keinen Protest ein. Er kennt mich lange genug, um zu wissen, dass ich es ernst meine. Den Sani-Pass im Rückwärtsgang zu bezwingen ist unsere einzige Chance. Nur, wenn wir mehr Last auf die Antriebsräder bekommen, können wir es schaffen. Und das geht nur in der Rückwärtsbewegung.

Martin steigt aus und stellt sich hinter das Auto. Die erste Herausforderung besteht darin, den sperrigen Nissan auf der engen Piste zu wenden. Ich benötige gefühlte hundert Züge, ehe das Heck hangaufwärts zeigt. Gemeinsam mit meinem Kompagnon betrachte ich die Situation. Es ist so steil, dass die vorderen Stoßdämpfer halb durchgedrückt sind. Ein böiger Wind wirbelt Staub durch die Luft, der Himmel ist wolkenlos und tiefblau. Hier oben hat die Sonne viel Kraft.

Wir verständigen uns darauf, dass Martin vorläuft und mir an besonders engen und steilen Stellen ein Zeichen gibt. Nachdem wir uns davon überzeugt haben, dass kein Gegenverkehr zu erwarten ist, geht es los.

Ich lege den Rückwärtsgang ein, atme tief durch, schaue nach hinten und halte mich mit der linken Hand am Beifahrersitz fest. Die rechte Hand umschließt das Lenkrad. Angeschnallt bin ich nicht. Falls es schiefgeht, könnte ich zumindest versuchen, aus dem Auto zu springen.

Die folgenden drei Kilometer sind Schwerstarbeit. Martin legt die gesamte Strecke zu Fuß zurück und gibt mir Handzeichen. Ich zirkele den zwei Tonnen schweren Japaner durch die bis zu dreißig Prozent steilen Serpentinen und schwitze wie bei einem Zehn-Kilometer-Lauf im Hochsommer. Wenn ich bisher nicht rückwärtsfahren konnte – jetzt kann ich es. Die Kurven mit den Namen »Düstere Ecke«, »Haarnadelbasis« und »Sturmecke« spannen meine Nerven aufs Äußerste und bringen den Motor zum Jaulen.

Als großes Finale sorgt die Schlussrampe noch einmal für gewaltige Adrenalinausschüttungen. Ich bewege mich an der Grenze dessen, was mit diesem Auto möglich ist. Die Maschine ächzt, und die Räder sind kurz davor durchzudrehen. Bange Minuten vergehen, ehe ich den Scheitelpunkt erklimme.

Völlig außer Atem erreicht Martin kurz nach mir den Pass. Wir fallen uns in die Arme und lassen uns vor dem in die Jahre gekommenen knallgrünen Passschild fotografieren. »Sani Pass, 2873 meters above sea level«. Schlagartig fällt die gesamte Anspannung der vergangenen Tage von uns ab und macht Platz für ein tiefes Glücksgefühl.

Ich hatte in meinem Leben nie ein Problem damit, an meine Grenzen zu gehen. Das stößt nicht immer auf Verständnis. Einem Unbeteiligten mögen einige Aktionen, seien es luftige Klettertouren oder auch eine steile Passstraße rückwärts hinaufzufahren, unnötig und übertrieben gefährlich erscheinen. Wenn ich mit diesem Unverständnis konfrontiert werde, denke ich an die Geschichte eines hawaiianischen Wellenreiters, der nach einer Runde auf dem Meer zum Strand zurückkkam. Dort begegnete er einem Journalisten, der beobachtet hatte, wie der Sportler kurz zuvor eine zehn Meter hohe Welle gesurft hatte. »Das ist doch extrem, was Sie da machen«, meinte der Journalist. Der Surfer überlegte und gab dann folgende Antwort: »Wissen Sie, für Sie ist das extrem, weil Sie in Ihrem Leben selten gesurft sind. Für mich ist das Surfen mein Leben, und seit zwanzig Jahren bin ich täglich auf den Wellen unterwegs. Extrem ist etwas für diejenigen, die es nicht beherrschen.«

Menschen bewerten Aktionen anderer Menschen vor allem auf Grundlage ihrer eigenen Erfahrungen. Das ist naheliegend, aber bevor jemand für ein Abenteuer als verrückt abgestempelt oder gar als lebensmüde bezeichnet wird, sollten dessen Erfahrungen und Fähigkeiten bedacht werden. Aus Sicht des Journalisten war das Surfen der Zehn-Meter-Welle eine aberwitzige Aktion. Für den Sportler war es indes »nur« eine große Herausforderung mit greifbarem Risiko.

Das Schönste an Erfahrungen am Rand der persönlichen Komfortzone ist das Gefühl, es geschafft und die eigenen Grenzen um ein paar Prozent verschoben zu haben. Ich empfinde eine Mischung aus Freude, Stolz und Erleichterung, als ich auf dem Sani-Pass stehe und mir der frische Bergwind um die Nase weht. Der Cocktail aus Adrenalin und Glückshormonen sorgt dafür, dass ich den Moment intensiv erlebe und er sich tief in mein Gedächtnis einbrennt. Bei der Einreise achte ich darauf, dass der Zöllner den Stempel gut leserlich in meinem Reisepass platziert. Schließlich haben wir uns diesen Grenzübertritt hart erarbeitet.

Der Sani-Pass im Rückwärtsgang war sicherlich im Grenzbereich dessen, was ich mir selbst zutraue. Aber die Aktion war nicht extrem. Hätte wir an irgendeiner Stelle ein ungutes Bauchgefühl gehabt – wir wären umgedreht.

Sturm in den Drakensbergen

Der Sturm beginnt nachts. Durch alle Ritzen unserer kleinen Hütte pfeift der Wind, bringt zum Klappern, was nicht niet- und nagelfest ist. »Wenn es so weitergeht, dann hebt bald das Dach ab«, meint Martin. Im Schein seiner Stirnlampe klemmt er Handtücher in den verzogenen Türrahmen. Strom gibt es nicht, um 22 Uhr wurde das Dieselaggregat abgestellt. Nun ist es stockfinster. Nicht nur in unserer Hütte, sondern im ganzen Dorf auf dem Sani-Pass.

Viel schlimmer als der Sturm vor der Tür erwischt mich das Unwetter in meinem Magen. Dieser schmerzt gewaltig, und alle Versuche, mithilfe der Reiseapotheke für Linderung zu sorgen, schlagen fehl. Ich liege im Bett und versuche eine Stellung zu finden, in der es erträglicher ist. Der Erfolg hält sich in Grenzen. An Schlaf ist nicht zu denken.

»Du Blödmann«, denke ich und adressiere den Fluch an mich selbst. Ich habe es beim Abendessen übertrieben und bekomme nun die Quittung dafür. Dabei wollte ich Martin und mir etwas Gutes gönnen und habe uns in der Sani Lodge einquartiert, direkt auf dem Pass. Von unserer kleinen Hütte aus haben wir einen spektakulären Ausblick auf die Drakensberge. Es sollte ein schöner Abschluss meines Lebensjahres werden, denn morgen werde ich meinen 26. Geburtstag feiern.

Statt im Tiefschlaf das Lebensjahr zu wechseln, schaue ich nun alle paar Minuten auf die Uhr und winde mich vor Schmerzen. Um Mitternacht hänge ich vor Kälte zitternd über der Kloschüssel. Es ist hier oben nicht nur windig, sondern auch empfindlich kalt. So hatte ich mir meinen persönlichen Jahreswechsel nicht vorgestellt.

Nach einer wenig erholsamen Nacht beruhigt sich mein Magen allmählich wieder. Martin gratuliert mir als Erster zu meinem Ehrentag und übergibt mir ein kleines Päckchen von meinen Eltern. Für den Moment besiege ich meine Neugier und entscheide mich dafür, den Inhalt erst am Abend zu inspizieren.

Unseren Plan, den Thabana Ntlenyana zu besteigen, müssen wir indes begraben. Mit seinen 3482 Metern ist dieser Berg die höchste Erhebung südlich des Kilimandscharos. Der Gipfel war unser erklärtes Ziel in den Drakensbergen, doch die Idee wird – buchstäblich – vom Winde verweht.

»Böen über 100 km/h, Wetterlage unklar«, teilt man uns mit. Selbst wenn wir es bis zum Berg schaffen sollten, wäre es keine gute Idee, in diesem ausgewachsenen Sturm ein Zelt aufzubauen.

Da wir uns nicht damit anfreunden können, einfach nur herumzusitzen, wagen wir dennoch den Gang vor die Tür. Zur Sicherheit speichere ich die Koordinaten des Dorfes in meiner GPS-Uhr, bevor wir uns über wegloses Gelände durch das Gebirge bewegen. Zu groß ist die Gefahr, dass plötzlich Wolken aufziehen und alles im Grau ersticken.

Wir stemmen uns mit voller Kraft gegen den starken Wind und kommen nur langsam voran. Schließlich entdecken wir in rund drei Kilometer Entfernung einen markanten Bergkegel, der unsere Aufmerksamkeit erregt.

»Wie sieht es aus. Wollen wir da hoch?«, meint Martin und grinst mich an.

Martin ist eine der fittesten Personen, die ich kenne. Zusammen mit ihm starte ich in der Triathlon-Regionalliga und habe in zehn Jahren zahlreiche Wettkämpfe absolviert. Es ist ein ungeschriebenes Gesetz, dass Bewegung im Spiel ist, wenn wir beide zusammen unterwegs sind. Deswegen überrascht mich die Frage von ihm überhaupt nicht.

»Lass es uns versuchen. Allerdings steckt mir die Nacht noch in den Knochen«, antworte ich und höre in meinen Körper hinein. So weit ist alles gut, mein Magen kommt mit der mir selbst auferlegten Schonkost gut zurecht und ist friedlich, als wir uns langsam dem Berg nähern. Der schmale Trampelpfad windet sich am Rand einer Steilkante in sanften Schwüngen den Hang empor. Ohne Wind wäre es über weite Strecken eine entspannte Wandertour, kritisch wird es erst auf den letzten Metern.

Der finale Aufschwung zum Gipfel hat es in sich. Wir steigen durch steiles Gelände und müssen immer wieder kurze Kletterpassagen meistern. Die Stellen sind technisch nicht besonders schwierig, werden durch die Windböen aber zu einer grenzwertigen Herausforderung. Mehrfach zwänge ich mich in die Felswand, um nicht hinabgeweht zu werden. Der Sturm lehrt uns die Kraft der Natur. Es fühlt sich an, als wäre ich mit meinen achtzig Kilogramm nicht mehr als eine Pusteblume im Windkanal.

Oben angekommen suchen wir einen windgeschützten Platz hinter einem großen Felsblock. Da wir den Namen der Erhebung auf der Karte nicht entdecken können, verpassen wir dem Berg kurzerhand den Titel »Sturmspitze«. Der Höhenmesser zeigt 3340 Meter, die Aussicht ist gewaltig.

In allen Himmelsrichtungen ragen Bergspitzen empor. Richtung Nordosten sehen wir das Tal, durch das wir am Vortag hinaufgefahren sind. Gen Norden breitet sich die Hauptkette der Drakensberge aus. Das Hinterland Lesothos sehen wir im Westen. Als einziges unabhängiges Land der Erde liegt das gesamte Staatsgebiet Lesothos höher als tausend Meter. Achtzig Prozent der Fläche überragen gar die 1800-Meter-Marke, und mit dem Blick auf die bergige Landschaft verstehen wir, warum Lesotho auch »Das Königreich im Himmel« genannt wird.

Zu meinem Erstaunen holt Martin eine kleine Sektflasche aus seinem Rucksack und präsentiert sie mir mit einem triumphierenden Lächeln. Die Überraschung ist gelungen. Wir sitzen hinter dem Stein, Wolkenfetzen ziehen schnell über unsere Köpfe hinweg. Wir trinken Sekt und knabbern auf unseren Müsliriegeln herum. So lässt sich das neue Lebensjahr gut beginnen.

Die Laune wird noch besser, als ich am Abend das Päckchen meiner Eltern öffne. Neben einer Karte mit lieben Wünschen entdecke ich einen kleinen Kuchen und Dominosteine in der Schachtel. Ich kann mir ein breites Grinsen nicht verkneifen. Wenn man auf der anderen Seite des Planeten ist, dann kann ein Dominostein aus der heimischen Bäckerei ungeahnte Energiereserven wecken. Vergessen sind die Schmerzen der vergangenen Nacht. Vergessen ist auch der zermürbende Kampf mit dem Sturm. Als die Schokolade auf meiner Zunge zergeht, wähne ich mich im siebten Himmel. Die restlichen fünfzehn Dominosteine werde ich hüten wie einen Goldschatz.

Am nächsten Morgen haben wir alle Sachen gepackt und sind bereit, unsere Reise Richtung Westen fortzusetzen. Da der Sturm noch immer nichts von seiner Stärke verloren hat, fällt uns der Abschied leicht. Der Thabana Ntlenyana bleibt für uns – zumindest dieses Mal – unerreichbar.

Den Dorfbewohnern auf dem Pass geht es verhältnismäßig gut, ein Großteil von ihnen ist in der Lodge angestellt, der Bau einer Schule und eines Krankenhauses sind geplant. Je weiter wir uns vom Sani-Pass entfernen, desto einfacher werden die Lebensbedingungen, und in einigen Kilometer Entfernung nehmen wir ein ganz anderes Bild wahr.

Westlich des Kotisephola-Passes müssen die Einheimischen den alpinen Bedingungen in einfachen Hütten trotzen. Wir beobachten, wie drei junge Männer durch die Gegend streifen. Als sie uns entdecken, ändern sie ihre Richtung und kommen langsam auf uns zu. Geschickt klettern sie die flache Böschung hinauf.

»Dumelang«, sagt der eine von ihnen und hebt seine rechte Hand.

»Hello«, entgegne ich und blicke die drei freundlich an. Ich schätze sie auf Mitte zwanzig. Sie tragen traditionelle Gewänder aus schwerem Stoff, und in den Händen halten sie verbeulte Wassereimer. Ihre Haut ist schwarz, das Weiß der Augäpfel sticht deutlich hervor.

»Lebitso la hau u mang?«, setzt der Mann fort.

Martin und ich schauen uns ratlos an. Wir haben nichts verstanden. Als Zeichen des Nichtverstehens zucken wir mit den Schultern und machen eine Geste des Bedauerns.

Dann tritt einer der drei Männer nach vorn und stellt sich als Rethabile vor. Er könne ein wenig Englisch, da sein Vater ein chinesischer Bauarbeiter sei, der ihm ein paar Worte beigebracht habe. Seine beiden Freunde würden indes nur Sesotho sprechen. »Lebitso la hau u mang?« bedeutet demnach: »Wie heißt du?«

Mithilfe von Rethabile und Unterstützung von Händen und Füßen beginnen wir ein Gespräch. Die Männer gewähren uns einen Einblick in ihren Alltag. Sie deuten mit den Fingern auf die Hütten und dann zum Fluss. Rethabile gibt uns zu verstehen, dass sie dabei sind, Wasser und Feuerholz zu holen.

»Wo holst du das Holz her? Hier wachsen doch kaum Bäume«, schaltet sich Martin ein.

»Das stimmt. Viel gibt es nicht. Wir müssen sparsam sein«, sagt Rethabile und blickt in die karge Hochgebirgslandschaft.

Er zeigt uns außerdem seine Umhänge. Vier Lagen trägt er übereinander.

»Was machst du, wenn es regnet?«, will ich wissen.

»Es ist schlecht, wenn der Umhang richtig nass wird. Besser ist, man sucht sich vorher einen trockenen Platz«, entgegnet Rethabile.

Es stellt sich heraus, dass die drei erst fünfzehn Jahre alt sind. Ich habe mich ordentlich verschätzt. Das Leben hier oben ist hart und hinterlässt Spuren. Zum Abschied schenken wir ihnen Bleistifte und ein paar Bonbons. Rethabile und seine beiden Freunde strahlen übers ganze Gesicht.

»I nkomu. Sepelang gabotse!«, rufen sie uns zu, klettern die Böschung hinab und verschwinden in Richtung Fluss. Das heißt wohl so viel wie: »Danke und macht's gut!«

Auf unserer Reise nach Westen folgen wir der A1, einer der größten Straßen des Landes, in Richtung Mokhotlong. Wir sehen hohe Bergketten, Höhlen, Schluchten und tief eingeschnittene Flusstäler. Die Hänge sind je nach Lage saftig grün oder trocken braun.

Ich stelle mir vor, wie hier vor rund hundertsechzig Millionen Jahren Vulkane ausbrachen. Seitdem nagen Wind und Wasser am Basalt und formen skurrile Formationen. Nur ein knappes Drittel der Gesamtbevölkerung lebt in diesem unfruchtbaren und sehr rauen Teil des Landes. Das Wetter ist unberechenbar, hier können sich mehrere Jahreszeiten an einem Tag abwechseln.

Update 101 vom 16. November (29°0' S, 28°50' O): Martin ist ein wenig blass um die Nasenspitze. Wir versuchen nun einen Platz für die Nacht zu finden.

Die ständigen Kurven und Bodenwellen haben bei Martin Spuren hinterlassen. Er klagt zwar nicht laut, wird aber immer stiller und hängt wie ein Schluck Wasser neben mir auf dem Beifahrersitz.

»Ich denke, wir sollten einen Platz für die Nacht suchen. Was meinst du?«

Martin nickt. »Ich habe nichts dagegen.«

Eigentlich wollten wir zelten. Das Problem ist, dass wir wegen des Sturms die abgelegenen Hochflächen des Ostens bereits verlassen haben und geradewegs auf das westliche Plateau zurollen. In diesem Bereich wohnen die meisten der rund zwei Millionen Menschen des Landes. Sanft schmiegen sich hier die Bergketten aneinander, die Formen sind runder und weniger dramatisch als im Osten.

Im schwachen Abendlicht erkenne ich hölzerne Strommasten und Kabel, die von Hütte zu Hütte gespannt sind. Die höhere Einwohnerdichte offenbart sich auch in Form von Müll, der an der Straße liegt. Das ist definitiv nicht der beste Platz, um zu zelten.

Trockene Böden sind hier von der Weidewirtschaft arg strapaziert und fallen der Erosion zum Opfer. Das ist eben auch eine Seite Lesothos. Dieses Land hat nicht nur atemberaubende Landschaften zu bieten, sondern beklagt zugleich wirtschaftliche Probleme. Der Index für humane Entwicklung der Vereinten Nationen verweist das Königreich regelmäßig auf die hintersten Plätze und beschreibt es als schwach entwickelt.

Unsere Fahrt endet in einem engen Seitental. Ein Blechschild baumelt quietschend im Wind und deutet auf eine Unterkunft hin. Die Lodge ist in die Jahre gekommen, und die Differenz zwischen dem verlangten Preis und dem tatsächlichen Angebot könnte kaum größer sein. Aber wir haben keine Wahl. Wir brauchen dringend eine Pause.

Die Zimmer sind ungeheizt, und es zieht. Wir breiten unsere Daunenschlafsäcke aus – zumindest frieren werden wir nicht. Während Martin auf das Bett fällt und sich wie ein Igel zusammenrollt, unternehme ich eine Erkundungstour zum nahe gelegenen Fluss. Der Malibamatso rauscht mit aller Macht talabwärts und hat die Steine ringsherum glatt geschliffen. Die Sonne ist mittlerweile hinter den Bergen verschwunden, erste Sterne funkeln am Himmel. Es ist kalt. Beim Ausatmen bildet sich ein Nebelhauch, der sich schnell verflüchtigt.

Ich ziehe den Reißverschluss meiner Daunenjacke bis unters Kinn und starre in den Nachthimmel. Anderthalb Monate bin ich schon unterwegs. Ich bin dankbar dafür, gesund zu sein und spannende Menschen getroffen zu haben. Vor allem aber bin ich gelassener geworden. Es fällt mir zunehmend leichter, die Dinge passieren zu lassen – einfach zu hoffen und nicht zu viel zu erwarten.

Im Unterschied zwischen Hoffen und Erwarten liegt für mich ein Schlüssel für angenehmes Reisen. Denn wer etwas erwartet, der hat ein klares Bild im Kopf und misst seine Zufriedenheit an vorher definierten Maßstäben. Wenn die Realität dann von dem abweicht, was man sich ausgemalt hat, wartet schnell die Enttäuschung. Dabei kann es auch »anders schön« sein. Man muss sich nur darauf einlassen. Erwartung erzeugt Druck, Hoffnung gibt Raum.

Ich frage mich, ob ich wohl hier stehen würde, wenn meine Schulzeit anders verlaufen wäre. Bis zur achten Klasse gehörte ich zu den besseren Schülern. Dann setzte ich mir die Idee in den Kopf, ein professioneller Triathlet zu werden. Ich rannte meinem Plan hinterher, häufte Fehlstunde um Fehlstunde an und sank in der Gunst der Lehrer. Mein lang gehegter Wunsch, Pilot zu werden, rutschte in weite Ferne, und das mäßige Abitur verbaute mir einige Möglichkeiten. Mir blieb keine andere Möglichkeit, als meine Ideen neu zu sortieren. Rückblickend hatte die erzwungene Planänderung allerdings auch ihre guten Seiten. Ich begann stärker zu hinterfragen, was ich vom Leben erwartete, absolvierte ein Freiwilliges Soziales Jahr und lebte dann für einige Monate in Peru. In diesen zwei Jahren probierte ich mich in vielen Dingen, unternahm erste Versuche im Höhenbergsteigen und entdeckte das Schreiben für mich. Dabei gehörte Deutsch ganz sicher nicht zu meinen Lieblingsfächern in der Schule.

Bei dem Gedanken daran muss ich schmunzeln. Was mein alter Deutschlehrer wohl dazu sagen würde, wenn er hört, dass ich jetzt durch die Welt reise und Artikel schreibe? Wahrscheinlich wäre er überrascht, denn die Vermutung lag näher, dass ich nach dem Geografiestudium Lehrer werde oder mich in Richtung Klimatologie spezialisieren würde.

»Was bin ich nun eigentlich?«, frage ich mich, ohne eine klare Antwort darauf zu finden. Für den Moment komme ich mit meinen Überlegungen nicht weiter, denn die Kälte der Nacht kriecht in meine Knochen. Besser, ich trete den Rückweg an und verschanze mich im gemütlichen Daunenschlafsack. Die Gedanken laufen nicht weg, so viel scheint sicher.

Von Affen, Felsen und Haien

Wir stehen auf dem Lootsberg-Pass südlich von Middelburg und schauen in Richtung Westen.

»Da ist er«, sagt Martin und deutet mit seinem rechten Zeigefinger auf einen imposanten Zacken am Horizont.

»Hmm«, brumme ich und hole das Fernglas aus dem Auto.

Dann betrachten wir mit zweihundertfacher Vergrößerung diesen Gesteinsriesen, der aussieht, als hätte jemand eine Zipfelmütze in der Landschaft abgestellt. Der Kompassberg ist 2504 Meter hoch und damit weithin die höchste Erhebung. Die Abgeschiedenheit und die Lage auf privatem Farmland führen dazu, dass der Berg nur selten bestiegen wird. Genau deswegen sind wir hier. Nachdem wir Lesotho durchquert hatten, nahmen wir geradewegs Kurs auf die Sneeuberge, um dem Kompassberg einen Besuch abzustatten.

Die erste Herausforderung besteht darin, dem Berg so nah zu kommen, wie es irgendwie möglich ist. Auf Schotterpisten bewegen wir uns nach Gefühl voran. Langsam tasten wir uns vor, immer wieder endet die Piste abrupt im Gelände oder an einem Weidezaun.

Umso näher wir dem Berg kommen, umso imposanter wird seine Erscheinung. Vor allem die Südwestflanke ragt furchteinflößend steil in den Himmel empor. Es sieht aus, als wäre der halbe Berg abgebrochen. Übrig geblieben ist eine Erhebung, die sich auf der einen Seite als glatte Felswand unbesteigbar steil in den Himmel erhebt. Im Vergleich dazu steigt die Rückseite eher sanft an. Sie sieht aus wie eine überdimensionale Rampe.

Da uns der Thabana Ntlenyana in den Drakensbergen verwehrt blieb, sind wir hoch motiviert, diesmal einen Weg nach ganz oben zu finden. Allerdings erhält unsere Hoffnung unvermittelt einen herben Dämpfer.

»Martin, wir haben nicht genug Benzin«, sage ich und starre auf die Anzeige des Bordcomputers. »Reichweite siebzig Kilometer«, blinkt dort rot auf schwarz. Zu wenig. Denn der Blick auf die Landkarte verrät, dass uns 110 Kilometer von der nächsten Tankstelle trennen.

Die Feststellung trifft uns wie ein Schlag. Das ist uns noch nie passiert. Bisher hatten wir immer genug Treibstoff an Bord. Doch diesmal geht unsere Rechnung nicht auf. Auf der Suche nach einem Zugang zum Kompassberg haben wir uns vom Anblick verführen lassen und die Entfernungen unterschätzt. Ein fataler Fehler, der uns in eine schwierige Situation bringt. Nach einigem Hin und Her beschließen wir, zur nächstgelegenen Farm zu fahren.

Zwanzig sandige Kilometer später rollen wir auf das Gelände der Ganora-Farm. Wir werden von drei kläffenden Hunden begrüßt. Angelockt vom lauten Gebell, scharen sich einige Kinder um unser Auto. Wenig später tritt auch der Chef vor die Tür und kommt auf uns zu. Er ist eine stattliche Erscheinung. Rund zwei Meter groß und bestimmt 130 Kilogramm schwer. So baut er sich vor uns auf und überragt mich um einen Kopf.

»Wie kann ich euch helfen?«, fragt der Mann, der sich als Jan Petrus vorstellt.

»Wir suchen nach einem Weg, den Kompassberg zu besteigen. Vor allem aber haben wir ein Treibstoffproblem«, komme ich direkt zum Punkt.

Jan Petrus lacht.

»Heute Nacht bleibt ihr erst einmal hier. Morgen kümmern wir uns dann um alles andere«, sagt er und bedeutet uns, ihm zu folgen. Wir gehen quer über den Hof zu einem flachen Haus, in dem sich einige Gästezimmer befinden.

»Macht es euch gemütlich und denkt immer dran: Die Europäer haben die Uhr, wir haben die Zeit. Das ist ein afrikanisches Sprichwort. Also, wir sehen uns dann um sieben Uhr zum Abendessen im Haupthaus.«

Jan Petrus geht. Martin und ich können die abrupte Wendung des Tages noch nicht ganz begreifen, sind uns aber einig, dass es hätte schlimmer kommen können. Daran ändert auch die Tatsache nichts, dass wenig später der Strom ausfällt und wir mit einer Kerze im Dunkeln sitzen.

Mir wird klar, dass uns Jan Petrus das afrikanische Sprichwort nicht ohne Grund mit auf den Weg gegeben hat. Nach westlichem Maßstab wäre unsere Situation – auf einer einfachen Farm ohne Strom zu sitzen und ein Auto mit leerem Tank zu haben – wohl eine Katastrophe. Doch hier ticken die Menschen anders. Alle sind gesund, Nahrung und Wasser sind auch vorhanden. Das ist es, was zählt. Für alles Weitere wird sich eine Lösung finden.

Mich beeindruckt diese Ansicht. Sie führt mir vor Augen, wie hektisch und oberflächlich das Leben in der westlichen Welt häufig ist. Da rollen die Menschen kopfschüttelnd an einer Tankstelle vorbei, weil ihnen das Benzin zwei Cent zu teuer ist. Da beschweren sich die Leute im Supermarkt, weil die Honigmelonen schon ausverkauft sind. Wenn man sich daran gewöhnt hat, dass alles zu jeder Zeit und obendrein zum besten Preis verfügbar ist, dann läuft man irgendwann Gefahr, die Wertschätzung für diese Dinge zu verlieren. Aber Honigmelonen in einem deutschen Supermarkt sind im Grunde genauso wenig selbstverständlich wie günstiges Benzin und sauberes Trinkwasser.

Beim Abendessen berichte ich den anderen von meinen Gedanken. Jan Petrus nickt, seine Frau Hester sagt dazu Folgendes: »Wer täglich mit den Launen der Natur konfrontiert ist, der lernt die scheinbar selbstverständlichen Begebenheiten des Alltags stärker zu schätzen. Außerdem hilft einem die große Entfernung zur nächsten Stadt dabei, manche Dinge mit mehr Abstand zu sehen.«

Jan Petrus und Hester sind seit achtundzwanzig Jahren verheiratet und kauften vor achtzehn Jahren die Farm. Sie, die in Durban geborene Krankenschwester. Er, der Landwirt und Hobbygeologe aus Johannesburg. Beide haben niederländische Wurzeln und erinnern damit an die frühe Geschichte des Landes, welches ab dem 17. Jahrhundert ein strategisch wichtiger Handelsposten der Holländer war und erst 1806 dauerhaft zu einer britischen Kolonie wurde. Auf viertausend Hektar halten Hester und Jan Petrus rund 2500 Schafe. Der Tourismus hat sich über die Jahre zu einem weiteren Standbein entwickelt. Aus gutem Grund, denn es ist schwierig, allein von der Landwirtschaft zu leben.

»Seitdem die Farmer nicht mehr subventioniert werden, verkaufen immer mehr Bauern ihre Flächen«, erklärt mir Hester. Von den einst mehr als zwanzig Farmen im Nieu-Bethesda-Gebiet seien nur noch drei übrig.

Hester: »Das ist ein landesweiter Trend, der Südafrika ins Mark trifft. Viele Lebensmittel müssen mittlerweile zu hohen Preisen importiert werden, und die Regierung steuert dem Prozess nicht ausreichend entgegen. Die Politiker denken wenig realistisch und sind oft nur auf Stimmenfang für die nächste Wahl.«

Ich lege meine Stirn in Falten. Hatte ich in Namibia nicht ähnliche Dinge gehört?

Bei Antilopengulasch und südafrikanischem Castle-Bier diskutieren wir noch lange über die wechselvolle Geschichte des Landes und die gegenwärtige Politik von Präsident Jacob Zuma, der wenige Monate zuvor mit großer Mehrheit im Amt bestätigt wurde. Irgendwann, weit nach Mitternacht, wechselt Jan Petrus das Thema.

»Euer Benzinproblem wird sich lösen. Ein Bekannter von uns fährt morgen in die Stadt und kann euch Treibstoff mitbringen«, meint unser Gastgeber, der hier von allen nur JP genannt wird.

»Das ist eine gute Nachricht. Aber eigentlich gefällt es uns hier so gut, dass wir gar keine Eile haben«, sagt Martin. Wir lachen und erheben unsere Gläser auf die Freundschaft.

»Bleibt ruhig noch ein paar Tage hier. Von der Farm aus kommt ihr auch nah an den Kompassberg heran. Da wollt ihr doch rauf, oder?«, wirft Hester ein.

Freudestrahlend bejahen wir. Dann erzählen wir, wie uns ein Sturm vorzeitig aus den Drakensbergen vertrieben hat und wir den Thabana Ntlenyana links liegen lassen mussten. Unsere Geschichte scheint Hester zusätzlich zu motivieren, uns bei der Besteigung des Kompassberges behilflich zu sein.

»Okay, morgen früh rufe ich bei der Nachbarfarm an und hole die Erlaubnis ein, dass ihr das Gelände betreten dürft. JP wird euch dann den Weg zeigen.«

Besser könnten die Nachrichten für uns nicht sein. Benzin ist auf dem Weg, und der Kompassberg rückt in greifbare Nähe. Es ist der schöne Abschluss eines unerwartet aufregenden Tages.

Update 119 vom 21. November (31°48' S, 24°34' O): Wir haben uns bis auf sieben Kilometer an den Kompassberg herangepirscht. Jetzt schnüren wir die Wanderstiefel.

Unser Ziel ist es, im ausgesetzten Westteil des Berges einen Weg zu finden. Diese Linie ist steiler und technisch anspruchsvoller als die Standardroute von Norden. Wir versprechen uns interessante Kletterpassagen und fühlen uns wie Pioniere vor dem Betreten von Neuland. Tatsächlich wird der Berg so selten bestiegen, dass wir gute Chancen haben dürften, die Ersten auf unserer Aufstiegslinie zu sein.

Die Westflanke behalten wir während unseres Anmarsches immer im Blick. Dabei achten wir darauf, in dem kniehohen Grasland kräftig aufzutreten. Das soll die Schlangen verscheuchen, von denen es in diesem Gebiet einige gibt. Da wir keine gesteigerte Lust auf eine Begegnung mit den Tieren haben, befolgen wir also den Hinweis von Reptilienexperten und machen auf uns aufmerksam. Schlangen sind sehr sensibel. Bodenerschütterungen spüren sie über große Entfernungen – und fliehen im besten Fall.

Nach zwei Stunden haben wir uns dem Berg bis auf wenige Hundert Meter genähert. Das Gelände wird nun zunehmend felsig. Es gibt keinen Weg mehr. Immer wieder passen wir unsere Route an. Mal ist es zu steil, an anderen Stellen ist uns die Steinschlaggefahr zu hoch. Ich gehe voran, Martin folgt. Regelmäßig stoppen wir und beratschlagen die nächsten Meter.

Richtig luftig wird es, als wir im oberen Drittel der Flanke einen Schlenker auf den Grat machen müssen, weil die Schlussmeter unserer geplanten Route nicht einzusehen sind und wir wenig Lust auf eine böse Überraschung hoch oben in der Felswand haben.

»Ein bisschen verrückt sind wir schon«, meint Martin, als er in einer Pause an der Felswand sitzt und seine Beine herunterhängen lässt.

»Ganz bestimmt«, antworte ich lachend und suche nach dem weiteren Weg. Einige Passagen erinnern mich an die Spitzkoppe: Die Bewegungen müssen wohlüberlegt sein, ein Absturz wäre sehr wahrscheinlich das Todesurteil. Es gibt hier niemanden, der uns schnell retten könnte.

Mein Höhenmesser zeigt 2330 Meter an, als wir die schwierigsten Meter des Aufstiegs meistern. Martin und ich beweisen uns als gutes Team. Es ist entscheidend, dass wir die Stärken und Schwächen des anderen kennen. Ich suche eine Route, die für uns beide machbar ist, und weiß, dass Martin ein Veto einlegen würde, wenn er Zweifel hätte. Das ist wichtig. Beim Klettern braucht man niemanden, der einem, ohne nachzudenken, folgt. Man braucht jemanden, der mitdenkt und seine eigenen Fähigkeiten gut einschätzen kann. Sich für die vorzeitige Rückkehr zu entscheiden ist unter Umständen schwieriger, als im Gipfelrausch weiterzugehen und dabei sein Leben aufs Spiel zu setzen. Ein besonnener Partner an deiner Seite kann sich als persönliche Lebensversicherung entpuppen.

Als wir schließlich den Grat erreicht haben, geht es schnell. Die letzten Meter legen wir ohne Pause zurück. Dann erreichen wir den Gipfel des Kompassberges. 12.05 Uhr zeigt die Uhr, 2504 Meter bestätigt der Höhenmesser.

Der Himmel ist wolkenlos und tiefblau. Ein seichter Wind streicht über die Gräser, die hier oben wachsen. Ein altes Gipfelkreuz aus Metall steht auf einem Betonsockel und neigt sich altersschwach gen Süden. Wir schauen über die Sneeuberge – das höchste Gebirge Südafrikas außerhalb der Drakensberge. Und auf dem markantesten Punkt stehen nun wir und lassen die Seele baumeln. Der Blick über die karge Gegend ist auch ein Blick in eine wenig berührte Ecke des Landes. »Das ursprüngliche Afrika erlebt man nur abseits der asphaltierten Straßen«, sagte Hester. Jetzt, fernab der nächsten Siedlung, beginnen wir zu verstehen, was sie damit meint.

Einige Tage später haben wir das Hinterland Südafrikas verlassen und bewegen uns auf das De-Hoop-Naturreservat zu. Die Dünenlandschaft befindet sich einige Kilometer südlich der bekannten Garden Route. Der Tourismus konzentriert sich auf einige wenige Orte – und genau die wollen wir aussparen. Uns zieht es in die dünn besiedelte Region westlich des Breede-Flusses.

Infanta ist ein kleines Örtchen direkt an der Mündung des Flusses in den Indischen Ozean. Auf der anderen Seite des Wasserlaufs liegt Witsand – eine bei Windsurfern beliebte Kleinstadt mit Cafés, Internet und einem Museum. Luftlinie trennen die beiden Orte nur zweitausend Meter, doch auf dem Boden ist der Weg von Witsand nach Infanta beschwerlich. Er führt über dreißig sandige Kilometer landeinwärts, ehe der Fluss mit einer kleinen Fähre überquert werden kann. Es folgen dreißig weitere Kilometer flussabwärts über ausgefahrene Pisten, ehe die Straße in Infanta endet. Die isolierte Lage führt dazu, dass sich nur wenige Touristen hierher verirren.

Wir rollen durch die kleine Siedlung und suchen nach einem Platz für die Nacht. Weder gibt es hier ein Geschäft noch eine andere Möglichkeit, unsere Lebensmittelvorräte aufzufrischen.

»Schau mal, dort hängt eine deutsche Flagge, und daneben steht ein Schild mit der Aufschrift ›Zimmer frei‹«, meint Martin.

»Lass uns dem Haus mal einen Besuch abstatten.«

Langsam passieren wir das große Eingangstor. Der Garten ist überwuchert von ausladenden Pflanzen. Grillen zirpen in den Büschen, Vögel zwitschern in den Bäumen. Inmitten dieses Urwaldes, wenige Meter vom Fluss entfernt, steht eine alte Villa. Ein bisschen erinnert sie uns an ein Hexenhaus. Die Fenster sind vergittert, die Farbe blättert ab, das Namensschild an der Tür ist verrostet und nicht mehr zu lesen.

Wir klopfen. Nichts passiert.

»Eigentlich müsste jemand da sein. Da steht zumindest ein Auto«, sage ich zu Martin und deute auf einen alten Landrover, der unter einem ausladenden Baum geparkt ist. Dann beginne ich erneut zu klopfen. Wieder keine Reaktion.

Plötzlich zucken wir zusammen und bleiben wie angewurzelt stehen.

»War das ein Schuss?«

»Ja, das war hinter dem Haus«, sagt Martin und schaut mich groß an.

Das Blut pulsiert in unseren Adern, der Adrenalinpegel schießt in die Höhe. Wir beratschlagen kurz das weitere Vorgehen und entschließen uns dann, vorsichtig die Lage zu prüfen.

Das Herz rutscht uns fast in die Hose, als wir langsam an der Hauswand entlangschleichen und uns Schritt für Schritt der Gefahrenzone nähern. Weit kommen wir nicht.

Als wir um die nächste Hausecke biegen, kollidieren wir um ein Haar mit einem alten Ehepaar. Vor uns stehen Holmer und Carmen. Er hat eine Schrotflinte im Griff, sie hält zusätzliche Munition in ihrer linken Hand. Wir wissen nicht, wer sich mehr erschreckt. Auf jeden Fall sind wir nach dieser Begegnung alle hellwach.

»Hallo«, sage ich vorsichtig und schiebe hinterher: »Wir suchen ein Zimmer für die Nacht.«

Holmer verschwindet wortlos im Haus, Carmen mustert uns misstrauisch.

»Warum seid ihr hier?«, will sie wissen.

Ich erkläre ihr, dass ich dabei bin, die Welt zu umrunden und dabei vor allem abgelegene Gebiete bereisen möchte.

»Außerdem wollen wir morgen ins De-Hoop-Reservat fahren.«

Die Erklärung scheint ihr zu gefallen. Langsam verschwinden die Falten von ihrer Stirn, und wenig später bietet sie uns sogar ein Zimmer an.

»Internet gibt es aber nicht«, schiebt sie hinterher.

»Das ist kein Problem. Wir sind nicht hier, um im Internet zu surfen. Uns interessiert die Natur«, entgegnet Martin.

Ihre Mimik entspannt sich endgültig. Das war wohl, was sie hören wollte.

Es stellt sich heraus, dass Holmer und Carmen vor dreißig Jahren von Deutschland nach Südafrika ausgewandert sind, um ein neues Leben anzufangen. »Wir waren damals Ende dreißig und wollten eine Veränderung. Deswegen haben wir in der Heimat alles verkauft und sind losgezogen.«

Eine kleine Farm bei Franschhoek wurde ihr neues Zuhause. Bis 1993 lebten sie dort ein glückliches Leben. Dann brach mit dem Ende der Apartheid eine schwere Zeit für weiße Farmer an. Überfälle, Tausende Morde und Enteignungen führten dazu, dass viele Landwirte ihre Ländereien verließen.

»Es war eine unruhige Zeit mit vielen Spannungen und Protesten. Aus Angst um unsere Tochter, die damals vierzehn Jahre alt war, haben wir alles verkauft. Es war eine Entscheidung der Vernunft. Ein Teil des Herzens ist auf der Farm geblieben.«

Carmen und Holmer beschreiben sich selbst als Individualisten, die mit dem Massentourismus nichts am Hut haben wollen. Deswegen zogen sie hier raus an den Fluss.

»Das Leben in Infanta ist kein Zuckerschlecken und muss gut geplant sein. Aber die Vorstellung, in eine größere Stadt zu gehen, schreckt uns ab. Wir können nichts mit den Touristen anfangen, die Kapstadt anzieht. Und es werden über die Jahre immer mehr.«

Ich bemerke eine gewisse Verbitterung bei Carmen, die in Deutschland als Anwaltssekretärin gearbeitet hat. Erst als sie uns glaubt, dass wir ebenfalls keine Freunde der überlaufenen Hauptrouten sind, wird sie zugänglicher und zeigt uns Bilder aus vergangenen Tagen. Die vergilbten Aufnahmen sind zwanzig Jahre alt und dokumentieren die Ankunft der deutschen Auswanderer am Breede River. Viel hat sich seitdem auf der westlichen Seite des Flusses nicht verändert. Fast scheint es, als wäre die Zeit stehen geblieben.

»Haben wir vorhin eigentlich wirklich einen Schuss gehört?«, will Martin schließlich wissen.

»Ja. Wir testen regelmäßig unsere Schrotflinte. Hier gibt es sehr viele Schlangen in der Gegend, und man muss sich zu helfen wissen. Wenn wirklich eine gefährliche Schlange auf der Treppe liegt, ist das Gewehr die letzte Möglichkeit. Kapkobras lassen sich hier ab und an blicken. Ihr Gift ist tödlich, und damit sind sie noch viel gefährlicher als die Haie im Fluss.«

»Haie?«, entfährt es Martin und mir. Wir schauen uns groß an.

»Oh ja. Ich kann keinem empfehlen, im Breede River baden zu gehen. Das Wasser ist sehr sauber und hat genau die richtige Temperatur für die Haie. Sie bekommen hier ihre Jungen. Dann wimmelt es im Fluss nur so von ihnen.«

Es ist immer gut, das Gespräch mit den Einheimischen zu suchen. Die Tipps, die man von ihnen bekommen kann, bewahren einen davor, aus Unwissenheit einen Fehler zu begehen. Nicht zuletzt öffnen sich Türen, die sonst verschlossen bleiben würden.

Ohne den Kontakt zu Hester und JP wären wir nicht auf den Kompassberg gelangt, ohne die Warnung von Carmen hätte uns der Breede River ziemlich sicher zum Baden gelockt.

Wir setzen unsere Fahrt fort und machen eine interessante Entdeckung. Es ist Liebe auf den ersten Blick. Wie von Geisterhand gesteuert, drehen sich unsere Köpfe nach rechts. Was wir dort sehen, gefällt uns so sehr, dass wir unsere Fahrt nach Kapstadt in Hermanus unterbrechen und uns eine Unterkunft suchen.

»Ob man da hinaufklettern kann? Keine Ahnung! Aber es gibt wunderschöne Wanderwege, die um den Berg herumführen«, versucht man uns in der Herberge noch von unserem Plan abzubringen.

Doch wir sind fest entschlossen. Schließlich befinden sich zwei imposante Felsen direkt vor unserer Nase. Wir erhoffen uns schöne Ausblicke auf die Küste und interessante Kletterpassagen. Doch der erste genaue Blick eröffnet ein Problem.

»Verdammt, da oben sitzen Paviane«, sage ich, als wir auf dem halben Weg zur Felsflanke sind. Mit diesen Tieren ist nicht zu spaßen. Die Südafrikaner haben zu Recht großen Respekt vor den *baboons*, wie sie im Englischen heißen. Mit ihren messerscharfen Zähnen sind sie gefährliche Raubtiere. Menschen greifen sie zwar nur selten an, wenn aber doch, dann wird es unangenehm. Darauf wollen wir es nicht ankommen lassen.

Wir beobachten die Paviane, die erst träge in der Sonne faulenzen und dann behände in der Felswand nach oben turnen. Dabei stoßen sie spitze Schreie aus, die als Echo durch die Gegend hallen. Die Geräusche sind beängstigend, die Klettergeschwindigkeit ist beeindruckend.

Nachdem die Affen aus unserem Blickfeld verschwunden sind, bewegen wir uns vorsichtig weiter. Wir machen einen großen Bogen um das Territorium der Paviane und haben uns fast schon damit abgefunden, auf einem der uns empfohlenen Wanderwege zu landen. Dann entdecken wir eine Möglichkeit, wie wir direkt auf den kleineren der beiden Felsen kommen könnten.

Zug um Zug schieben wir uns die Wand empor. In bewährter Manier klettere ich voraus, Martin folgt. Einen Blick für die schöne Umgebung habe ich nicht. Zu sehr bin ich damit beschäftigt, mir zu überlegen, in welche Spalte ich meine Hände stecken könnte. Vor einigen Stunden sind wir einer Kapkobra begegnet und waren froh, dass sie noch einige Meter entfernt war. Bei diesem Abstand kann es auch künftig gern bleiben. Wir sind noch vorsichtiger als bisher, Trampeln und Klopfen soll die Kriechtiere verscheuchen.

Gerade rechtzeitig zum Sonnenuntergang erreiche ich den höchsten Punkt. Mein erster Blick gilt dem Abstieg. Erfreulicherweise entdecke ich auf der Rückseite des Berges eine leichtere Route. Das verschafft uns etwas Zeit, und wir können durchatmen.

Als Martin in die letzten Meter einsteigt, halte ich meine Kamera bereit. Von meinem Standpunkt aus sieht der Schlussteil der Kletterei dramatisch aus: Die Steilflanke fällt jäh nach rechts ab und spitzt sich nach oben hin zu einem dünnen Grat zu. Martin hält sich daran fest und hangelt langsam in meine Richtung. Im Hintergrund berührt die Sonne gerade den Horizont. Sie taucht die Umgebung in einen kräftigen Gelbton. Drei Möwen ziehen weiter unten kreischend ihre Kreise. Hermanus, einst eine Siedlung von Walfängern und heute ein beliebter Ferienort, liegt friedlich zu unseren Füßen. Die Menschen haben sich auf einem schmalen Streifen zwischen Ozean und Gebirge niedergelassen. Richtung Osten begrenzt der Klein River das Siedlungsgebiet. Er fächert sich hier auf und mündet in den Atlantik. Hinter uns ragen die Klippen des Fernkloof-Naturreservates empor. Wir befinden uns auf einem Felszacken zwischen dem Ort und der eigentlichen Bergkette.

»Geschafft«, freut sich Martin, der eben auf dem Gipfel ankommt.

»Das war eine schöne Aktion«, sage ich und halte Martin meine Hand hin.

Dann sitzen wir eine Weile einfach nur nebeneinander und beobachten das Schauspiel der Farben.

»Das war wohl unsere letzte gemeinsame Aktion der Reise«, meint Martin schließlich.

»Ja. Die Zeit ist schnell vergangen. Es kommt mir so vor, als wärst du vorgestern erst angekommen.«

»Stimmt. Geht mir genauso. Dabei sind wir nun fast vier Wochen zusammen unterwegs und haben einiges erlebt.«

»Könntest du sagen, was für dich der Höhepunkt war?«

»Puh. Da gab es einiges«, meint Martin und geht einen kurzen Moment lang in sich. Dann antwortet er: »Die großen Wellen an der ›Wild Coast‹ waren beeindruckend. Der Sani-Pass und Lesotho haben sich tief in mein Gedächtnis eingebrannt. Nicht zu vergessen unsere Klettertouren und die herzlichen Menschen, denen wir begegnet sind.«

»Ich finde es super, dass du gekommen bist, und kann mir im Moment noch nicht so recht vorstellen, in zwei Tagen wieder allein unterwegs zu sein.«

»Du fliegst jetzt nach Australien, oder?«

»Genau, für mich steht jetzt ein großer Sprung nach Osten an. Ich werde nach Perth reisen und von dort aus die Westküste erkunden.«

»Das klingt nach einer entspannten Zeit.«

»Findest du? Um ehrlich zu sein, habe ich großen Respekt vor dem, was kommt. Mal abgesehen vom Jetlag könnte Westaustralien ein einsames Pflaster für mich werden.«

»Aber genau auf die Erfahrung des Alleinseins legst du es doch auch an, oder?«

»Stimmt wohl. Ich bin neugierig und gleichzeitig angespannt. Ich weiß nicht, was mich erwartet.«

»Ganz sicher packst du das. Du bist doch ein harter Hund«, sagt Martin und gibt mir lachend einen Klaps auf die Schulter.

Ich wünschte, ich würde die Sache auch so entspannt sehen wie er. Tatsächlich bereiten mir der anstehende Abschied und die folgende Phase einige Bauchschmerzen. Schließlich werde ich dann zweieinhalb Monate auf mich allein gestellt sein. Nach meinem Solo-Auftakt in Namibia hatte ich mich rasch an die Anwesenheit von Martin gewöhnt. Bleibt die Frage, ob auch die Umstellung auf den Einzelkämpfermodus reibungslos funktionieren wird.

Update 135 vom 27. November (34°25' S, 19°14' O): 115 Kilometer trennen uns noch von Kapstadt. Verglichen mit den Distanzen, die wir schon absolviert haben, ist das ein Klacks.

Es dauert kaum eine Stunde, ehe wir die ersten Vororte der Metropole sehen. Es ist ein ungewohnter Anblick. Nachdem wir Durban verlassen hatten, durchstreiften wir Gebiete mit geringer Bevölkerungsdichte, einzig Bloemfontein und Port Elizabeth lagen als größere Städte auf unserer Route. Doch Kapstadt ist ein anderes Kaliber. Rund vier Millionen Menschen bevölkern Südafrikas zweitgrößte Stadt, die sich in der Tafelbucht an den Atlantischen Ozean schmiegt und bis weit ins Hinterland ausufert. Hier werden die sozialen Kontraste offensichtlich, welche das Land spalten: Einfache Wohnquartiere mit schlechten Lebensbedingungen stehen unweit von Luxusvillen. Es wird deutlich, dass sich seit dem Ende der Apartheid nicht alle Probleme in Luft aufgelöst haben. Im Gegenteil: Die Situation der schwarzen Bevölkerung hat sich in den vergangenen Jahren nur geringfügig verbessert. Hohe Arbeitslosenquoten und Perspektivlosigkeit sind zentrale Probleme, die immer wieder zu Spannungen führen.

Ein weiterer Unterschied drängt sich uns auf – der Verkehr fließt zäh und stellt uns vor eine Geduldsprobe. Nur langsam schieben wir uns in Richtung Innenstadt vor. Ampeln, hupende Autos, Stau. Mit alldem hatten wir in den vergangenen Wochen nur wenig Berührung. Wir spüren, wie uns die städtische Geschäftigkeit stresst, und sehnen uns auf die Ganora-Farm zurück.

Schließlich erreichen wir unsere Unterkunft und kippen unsere Rucksäcke auf dem Boden des Zimmers aus. Binnen Sekunden haben wir den Raum in ein Schlachtfeld verwandelt.

Wir müssen nun genau überlegen, was ich Martin mitgebe und was nicht. Es ist die letzte Chance, Ballast abzuwerfen. Jedes einzelne Kleidungsstück inspiziere ich genau. Am Ende wandern drei T-Shirts, ein Pullover und die zerrissene Hose vom Ausflug auf die Spitzkoppe zu Martin ins Gepäck. Dazu kommt eine Tüte mit Kartenmaterial und Broschüren aus Namibia und Südafrika. Auf zwei 64-Gigabyte-USB-Sticks packe ich zudem alle Fotos und Videos, die ich bisher gemacht habe. Die Sticks und alle anderen Sachen wird Martin meinen Eltern geben. Damit sind die Daten gesichert, und mein Reisegepäck ist leichter.

Im Gegenzug übergibt mir Martin ein kleines Bündel. »Versorgungspaket Australien« steht auf der mit Reepschnur umwickelten Tüte. Ich hatte mir bereits vor der Abreise einige Dinge zurechtgelegt, die ich für die dritte Reiseetappe brauche. Dazu gehören etwa Landkarten, Posten der Reiseapotheke und leere USB-Sticks. Sicherlich könnte ich das meiste davon in Australien kaufen, aber ich verlasse mich lieber auf bewährte Dinge und erspare mir nach der Ankunft die Rennerei.

Nachdem wir unsere Haufen fein säuberlich getrennt haben, macht sich Martin daran, seinen Rucksack zu packen. Dazu verstaut er zuerst den Schlafsack im unteren Fach, die Isomatte wird außen angehängt. Dann stapelt er alle anderen Sachen so im Hauptfach, dass möglichst wenige Zwischenräume entstehen. Einen Rucksack zu packen ist ein bisschen so, wie Tetris zu spielen.

Vierzig Minuten später ist es geschafft. Martin schließt die letzte Schnalle und zurrt die Bänder fest. Ich überlege die ganze Zeit, ob ich nicht doch etwas vergessen habe. Aber wie ich meine Gedanken auch drehe und wende – mir fällt nichts ein.

»So, es kann losgehen«, meint Martin und begutachtet zufrieden sein Werk.

»Dann lass uns die Stunden noch genießen, bevor du dich vom Acker machst«, sage ich.

Die Stimmung am letzten Abend ist gedrückt. Wir schwelgen in Erinnerungen an die zurückliegenden Wochen. Doch ob wir wollen oder nicht – der anstehende Abschied schwebt über uns wie eine dunkle Regenwolke. Für Martin ist es komisch, mich nun zurückzulassen. Mich beschäftigt die Vorstellung, von einer auf die andere Sekunde wieder allein zu sein. Morgen wird mich ein Stück Heimat verlassen.

Am nächsten Tag geht alles sehr schnell. Nach dem Frühstück fahre ich meinen Freund zum Flughafen und gebe das Auto ab. Über viertausend Kilometer hat es uns treue Dienste geleistet. Unvergessen bleibt die Fahrt auf den Sani-Pass.

Nachdem Martin seine Tickets in der Hand hält und sein Rucksack auf dem Gepäckband davonrollt, trennen sich unsere Wege. Eine letzte Umarmung, und Martin verschwindet in der Sicherheitskontrolle. Noch einmal winken, dann ist er weg. Für ihn geht es zurück nach Potsdam, zurück in den Winter.

Martin ist verschwunden, in mir herrscht Leere. Wenn schon Abschied, dann ist es leichter, selbst derjenige zu sein, der abfährt. Doch nun stehe ich hier und fühle mich deplatziert. Bedröppelt verlasse ich die große Abflughalle und suche ein Taxi.

»Ein Weg bildet sich dadurch, dass er begangen wird.« Ich erinnere mich an diese Aussage des chinesischen Philosophen Dschuang Dsi, die in den vergangenen Jahren zu meinem Lebensmotto geworden ist. Ich zwinge mich dazu, in Bewegung zu bleiben und mich nicht zu verkriechen. Stattdessen fange ich ein Gespräch mit dem Taxifahrer an, der mich mit einer unerschütterlichen Ruhe durch den hektischen Berufsverkehr bugsiert.

»Hey, wie ist dein Name«, will ich wissen.

Der alte Mann schaut in den Rückspiegel. »Alfred«, sagt er und setzt nach: »Und deiner?«

»Ich bin Torsten.«

Wir kommen schnell ins Gespräch. Alfred ist sechsundsechzig Jahre alt und seit einem Jahr Rentner.

»Aber die staatliche Rente reicht zum Leben kaum aus. Deswegen verdiene ich zusätzlich Geld als Taxifahrer.«

Sein Leben lang hat Alfred als Fahrer für Autovermietungen und Kurierdienste gearbeitet. Er beklagt die zunehmende Gewaltbereitschaft unter den Menschen.

»Es gibt ein großes Problem mit nicht registrierten Taxis. Sie sind billiger, dafür aber auch gefährlicher. Der Wert eines Menschenlebens verliert in der heutigen Zeit an Bedeutung. Es geht um Geld.«

Alfred erzählt mir von den »verschiedenen Welten« Südafrikas. Davon, wie die Unterschiede zwischen Arm und Reich immer größer werden und auch die Hautfarbe vierzehn Jahre nach dem Ende der Apartheid noch eine Rolle spielt. Alfreds Mutter stammt aus Ghana, sein Vater ist Brite. Damit gehört Alfred zur Gruppe der Farbigen, die neben der schwarzen Bevölkerung besonders mit Benachteiligungen zu kämpfen hat.

»Sicherlich ist es wichtig für die Wirtschaft, dass Touristen nach Südafrika kommen. Deswegen sollte man keine unangebrachte Hetze betreiben. Aber ich denke, man kann den Besuchern des Landes durchaus zumuten, sich auch mit den Schattenseiten auseinanderzusetzen. Das gehört halt zu diesem Staat dazu.« Alfred hält für einen langen Augenblick den Augenkontakt über den

Rückspiegel. Er habe sich von der Fußball-Weltmeisterschaft im Jahr 2010 mehr erhofft. Doch nachdem die WM vorbei war, sei das weltweite Interesse schnell wieder verloren gegangen, und nun sei eigentlich alles so, wie es vorher war.

»Nachhaltige Veränderungen habe ich kaum bemerkt.«

Ich maße es mir nicht an, diese Aussagen zu kommentieren. Schließlich ist er es, der Tag für Tag die verschiedenen Facetten erlebt und mit Menschen spricht, die unterschiedlicher nicht sein könnten.

»Wann wirst du mit dem Taxifahren aufhören?«, will ich wissen.

Alfred denkt eine Weile nach und antwortet dann: »Ich weiß es nicht. Meiner Frau sage ich immer, dass mit siebzig Schluss ist. Aber wenn ich ehrlich bin, kann ich das nicht garantieren. Mal sehen, was bis dahin passiert.« Nach einer kurzen Pause betont Alfred, dass er trotz allem glücklich ist: »Immerhin habe ich einen Job und sogar Spaß bei dem, was ich tue. Wenn du Freude hast, dann ist das wichtiger, als ein paar Cent mehr auf dem Konto zu haben.«

Zurück in der Unterkunft stürze ich mich in die Arbeit. Übermorgen geht es für mich weiter. Bis dahin will ich noch einen Artikel schreiben, Bilder auf meiner Homepage veröffentlichen und Wäsche waschen. Ich bin so fokussiert, dass ich gar nicht merke, wie die Zeit vergeht.

Dann ist es schlagartig dunkel. Licht aus, Steckdose tot, Internet weg. Ich tappe vorsichtig zu meinem Rucksack und greife nach meiner Stirnlampe. Ich verlasse das Zimmer und stoße im Gang auf Allan. Der schlaksige Mittvierziger ist der Besitzer der Unterkunft.

»Tut mir leid, das hatte ich nicht auf dem Schirm. Normalerweise passiert das sonnabends nicht.«

»Passiert was nicht?«, hake ich nach.

»Südafrika hat weniger Strom zur Verfügung, als es in Spitzenzeiten benötigt. Deswegen werden je nach Bedarf Regionen vom Netz genommen. Die Einwohner werden vorab im Internet informiert und können sich so darauf einstellen«, erklärt mein Gastgeber das Prozedere, das als »Load Shedding« bekannt ist und dazu führt, dass gebietsweise regelmäßig der Strom ausfällt. Das Problem besteht seit Jahren, eine Lösung wird immer wieder versprochen, dann passiert jedoch nichts. Die Konzernchefs des staatlichen Energieversorgers Eskom werden von der Bevölkerung spöttisch als »Fürsten der Finsternis« bezeichnet, ein Ausdruck tiefer Unzufriedenheit. Schließlich verursacht das Energiedefizit wirtschaftliche Schäden. Vor allem Kleinunternehmer sind betroffen.

Allan stellt Kerzen auf und schaltet Solarlampen an.

»Wie lange wird der Strom jetzt weg sein?«, frage ich.

»Gute Frage. Erfahrungsgemäß dauert es rund zwei Stunden.«

Tatsächlich liegt ein ganzer Bezirk Kapstadts nun im Dunkeln. Krankenhäuser werden verschont, die meisten Ampeln und Straßenlichter hingegen nicht. Privathaushalten bleibt nichts anderes übrig, als sich mit der erzwungenen Romantik zu arrangieren.

Zwei blaue Augen zum Ende

Es ist der letzte Abend in Afrika. Auf allen vieren bewege ich mich vorsichtig voran. Mit jedem Meter fällt das Gelände stärker ab. Als mir zwei Kletterer mit Seil begegnen, wird es offensichtlich – ich bin auf den falschen Weg geraten.

»Wohin willst du?«, ruft mir einer der beiden zu.

»Nach unten«, entgegne ich.

»Du weißt aber schon, dass es da richtig steil wird?«

»Nein, ehrlich gesagt wusste ich das nicht.«

Bei diesem Wortwechsel bleibt es. Ich ärgere mich tierisch über mich selbst. Zum Sonnenuntergang hatte ich den Lion's Head – einen der Hausberge Kapstadts – bestiegen. Von oben konnte ich den Ausblick genießen, blickte direkt auf das im Abendlicht glitzernde Meer und die funkelnden Lichter der Stadt. Im Norden entdeckte ich Robben Island. Auf dieser Insel verbrachte Nelson Mandela fast zwei Jahrzehnte seines Lebens im Gefängnis. Hinter mir ragte der Tafelberg empor, Wolken waberten über seine Flanken.

Der abendliche Trip auf den kegelförmigen Berg war ein gelungener Abschluss meiner Zeit auf afrikanischem Boden. Jedenfalls bis zum Abstieg. Denn da wollte ich besonders clever sein und eine Abkürzung nehmen. Statt dem Weg zu folgen und in einer großen Schleife zurück in die Stadt zu gehen, entschied ich mich, direkt über den Hang abzusteigen.

Das Problem war, dass es mit jedem Meter steiler wurde. Nachdem ich mich zwanzig Minuten durch wegloses Gelände bewegt und meine Beine an Dornenbüschen aufgekratzt hatte, war ich nicht gewillt, umzudrehen und auf den Normalweg zurückzukehren. Stattdessen setzte ich meine waghalsige Tour fort. Ein leichtsinniger Fehler, mit dem ich obendrein gegen meine eigenen Prinzipien verstieß.

Während meiner Zeit in Peru hatte ich mich am Titicacasee in einer Felswand verstiegen und musste dreißig Meter über dem Boden feststellen, dass es nicht weiterging. Nur knapp entging ich einem Absturz. Danach hatte ich mir geschworen, nie wieder eine Klettertour ohne Seil zu beginnen, wenn ich die gesamte Route nicht zumindest grob einsehen konnte.

Nun sitze ich auf einem Felsblock und überlege, wie es weitergeht. Fest steht, dass diese Aktion ausgerechnet am Abend vor dem Weiterflug nach Australien völlig unnötig ist. Zwei Monate habe ich ohne Schaden überstanden. Sollte sich das in den letzten Stunden noch ändern?

Ich beobachte die Kletterer, wie sie sich in fünfzig Metern Entfernung in ihr Seil einklinken und mit dem Abseilen beginnen. »So leicht kann es gehen«, denke ich mir. Umzudrehen ist mittlerweile auch keine Option mehr. Der Weg nach oben ist nicht minder gefährlich und vor allem lang.

Ich entscheide mich dazu, in einem Bereich abzusteigen, in dem zwei Felswände eng beisammenstehen. Mithilfe einer speziellen Technik kann man eine solche Felsspalte relativ gefahrlos hinunterklettern. Ich hatte das Kaminklettern während einer Tour in die Sächsische Schweiz gelernt. Allerdings war ich damals vierzehn und habe die Praktik seitdem nur ein paarmal angewendet.

Da der Rücken zum Kaminklettern frei sein muss, suche ich nach einer Möglichkeit, meinen Rucksack loszuwerden. Nach einigem Hin und Her ziehe ich meine Schnürsenkel aus den Schuhen, binde sie zusammen und lasse das Bündel vorsichtig in die Tiefe gleiten. Wohl ist mir dabei nicht. Schließlich befindet sich meine gesamte Kameraausrüstung darin, und meine Schuhe tragen sich ohne die Schnürung wie Badelatschen.

Nachdem die kostbare Fracht einige Meter unter mir liegt, gibt es für mich kein Zurück mehr. Mit dem Rücken lehne ich mich an die eine Felswand, mit den Beinen presse ich mich gegen die andere. Die Hände nutze ich dazu, mich in Hüfthöhe abzustützen. Derart verkeilt hänge ich nun in der Spalte.

Durch gezielte Gewichtsverlagerungen komme ich dem Erdboden Zentimeter für Zentimeter näher. Spannend wird es, als sich die Spalte auf halbem Weg verbreitert. Meine Körpergröße reicht gerade so aus, dass ich mich im Kamin halten kann.

Die Oberschenkel zittern vor Anstrengung, als ich schließlich auf dem Erdboden ankomme. Mit Ausnahme von ein paar Schürfwunden am Rücken und einem Loch im T-Shirt bin ich glimpflich davongekommen. Für meine weitere Reise sollte mir das eine Warnung sein: Die beste Vorbereitung ist nichts wert, wenn man leichtsinnig wird. »Botschaft verstanden«, sage ich laut zu mir selbst, bevor ich in der einsetzenden Dunkelheit zügig den Rückweg fortsetze.

Update 146 vom 2. Dezember (33°58' S, 18°35' O): Goodbye, Africa!
Es war eine aufregende Zeit. Nun bin ich auf dem Sprung nach Australien.

Als ich diese Zeilen tippe, läuft alles nach Plan. Ich bin rechtzeitig am Flughafen angekommen und erfreue mich bester Laune. Fröhlich trete ich an den Abfertigungsschalter von Emirates und möchte einchecken. Von Kapstadt soll es über Dubai nach Perth gehen.

Der Bedienstete am Schalter ist freundlich und nimmt meinen Reisepass entgegen. Etliche Male habe ich diesen Vorgang schon erlebt. Nichts Besonderes, alles geht seinen Gang.

Allerdings dauert es länger als gewöhnlich.

Nach zwei Minuten schleichen sich erste Zweifel bei mir ein. Mein Gegenüber legt seine Stirn in Falten und tippt energisch auf der Tastatur herum.

»Alles in Ordnung?«, frage ich zaghaft.

»Bestimmt. Hier ist anscheinend nur ein Fehler im System«, bekomme ich als Antwort.

»Okay, sagen Sie mir, wenn ich irgendwas tun kann.«

»Mach ich«, meint der Emirates-Angestellte und ruft kurze Zeit später einen Kollegen zu Hilfe.

Dieser schaut genauso ratlos.

»Aber die Onlineregistrierung haben Sie gemacht, oder?«

Onlineregistrierung. Als ich dieses Wort höre, platzt ein Ballon in meinem Kopf, und das Blut sackt in die Beine. Ich Esel habe eineinhalb Jahre geplant und dabei ganz offensichtlich ein entscheidendes Detail übersehen: Um nach Australien einzureisen, muss man sich vorher online erfassen lassen. Das Ganze dauert nur wenige Minuten und ist kein großer Akt. Aber ohne die Registrierung ist eine Einreise ausgeschlossen.

»Ich fürchte, das habe ich versäumt«, stammele ich kleinlaut.

Die beiden Männer schauen sich nachdenklich an.

»Bis zum Flug sind noch zwei Stunden Zeit. Sie können versuchen, sich jetzt zu registrieren.«

»Okay, das mache ich«, sage ich und schiebe meine Karre mit dem Gepäck an die Seite. Mit vor Aufregung feuchten Händen logge ich mich mit meinem Smartphone in das WLAN des Flughafens ein und suche die entsprechende Seite der australischen Behörden. Als ich im fünften Versuch endlich das Formular laden kann, reißt plötzlich die Datenverbindung ab. Ich hole meinen Laptop aus dem Gepäck und beginne von vorn. Aber wie ich mich auch bemühe – ich kann die Daten nicht abschicken. Immer wieder erscheint eine Fehlermeldung. Verzweifelt gehe ich mit Sack und Pack zum Abfertigungsschalter zurück und berichte von meinen Problemen.

»Bei deutschen Staatsbürgern gibt es bei der Onlineregistrierung ein Problem. Das geht von Südafrika aus nur über ein Reisebüro«, weiß ein dritter Angestellter von Emirates, den die anderen herbeigerufen haben.

Das ist nicht, was ich hören wollte, und meine Hoffnung, heute noch zu fliegen, tendiert gegen null. Die folgenden Minuten werden zu einer Zerreißprobe für mich. Der Schichtleiter von Emirates versucht einen Freund zu erreichen, der in einem Reisebüro arbeitet. Er bekommt ihn zwar im vierten Versuch ans Telefon, doch seinem Kontakt sind die Hände gebunden, denn der Strom ist im Moment weg. Load Shedding. Erneut bleibt mir nichts anderes übrig, als zu warten. Ich kann nichts unternehmen, was meine Situation verbessern würde, und diese Tatsache macht mich wahnsinnig.

Erst eine Stunde vor dem Abflug – und damit dreißig Minuten bevor das Gate geschlossen wird – kann sich das Reisebüro ins System einloggen und meine Daten eingeben. Es folgen bange Minuten, ob die Registrierung in so kurzer Zeit durchgeht. Alle fünf Minuten prüft mein Gegenüber das System, mehr als ein Kopfschütteln hat er aber nicht für mich. Meine Zuversicht erreicht den Nullpunkt.

Ein letzter Versuch, fünfundzwanzig Minuten vor dem Start.

»Die Bestätigung ist da, Sie können fliegen.«

»Uff, das ist großartig«, platzt es aus mir heraus. Am liebsten hätte ich den Schichtleiter der Emirates vor lauter Glücksgefühlen geküsst. Ich greife meine Tickets und sprinte durch die Abfertigungshalle. Noch nie in meinem Leben bin ich derart rasant in einem Flughafen unterwegs gewesen. Glücklicherweise ist die Schlange in der Sicherheitskontrolle kurz, und alles geht schnell. Die Schweißperlen tropfen mir von der Stirn, als ich zehn Minuten später am Gate stehe und als einer der letzten Passagiere von Flug EK773 an Bord hetze. Ich bin pünktlich, ich werde fliegen.

»Tausend Dank, liebe Mitarbeiter von Emirates. Mit eurem Einsatz habt ihr meinen dummen Fehler ausgebügelt«, geht es mir durch den Kopf. Ich bin wohl der glücklichste Mensch an Bord der Boeing 777–300 ER, die mich in den nächsten zehn Stunden nach Dubai bringen soll.

Mit zwei »blauen Flecken« verlasse ich den Kontinent. In Erinnerung bleiben werden mir neben dem Kontrast von Arm und Reich vor allem die grandiosen Landschaften. Gebirge, Wüsten, Savannen und etliche Küstenkilometer habe ich in den zurückliegenden Wochen bereist, wilde Tiere gesehen und mit interessanten Menschen gesprochen. Dabei habe ich viel über die Rolle des Menschen in diesen Umweltsystemen nachgedacht. Ich nehme nicht nur Tausende Fotos mit auf die weitere Reise, sondern vor allem auch Erfahrungen und Denkanstöße.

Goodbye, Africa, jetzt aber wirklich.

Weit, Wild, Westen

Streifzüge entlang der australischen Küste(n)

Australien, da bin ich. Aber wo ist mein Gepäck? Ich stehe keine zehn Minuten auf dem Flughafen, als mein Name ausgerufen wird. Wenig später ist es amtlich – mein großer Rucksack ist nicht in Perth angekommen. Im Gegensatz zu mir hat er den Weg zum Flugzeug in Kapstadt nicht rechtzeitig geschafft.

Es ist nicht das erste Mal, dass sich ein Gepäckstück von mir verspätet. Deswegen habe ich in meinem Handgepäck grundsätzlich Kleidung für zwei Tage dabei. In dieser Zeit entscheidet sich meist, ob die Ausrüstung wieder auftaucht oder dauerhaft verschollen bleibt. Darum muss ich mir zumindest diesmal keine Gedanken machen. Der Rucksack ist geortet und kommt morgen mit dem nächsten Flieger. Ich übe mich also im positiven Denken – wenigstens kann ich nun unbeschwert den Weg in die Stadt antreten.

Nach den vielen Stunden im Flugzeug genieße ich den Augenblick, in dem sich die automatische Glasschiebetür der Terminals öffnet und ich nach draußen schreite. Es ist dunkel, ein Schwall warmer Luft streicht mir um die Nase. Sie ist etwas wärmer und trockener als in Kapstadt.

Es ist nicht der einzige Unterschied, den ich wahrnehme. Die Menschen um mich herum sprechen Englisch, haben aber einen anderen Akzent als in Afrika. Und auch das Geld sieht anders aus: Fortan lächelt mich nicht mehr Nelson Mandela an, sondern Königin Elisabeth II.

Die Uhr zeigt 23 Uhr, doch ich habe jegliches Zeitgefühl verloren. Auf der 8700 Kilometer langen Reise gen Osten habe ich nicht nur den Kulturkreis gewechselt, sondern obendrein sieben Zeitzonen übersprungen. Meinen Biorhythmus hat das aus der Bahn geworfen, ich fühle mich gleichzeitig wach und müde, schwach und stark. Es ist ein merkwürdiger Schwebezustand. Lange Reisen nach Osten habe ich noch nie besonders gut verkraftet. Es ist, als würde man am Nachmittag ins Bett gehen und kurz nach Mitternacht wieder aufstehen. Frühaufsteher haben es leichter. Blöd nur, dass ich nicht zu dieser Kategorie zähle.

Eine Stunde später komme ich in meiner Unterkunft an. Ein Hauch von Käsefüßen, verschwitzten Klamotten und Deodorant würzt die Luft, als ich das Zimmer betrete. Zwei Doppelstockbetten stehen nah beieinander. Es ist offensichtlich, dass nur noch eine Schlafgelegenheit frei ist. Auf allen anderen Betten liegen Kleidungsstücke, und die Laken sind durcheinander. Ich lasse mich auf die Matratze fallen und begutachte die Situation. Kleiner Raum, kleines Fenster, große Unordnung, großer Mief. Willkommen in der Welt der Hostels. Nicht, dass es immer so wäre, es gibt wirklich tolle Hostels und sehr ordentliche Backpacker, aber eine gewisse Tendenz ist trotzdem zu verzeichnen.

Hostels sind ein Sammelpunkt für ganz unterschiedliche Charaktere. Im Gegensatz zu einem Hotel, in dem man sich höchstens beim Frühstücksbuffet oder im Fahrstuhl über den Weg läuft, stoßen die Gäste in dieser Form der Unterkunft zwangsläufig zusammen. Entweder in der Küche, im Aufenthaltsraum, vor den Waschmaschinen oder auf der Suche nach einer freien Steckdose. Dieses Gewusel kann anstrengend sein, aber es ist auch eine wunderbare

Möglichkeit, Menschen zu beobachten. Da sind die Unauffälligen, die kaum zu sehen sind und ihr Ding machen. Da sind diejenigen mit Heimweh, die scheinbar den ganzen Tag bei Skype verbringen. Da sind die von sich selbst Überzeugten, die nicht mit Ratschlägen geizen und meinen, dass ihre Weisheit proportional mit der Anzahl der gereisten Kilometer wächst. Da sind die Partyverrückten, die oft in der Nähe von Alkohol zu finden sind und unentwegt die Feiern für die kommenden Tage planen. Dazu kommen die Meisterköche, die aufwendige Menüs in der Küche zubereiten, dabei aber ab und an übersehen, dass sie sämtliches Geschirr und alle Herdplatten in Beschlag nehmen. Kurzum – sofern man es nicht darauf anlegt, muss in einem Hostel keiner allein sein.

Genau deshalb habe ich mich hier für drei Nächte einquartiert, denn ich will mir den Umstieg auf das Alleinreisen einfacher machen und in Kontakt mit Backpackern kommen, die den australischen Westen bereits gesehen haben.

Dass ich in einem Hostel unterkomme, wird dabei eher die Ausnahme bleiben, denn auf dieser Reise schlafe ich am liebsten im Zelt, im Auto oder auf der Isomatte unter freiem Himmel. Wenn ich doch einmal ein festes Dach über dem Kopf bevorzugen sollte, werde ich Hostels nach Möglichkeit zu vermeiden versuchen, und das hat pragmatische Gründe: Erstens schleppe ich eine ganze Menge Ausrüstung mit mir herum, die ich gern im Blick behalte oder einschließe. Zweitens benötige ich nach meinen Zelttouren in abgelegene Gebiete viel Platz, um alles zu sortieren und auf Schäden hin zu prüfen. Und drittens brauche ich Zeit für mich. Denn das Aufarbeiten der Fotos und das Schreiben der Artikel für die Homepage lässt sich nicht schnell nebenbei erledigen. Das sind Stunden, in denen ich am liebsten einen ruhigen Ort habe, an dem ich ungestört arbeiten kann.

Update 159 vom 6. Dezember (31°56' S, 115°51' O): Die Sonne lacht, und der Jetlag gibt allmählich Ruhe. Höchste Zeit aufzubrechen. Abenteuer Westküste – es geht los.

Mein Plan ist es, Westaustralien mit einem kleinen Wohnwagen zu bereisen. Auf dem Weg zur Autovermietung unterhalte ich mich mit Bogdan. Er ist Taxifahrer und mit seiner Familie vor fünfzehn Jahren aus Serbien eingewandert. Nun schwärmt er vom guten Lebensstandard in Perth und löchert mich zu meinem Vorhaben.

»Bist du allein unterwegs?«, will er wissen.

»Ja«, antworte ich.

»Oh, das ist hier ungewöhnlich. Dann fahr vorsichtig und versuche Pannen zu vermeiden. Der Verkehr ist dünn, und selten ist Hilfe in der Nähe.«

Bogdan rät mir eindringlich davon ab, nachts zu reisen. Zu viele Tiere würden dann aktiv sein, und die Kollision mit einem ausgewachsenen Känguru sei nicht zu unterschätzen.

Ich nehme mir diese Warnungen zu Herzen. Weite Strecken und dünn besiedelte Gegenden habe ich bereits in Namibia erlebt, und die Worte Bogdans erinnern mich an die Warnung von Holger. Doch nun erwartet mich ein anderes Kaliber. Westaustralien ist dreimal so groß wie Namibia. Damit hat Australiens größter Bundesstaat in etwa die Fläche von Spanien, Frankreich, Norwegen, Schweden, Polen und Deutschland zusammengenommen. Auf dieses Areal verteilen sich gerade einmal zweieinhalb Millionen Einwohner. Richtung Norden und Osten gibt es riesige unbewohnte Gebiete, und die wenigen Straßen, die sie durchqueren, sind Hunderte Kilometer lange Pisten. Hitze, Abgeschiedenheit und die großen Distanzen sind Faktoren, die ich beachten muss. Noch stärker als auf den bisherigen Etappen gilt es, die Treibstoffreserven im Blick zu behalten. So etwas wie in Südafrika sollte mir hier besser nicht passieren …

Mir ist komisch zumute, als ich Perth verlasse. Ich habe das Gefühl, auf einem Kamel sitzend davonzureiten und mich langsam von der schützenden Oase zu entfernen. Mit jedem Kilometer, den ich mich nach Norden bewege, sehe ich weniger Häuser, und die Landschaft wird karger. Ohne künstliche Bewässerung wäre die Gegend knochentrocken.

In meinem kleinen Hippie-Camper folge ich dem North West Coastal Highway. Katie ist ein(e) Mitsubishi. 61 807 Kilometer hat sie in ihrem Leben schon bewältigt, zwei Personen können in ihr reisen, schlafen und kochen. Für mich ist sie ein rollendes Basislager, mit dem ich überall die Nacht verbringen kann. Auf Ortschaften bin ich – außer zum Tanken – nicht angewiesen. Das ist praktisch in einer Gegend wie der australischen Westküste.

Was anfangs spannend ist, verliert mit der Zeit schnell an Reiz. Draußen brennt die Sonne, drinnen raucht der Kopf. Rastlos wandern meine Augen in der Gegend umher, verlassen die schnurgerade Straße in alle Richtungen. Doch da ist nichts. Nur trockener Boden und einige flache Sträucher. Stundenlang das gleiche Bild. Abwechslung bietet höchstens mal ein totes Tier am Wegesrand. Der Begriff »Einöde« bekommt hier eine ganz neue Bedeutung.

Umso mehr freue ich mich über den Anblick eines gigantischen Lastzugs, der auf einer sandigen Fläche neben der Straße parkt. Der Fahrer macht wohl hier, fernab der nächsten Ortschaft, eine Pause. Ich nutze die Chance und parke Katie direkt neben dem Ungetüm.

»Stopp«, ruft mir der Fahrer entgegen und knallt prompt die Tür vor meiner Nase zu. Ein wenig irritiert stehe ich im Schatten der riesigen Zugmaschine und frage mich, ob es überhaupt zu einem Gespräch kommen wird, denn der »Begrüßung« nach zu urteilen, komme ich ungelegen. Dabei wollte ich doch nur ein paar Fragen stellen.

Wenig später öffnet sich die Luke und ein Mann streckt seinen Kopf heraus.

»Komm hoch«, sagt er und winkt mich zu sich herauf.

Drei Stufen später erreiche ich das Cockpit und bestaune die vielen Hebel und blank polierten Armaturen. Neben mir sitzt Wayne. Braun gebrannt und großflächig tätowiert, einige Zähne fehlen ihm, und zu viel Bewegung hat er augenscheinlich auch nicht. Es riecht nach Cola und Zigarettenrauch.

»Sorry«, sagt er und führt aus: »Ich war eben nackt. Das wollte ich dir nicht antun.« Daraufhin lacht er so herzhaft, dass ihm seine Sonnenbrille von der Nase rutscht und seine Speckfalten zu tanzen beginnen.

Wayne steuert besonders lange Lkw. Diese »Road Trains«, Straßenzüge, sind im Westen Australiens häufig zu sehen.

»Was ihr in Europa über die Schiene verschickt, transportieren wir hier auf der Straße«, sagt er mir.

Diesmal hat Wayne ein Gestängesystem für eine Flüssiggasanlage geladen. Zwei Anhänger zieht er hinter sich her, sein Gespann misst sechsunddreißig Meter.

»Man benötigt eine spezielle Lizenz, um diese Lkw fahren zu können«, erklärt er.

Das Gehalt stimmt, doch der Preis ist hoch. Road Trains zu führen bedeutet, lange unterwegs zu sein. Wayne ist oft zwei Wochen am Stück auf Tour. Seine Ehe hat das nicht ausgehalten, viele Freunde hat er auch nicht mehr.

»Manchmal ist es hart, und für den Kopf ist es nicht einfach, hier allein unterwegs zu sein. Man hat viel Zeit, mit seinen Gedanken zu spielen«, sagt Wayne und runzelt die Stirn.

Seit achtundzwanzig Jahren fährt er die Straßenzüge, etwas anderes hat er nicht gelernt. Tag für Tag legt er bis zu tausend Kilometer zurück, er ist immer unterwegs und stoppt nur für kurze Pausen und zum Schlafen.

Das Piepen des Bordcomputers unterbricht unser Gespräch. Ein roter Schriftzug blinkt auf.

»Noch zehn Minuten Pause«, stellt Wayne fest und tippt auf das Display. Alle Informationen kommen aus der Zentrale, per Satellit, direkt auf den kleinen Monitor. Ein Computer steuert den Ablauf, berechnet Tankintervalle und Pausenzeiten.

»Viel denken muss ich nicht. Von mir wird Geschick beim Fahren verlangt, immerhin hat der Truck einen Wert von 300 000 Dollar.«

Für Australien sind Menschen wie Wayne wichtig. »Wir Lkw-Fahrer halten die Wirtschaft am Laufen«, erklärt er stolz. »Und außerdem: Wo kann man denn sonst nackt am Arbeitsplatz sitzen?« Wieder lacht er mit vollem Körpereinsatz. Als er sich beruhigt hat, schiebt er sich die Sonnenbrille zurück auf die Nase und drückt eine Taste. Mehrere Hundert Pferdestärken brummen auf.

»So, ich muss jetzt weiter. Sonst gibt es Ärger von oben.«

Zum Abschied gibt er mir noch einen Rat mit auf den Weg: »Nimm dich vor der Hitze in Acht. So wie Löschpapier Tinte aufsaugt, so ziehen einem die hohen Temperaturen die Kraft aus dem Körper. Richtung Norden wird es schlimmer.«

Ich klettere aus der Kanzel zurück auf den staubigen Boden. Wayne zieht die Tür ins Schloss und winkt mir zu. Dann hupt er laut und rollt mit fünfundachtzig Tonnen am Haken davon. Ich bleibe allein zurück und sehe, wie der Truck langsam in der Weite der Landschaft verschwindet. Eine Weile kann ich ihn noch sehen, dann taucht er in die vor Hitze flimmernden Luftschichten ein und wird zur Unkenntlichkeit verzerrt. Die Asphaltschneise ist so heiß, dass ich ein Spiegelei auf ihr braten könnte.

Sitzen und schwitzen – so lautet das Motto für die nächsten Tage. Bei Temperaturen von 40 Grad Celsius bewege ich mich langsam nach Norden. Der leise vor sich hin blubbernde Benzinmotor mag es gar nicht, wenn ich das Gaspedal zu weit durchdrücke. Am ersten Tag habe ich erschrocken feststellen müssen, dass der Tank nach gerade einmal 190 Kilometern schon halb geleert war. Mittlerweile weiß ich, dass sich Katie bei Geschwindigkeiten zwischen 70 und 90 km/h am wohlsten fühlt. Leider muss ich den rechten Fuß für dieses Tempo in eine sehr unbequeme Haltung bringen. Nachdem mir die Gliedmaße dreimal eingeschlafen ist, suche ich nach einer Lösung und finde diese in Form eines Steins, den ich auf den geraden Straßenabschnitten auf das Pedal lege.

Ich bin nicht gut drauf. Mein Körper ist durch die Hitze geschwächt, der Kopf ist leer. Seit meiner Abfahrt aus Perth sind schon einige Tage vergangen, und allmählich gestehe ich mir ein, dass ich in einer Krise stecke. Ich fühle mich einsam, mir fehlt ein klares Ziel. Die Stunden auf der Straße zermürben mich, und von der kargen Landschaft bekomme ich wenig zurück.

Nach der aufregenden und abwechslungsreichen Zeit in Afrika ist mein Unterbewusstsein auf Abenteuer eingestellt. Voller Tatendrang »rudere« ich seit meiner Ankunft in Australien neuen Felsen entgegen, die es aber gar nicht gibt. Vielmehr schippere ich auf ein offenes Meer hinaus, dessen Wellen mir durch das Alleinsein noch höher vorkommen. Die Gedanken scheinen in einer Schleife festzustecken, und die Fantasie malt merkwürdige Bilder.

Plötzlich taucht da wieder meine Beziehung auf. Fünfeinhalb Jahre war ich mit meiner Freundin zusammen. Wir hatten eine gute Zeit, haben viel gelacht und viel erlebt. Betty war meine erste große Liebe, und die Jahre mit ihr haben mich geprägt. Auch wenn sich die Trennung andeutete, war der Abschied ein schmerzhaftes und einschneidendes Erlebnis. Nun, eineinhalb Jahre später, kommen Bilder und Szenen in meinen Kopf zurück, von denen ich nicht wusste, dass sie in meinem Gedächtnis sind. Es ist eine interessante und zugleich schmerzhafte Erfahrung. Noch verwirrender wird es, als die Gedanken einen Sprung zu einer Frau machen, die ich erst kurz vor der Reise kennengelernt hatte und dann in Berlin zurücklassen musste. Ich kenne sie kaum, aber ich vermisse sie plötzlich. Scheinbar sinnlos und ohne nachvollziehbare Logik vermengen sich alle Erinnerungen, Gedanken und Sehnsüchte zu einem verknoteten Fantasiegeflecht.

Ich habe das Gefühl, auf einem Karussell zu sitzen, das sich immer schneller dreht. Mir wird schwindlig, ich verliere die Orientierung. Draußen ist nichts, was mich aus meinem Gedankenstrudel befreien könnte. Die Straße ist gerade, die Hitze drückt. Kein Radio, kein Handyempfang. Ich bin mir selbst ausgeliefert und kann mir nicht entfliehen.

Update 178 vom 10. Dezember (27°23' S, 114°28' O): Wenig fürs Auge, viel für den Kopf. Westaustralien stellt mich auf die Probe.

Ich fühle mich noch immer verdammt einsam, als ich auf Horrocks zusteuere. Rund fünfhundert Kilometer nördlich von Perth schmiegt sich der kleine verschlafene Ort an den Indischen Ozean. Hier scheint die Zeit stehen geblieben zu sein.

Ich parke Katie auf dem Campingplatz und muss feststellen, dass ich wohl der einzige Alleinreisende bin. Viele Gäste sind nicht da. Aber die, die ich sehe, scheinen in Begleitung zu sein. Ich sehe Paare in allen Richtungen. »Die haben es gut, die machen es richtig«, denke ich mir und verfluche mich für die blöde Idee, unbedingt solo auf Tour sein zu wollen.

Meine Stimmung erhält einen weiteren Dämpfer, als der Strom ausfällt und sich damit der Traum von einem Internetzugang in Luft auflöst.

Es ist schon spät am Nachmittag, und die Sonne bewegt sich rasch auf den Horizont zu. Doch das ist mir egal. Ich laufe. Einfach der Nase nach. Ich schaue nicht auf die Uhr, ein Ziel habe ich auch nicht. Ich laufe geradeaus. Links von mir ist die Küste, rechts das trostlose Hinterland.

Schließlich setze ich mich auf einen Stein, stütze meinen Kopf auf die rechte Hand und stelle mir vor, wie es wäre, die Situation aus der Vogelperspektive zu beobachten. Ich sehe einen jungen Mann, der als ein kleiner Punkt in der Landschaft erscheint und ins Leere starrt. Meine Fantasie setzt den Stift an und verfeinert das Bild. Nun sehe ich eine große undurchsichtige Gedankenblase, die über dem Kopf des Mannes wabert und ihn zu erdrücken droht.

Ich halte inne und kehre schlagartig in die Realität zurück. Kann es sein, dass in der Blase im Grunde nichts als heiße Luft ist? In schneller Folge huschen die Bilder von der Ganora-Farm in Südafrika durch meinen Kopf. Die Worte von Hester und Jan Petrus, die das Leben auf wenige wichtige Bausteine reduziert haben, kommen in meine Erinnerung zurück, und mir schwant, dass mein eigenes Unterbewusstsein zu einer Stolperfalle geworden ist.

Mir wird bewusst, dass die Herausforderungen der dritten Reiseetappe nicht in der Landschaft, sondern in meinem Kopf zu suchen sind. Vielleicht sind der Umgang mit dem Alleinsein und die Abgeschiedenheit nun die »Berge«, die es zu bezwingen gilt? Das würde erklären, dass ich derart in den Seilen hänge. Mir fehlt die physische Herausforderung – und die psychische hatte ich bis eben nicht erkannt.

Der Mensch ist doch ein interessantes Wesen. Über Jahre haben sich bei mir Vorstellungen und Überzeugungen eingeschlichen, die ich selten bis gar nicht hinterfragt habe. Der unterbewusste Drang nach Bewegung und Abenteuer löst bei mir einen Zustand der Unausgeglichenheit aus. Wenn jedoch diese Tage des Zauderns und Zweifelns nun etwas Gutes haben, dann vielleicht, dass ich mehr über mich selbst erfahren kann. Denn zu Hause hätte der Bann der täglichen Routine und die Vielzahl an Ablenkungsmöglichkeiten wohl nicht zugelassen, dass ich mir einmal selbst schonungslos ausgeliefert bin. Aber hier, in Westaustralien, habe ich in der ersten Woche auf der Straße lediglich mit drei Menschen Kontakt gehabt und keine Chance, der Einsamkeit aus dem Weg zu gehen.

»Wer mit sich selbst im Reinen ist, der braucht die Einsamkeit nicht zu fürchten«, so hat es Regina bei unserer Begegnung auf der Diaz-Spitze in Namibia formuliert. Sie hat wohl recht. Gleichzeitig können kleine Korrekturen der Denkrichtung das Wohlbefinden offensichtlich enorm verbessern.

Ich gehe diesem Ansatz nach und lausche stundenlang psychologischen und philosophischen Hörbüchern, zum Beispiel Paul Watzlawicks Werken »Wie wirklich ist die Wirklichkeit?« und »Anleitung zum Unglücklichsein«. In weiser Voraussicht hatte mir ein guter Freund die Bücher mit auf die Reise gegeben. Dank Elias ist Watzlawick nun mein neuer Beifahrer. Ich lausche ihm aufmerksam, lasse mich in die Welt der Gedankenkonstrukte entführen und bin ein bisschen erleichtert darüber, dass ich mich in seinen Geschichten wiederfinde. Die Kraft der Gedanken ist groß. Mal treiben sie mich voran, mal bremsen sie mich aus. Und über Gedanken nachzudenken scheint wohl in der Natur des Menschen zu liegen.

Wiederauferstehung in der Haifischbucht

»Und hier noch Krokodile«, murmelt Brian und kritzelt in meinen Notizblock. Kritisch betrachtet er dann sein Werk und fährt mit dem Finger die Linien entlang. Über eine Doppelseite hat er mir eine Karte von Australien skizziert und die Gefahren eingezeichnet, die im Wasser lauern: Haie, Krokodile, Würfelquallen und Portugiesische Galeeren.

»So sollte es passen«, meint er schließlich und gibt mir meinen Block zurück.

Ich habe Brian an einem abgelegenen Strandabschnitt auf halbem Weg zwischen Horrocks und Gregory kennengelernt. Brian ist Ende sechzig und wirkt superfit. Mit seinem zum Wohnwagen ausbauten Jeep fiel er mir sofort auf, und wir kamen ins Gespräch.

»2013 ging ich in Rente, löste meine Wohnung auf und kaufte mir das Auto. Seitdem fahre ich kreuz und quer durch das Land«, erzählte er mir. Seine Augen leuchteten. Nach Jahrzehnten als Elektriker im Minengeschäft habe er den Tag herbeigesehnt.

»Nun bin ich frei und kann das tun, worauf ich Lust habe.«

»Was machst du unterwegs?«, wollte ich wissen.

»Fotografieren, lesen, angeln, Musik hören und all das, was mir sonst noch in den Sinn kommt«, folgte prompt die Antwort. Brian kramte einen Laptop hervor und öffnete eine digitale Karte.

»Das sind die Strecken, die ich in den vergangenen zwei Jahren zurückgelegt habe.«

Etliche rote Striche beschrieben seine Route und verrieten, dass Brian ein moderner Nomade ist. Seine Leidenschaft ist das Unterwegssein, sein Lebenselixier die Freiheit.

Brian erzählte von Sandstürmen, Krokodilangriffen und leichtsinnigen Touristen. Mit seinem Auto hatte er sich auf dem Weg zu abgelegenen Plätzen schon einige Male im losen Sand festgefahren, und hier, im Westen Australiens, sucht er nun ein wenig Ruhe und einen guten Platz zum Angeln. Als ich ihm die Frage stellte, welche Gefahren im Wasser lauerten, zeichnete er kurzerhand die Karte. Mit Ausnahme der Ostküste sehe ich kaum einen Abschnitt, der frei von der warnenden Schraffur ist.

»Australiens Küsten sind wohl ein Dorado für gefährliche Tiere«, denke ich laut, als ich sein Werk betrachte.

»Mag sein. Aber geh einfach nicht im Morgengrauen oder der Abenddämmerung baden, vermeide trübe Gewässer und frag die Einheimischen, ob Quallen gesichtet wurden. Dann solltest du keine Probleme bekommen.« Brian weiß, wovon er redet. Er angelt, seitdem er laufen kann, und verbringt viel Zeit am Meer.

Unser Gespräch wird von einem dramatischen Sonnenuntergang unterbrochen. Noch nie zuvor habe ich ein derartiges Farbfeuerwerk gesehen. Von Zartgelb bis Blutrot reicht das Spektrum, einige Wolkenfetzen zaubern raffinierte Details in das vergängliche Kunstwerk. Der Indische Ozean breitet sich spiegelglatt bis zum Horizont aus, kleine Wellen branden zu unseren Füßen am Drei-Meilen-Strand. Kreischend ziehen zwei Möwen ihre Kreise.

Nachdem das Spektakel vorbei ist, beginnt mein Magen zu knurren. Ich habe in den ersten Tagen auf australischem Boden nicht viel gegessen. Nun, da ich wieder auf dem aufsteigenden Ast bin, kommt auch der Appetit zurück. Brian und ich beschließen, über Nacht zu bleiben. Im Licht der Stirnlampen kramt jeder etwas zu essen hervor. Zwei Dosen Thunfisch, Reis und als Soßenersatz eine mit wenig Wasser gekochte Suppe landen am Ende auf unseren Tellern. Kein Festessen, aber doch genug, um mit einem guten Gefühl ins Bett zu gehen.

Schließlich gebe ich noch eine Runde Dominosteine aus. Diese Delikatesse habe ich seit der Übergabe in Lesotho wie einen Goldschatz gehütet. Sechzehn Steine hat mir Martin aus der Heimat mitgebracht, acht sind noch übrig, und dank des kleinen Kühlschranks in Katies Innenraum auch gut in Form. Sie sind das Kostbarste, was ich anbieten kann.

»Vorzüglich«, schwärmt Brian und wischt sich den Mund ab. »Eure Bäcker haben echt was drauf. Ich freue mich immer, wenn ich an einer deutschen Bäckerei vorbeikomme und dunkles Brot kaufen kann. Das gibt es hier in Australien nicht.«

Brian will sich revanchieren und öffnet eine Flasche Chardonnay.

»Dieser Weißwein kommt aus dem Swan Valley, zwanzig Kilometer nordöstlich von Perth«, erklärt er mir und erhebt sein Glas. Weite Gebiete Westaustraliens sind wegen des trockenen und heißen Klimas nur als Weideland für Schafe nutzbar. Die Gegend um Perth genießt jedoch ein angenehmes Mittelmeerklima. Die meisten der neun Weinanbaugebiete des Bundesstaates befinden sich dort.

Mit dem edlen Tropfen auf der Zunge und einem angenehmen Gesprächspartner an meiner Seite rücken die gedankenschweren Stunden der vergangenen Tage in den Hintergrund. Wir machen ein kleines Feuer am Strand, und der Abend wird lang. Das Meer rauscht friedlich, das verbrennende Holz strahlt eine wohlige Wärme aus. Ab und an knackt es in der Glut, und die Funken tanzen dem sternenklaren Nachthimmel entgegen.

Lange sitzen wir so da, philosophieren über die Globalisierung, die Mentalität der Australier und den Preis der Freiheit. Brian ist geschieden. Mit der Rente begann nicht nur seine Abenteuerfahrt, sondern endete auch eine zweiundvierzig Jahre bestehende Ehe.

»Sie hat mich verlassen. Man kann halt nicht alles haben. Und wenn doch, dann hat man verdammtes Glück«, sagt Brian und stochert mit einem Stock in der Glut herum.

Ich erzähle ihm meine Geschichte. Davon, wie schmerzhaft die Trennung für mich war. Aber auch davon, wie mich ebendieser Schmerz dazu verleitete, den Weltreisetraum in die Tat umzusetzen. Nun sitze ich hier neben Brian, bin seit gut zwei Monaten unterwegs und genieße den Moment. Egal, was war, egal, was kommt. Jetzt gerade geht es mir gut.

Am nächsten Morgen trennen sich unsere Wege. Brian fährt nach Süden, ich rolle nach Norden weiter. Mein Ziel ist ein pinkfarbener Salzsee unweit des Kalbarri-Nationalparks. Keiner weiß so recht, woher der See seine Farbe hat. Vermutet wird, dass Bakterien und salztolerante Algen für das Naturphänomen verantwortlich sind. Es gibt mehrere Gewässer in Westaustralien mit dieser Färbung, und auf einen von ihnen laufe ich jetzt zu.

Ich habe Glück mit dem Wetter. Die Sonne steht hoch am Himmel, bringt das Weiß des Salzes zum Leuchten und entlockt dem See kräftige Pinktöne. Haufenwolken schweben über der sonderbar anmutenden Szenerie und sorgen für einen interessanten Hintergrund auf den Fotos.

Schritt für Schritt taste ich mich näher an das offene Wasser heran, um das Fotomotiv noch zu verbessern. Ich treibe es zu weit. *Krack.* Plötzlich zerbricht die fragile Salzschicht unter mir. Ich schramme an der scharfen Bruchkante entlang und sacke bis zu den Knien in den Schlamm. Ein leiser Fluch entgleitet mir, ehe ich mich befreie und zügig den Rückzug antrete. Meine Beine sehen grässlich aus. Die Kombination aus blutigen Schnittwunden und salzigem Schlamm stinkt und brennt wie Feuer.

Eine halbe Stunde lang bin ich damit beschäftigt, die lädierte Haut zu desinfizieren und die Blutungen zu stillen. Noch schlimmer steht es um meine Schuhe. Ich muss sie zwei Stunden in Wasser einweichen lassen, ehe sich der hartnäckige Schmutz langsam zu lösen beginnt. Leicht gebleicht halte ich meine Treter später in der Hand und atme erleichtert durch. Schließlich habe ich außer meinen knöchelhohen Wüstenstiefeln nur noch ein weiteres Paar Schuhe dabei.

Meine Fahrt führt mich weiter nach Norden. Mittlerweile habe ich mich an die monotonen Stunden im Auto gewöhnt und lausche dem meditativen Säuseln des Fahrtwindes. Auch meine Reisebegleitung verstehe ich so langsam. Katie hat zwar noch alle Tassen im Schrank, aber ein paar Schrauben sind doch schon locker. Gestern Abend hatte ich den kleinen Ess- und Arbeitstisch beim Einklappversuch plötzlich in der Hand. Die Stahlschrauben fanden im morschen Holz keinen Halt mehr. Katie ist eine Begleitung mit eigenen Bedürfnissen, auf die ich unbedingt Rücksicht nehmen muss. Ich gebe mir große Mühe, mein Zuhause auf vier Rädern pfleglich zu behandeln. Schließlich liegen noch einige Tausend Kilometer vor uns, und die Bedingungen werden zunehmend unangenehm. Vor allem im Hinterland, ohne den Einfluss der Meereswinde, wird es am Tag unerträglich heiß.

Update 184 vom 12. Dezember (26°24' S, 114°27' O): Kurzabstecher in die Haifischbucht. Kurz, das sind in Westaustralien 150 Kilometer…

Langsam rolle ich auf die François-Peron-Halbinsel zu, starker Gegenwind verhindert höhere Geschwindigkeiten, und aus dem Säuseln des Windes ist ein lautes Pfeifen geworden. Außer einigen Büschen gibt es hier keine Pflanzen, die den Boden zusammenhalten könnten. Der Sand wird durch die Luft gewirbelt, ein leichter Schleier bedeckt die Straße. Erinnerungen an die Namib werden wach, denn die feinen Körnchen schaffen es trotz geschlossener Fenster irgendwie zu mir in die Fahrerkabine hinein und knirschen nun zwischen meinen Zähnen.

Denham ist ein ehemaliges Perlenfischerdorf und für seine Gebäude aus Muschelblöcken bekannt. Fünfundzwanzig Kilometer entfernt befindet sich Monkey Mia. Das hübsche Ressort lockt mit seinen Delfinfütterungen täglich Hunderte Touristen an, zieht mich aber nicht in seinen Bann. So sinnvoll es sein mag, den Besuchern die wilden Tiere näherzubringen, mich schrecken die Menschenmassen ab. Nach einer Stunde auf dem Gelände habe ich genug gesehen und rolle zurück nach Denham. Vom dortigen Campingplatz aus habe ich einen tollen Blick auf den Ozean. Das erste Mal seit meiner Ankunft zeigt dieser sich von seiner rauen Seite. Schaumkämme zieren das Wasser, an vorgelagerten Felsen brechen sich die Wellen.

Draußen ist es ungemütlich. Ich ziehe mich in Katie zurück und breite die Landkarte vor mir aus. Auf dem Papier ist die Form der Bucht deutlich zu erkennen: Die Shark Bay wird durch zwei lang gezogene Landnasen unterteilt. Denham befindet sich auf der östlichen der beiden Halbinseln, die Spitze bildet der François-Peron-Nationalpark. Straßen gibt es kaum, weite Teile stehen unter Naturschutz und sind auf dem Boden nur schwer zu erreichen.

Am nächsten Morgen stehe ich im Büro der Shark Bay Air. Ich möchte die Haifischbucht aus der Luft sehen, und zu meinem Glück verstehe ich mich auf Anhieb super mit der Chefin der kleinen Fluggesellschaft. Nach dreißig Minuten steht der Deal: Ich bezahle nur die Benzinkosten des Fluges und überlasse dem Unternehmen im Anschluss zwanzig Fotos für Werbezwecke.

Am späten Nachmittag fahre ich zum Flughafen, der nicht mehr als eine Betonpiste im Buschland ist, und lerne Jeff kennen. Der junge Mann ist Pilot und hat erst vor vier Monaten seine Ausbildung abgeschlossen. Nun will er durch Australien tingeln, um Flugerfahrung zu sammeln. Die Anstellung bei der Shark Bay Air ist sein erster Job auf dem Weg zu seinem Traum – er möchte eines Tages in der Kanzel einer großen Passagiermaschine sitzen.

»An Denham reizen mich die starken Seitenwinde«, erzählt er begeistert.

Für einen kurzen Augenblick ist da wieder dieses Herzklopfen. Die Fliegerei hat mich noch nicht losgelassen, und mit dem Blick auf das Rollfeld werden alte Sehnsüchte aufgefrischt. Dort steht eine Cessna in Wartestellung. Der Tank ist voll, auf der rechten Seite klafft ein Loch. Ich stutze. Warum fehlt die Tür?

»Habe ich ausgebaut, damit du besser fotografieren kannst«, erklärt Jeff.

Sosehr ich mich über diese Freiheit freue, so mulmig ist mir doch zumute. Mit der rechten Hand halte ich meine Kamera fest, mit der linken prüfe ich noch einmal den Gurt. »Sitzt alles straff. Sehr gut«, denke ich mir, als wir an Fahrt aufnehmen. Wenige Hundert Meter später steigen wir in die Luft empor und lassen Denham hinter uns zurück. Der Wind pfeift um die Streben der Tragfläche, die Büsche am Boden werden immer kleiner. Ich überlege mir, wie lange ich wohl fallen würde, wenn...

»Schau mal nach rechts, da siehst du die Klippen«, schnarrt es aus meinen Kopfhörern. Es ist Jeff, der den Steuerknüppel zur Seite drückt und über die Steilkante kurvt.

Ich nehme die Zuytdorp-Klippen ins Visier und drücke den Auslöser. *Klick, klick, klick.* Drei Fotos, ein Kontrollblick, Korrektur der Einstellungen, dann die nächste Serie. *Klick, klick, klick.*

Neunzig Minuten geht das so.

Von Denham aus fliegen wir nach Westen und überqueren die weiß und blau schimmernden Flächen einer Salzmine. Dann schlagen wir einen Nordkurs ein und steuern Dirk Hartog Island an. Auf dieser Insel legte 1616 Dirk Hartog mit seinem Segelschiff *Eendracht* an – es ist das erste Mal, dass nachweislich ein Europäer australischen Boden betreten hat.

»Hartog hat sich einen unglaublich schönen Ort zum Ankommen ausgesucht«, denke ich mir. Der ganze Zauber der Insel zeigt sich nun aus der Luft: Schneeweiße Sandstrände reihen sich an Buschlandschaften, deren Böden durch den hohen Eisenanteil rostrot sind.

Erst überfliegen wir eine Dünenlandschaft, die einmal mehr Erinnerungen an die Namib weckt, dann folgen wir für mehr als achtzig Kilometer der Küstenlinie. Schließlich drehen wir über dem Cape Inscription in einer scharfen Kurve nach Osten ab.

»Pass auf. Jetzt wirst du staunen«, sagt Jeff und schiebt seine Sonnenbrille auf die Stirn, um besser sehen zu können.

Er hat recht. Beim Blick auf die Haifischbucht verschlägt es mir den Atem.

Unter uns zaubert die Natur Muster ins Wasser, die sich mit Worten kaum beschreiben lassen. Rund siebentausend Quadratkilometer der Bucht sind mit Seegrasteppichen bedeckt. Gelb schimmern die Sandbänke, als dunkle Grün- und Blauschleier zieren die Gräser das seichte Wasser. Je nach Blickwinkel und Sonnenstand entdecke ich fortwährend neue Formen. Meine Speicherkarte glüht, und mit Blick auf diese Wunderwelt habe ich glatt vergessen, dass ich in einem Flugzeug mit ausgebauter Tür sitze und nur mit einem Gurt gesichert bin, der sich mit einem Finger öffnen ließe ... Abgesehen von der Fallhöhe habe ich keine gesteigerte Lust, ins Wasser zu plumpsen. Schließlich trägt die Bucht ihren Namen nicht ohne Grund – achtundzwanzig Haiarten leben hier.

Ich bin von der Schönheit der Natur noch völlig betäubt, als wir den François-Peron-Nationalpark ansteuern. Und auch dort machen mich die Kontraste der Formen und Farben sprachlos. Kreisrunde Lagunen mit türkis glitzernden Wasserflächen fügen sich in das flache Buschland mit seiner roten Erde ein. Jeff dreht große Kreise und steigt etwas höher. So können wir die Landschaft noch besser überblicken und stören die Tiere nicht. Die Halbinsel ist Lebensraum zahlreicher bedrohter Arten. Einer der Gründe, warum die Region seit 1991 zum Weltkulturerbe gehört.

Nach der Landung bedanke ich mich noch einmal bei Jeff und seiner Chefin von der Shark Bay Air. Teil zwei meiner Arbeit beginnt jetzt: Die Bilder habe ich im Kasten, nun muss ich die 1235 Aufnahmen sortieren und eine Auswahl erstellen. Mir bleibt dafür eine Nacht. Morgen will ich früh aufbrechen. Es zieht mich weiter nach Norden.

Unter sengender Sonne

Bei Minilya verlasse ich den Highway, der Richtung Nordwesten abbiegt, und folge einer Regionalstraße nach Norden. Zum dritten Mal auf meiner Reise überquere ich daraufhin den südlichen Wendekreis. Das Erlebnis ist erneut ziemlich ernüchternd, denn draußen gibt es nur wenig, an dem der Blick hängen bleiben könnte. Das flache Buschland ist trocken und trostlos. Der Himmel ist frei von Wolken. Die Sonne steht hoch und scheint mit voller Kraft. Immerhin ist die Straße asphaltiert, und der Wind kommt schräg von hinten. Mit rekordverdächtigen 100 km/h rolle ich meinem Tagesziel entgegen.

Exmouth gleicht am Sonntag einer Geisterstadt. Nichts ist los, der Zweitausend-Seelen-Ort wirkt wie ausgestorben. Ich bekomme fast einen Temperaturschock, als ich die Mittagshitze kurz verlasse und das klimatisierte Gebäude einer Tankstelle betrete. Die Verkäuferin frage ich nach einem Supermarkt. Zu meinem Glück gibt es einen Laden, der geöffnet hat. Ich frische meine Lebensmittelvorräte auf und gönne mir einen Eistee, den ich im Schatten einer Palme schlürfe.

Die Gebäude von Exmouth sind flach und Grünflächen selten. Zwei Sendetürme ragen wie Spargelstangen in den Himmel empor und machen deutlich, warum die Stadt 1964 aus dem Boden gestampft wurde: Sie ist ein funktionaler Außenposten der Zivilisation im Nordwestzipfel des Kontinents. Man wollte die Ölfelder vor der Küste erschließen, außerdem unterhält die US-Marine hier eine Funkstelle – einer der Masten überragt mit seinen 388 Metern Höhe sogar die Spitze des Berliner Fernsehturms.

Exmouth ist die nördlichste Stadt auf meiner Weltumrundung. 21°56' Grad Süd zeigt der GPS-Empfänger, näher werde ich dem Äquator nicht kommen. Wie so oft im Westen Australiens sind es die malerischen Küstenlandschaften und weniger die Städte, die den Charme der Gegend ausmachen. So ist es auch diesmal. Meine Aufmerksamkeit gilt dem Cape-Range-Nationalpark und dem Ningaloo Reef, einem 250 Kilometer langen Korallenriff.

In der Haifischbucht hat mich der Blick auf die farbenfrohen Oberflächen in seinen Bann gezogen, im Cape-Range-Gebiet befinden sich die Attraktionen unterhalb der Wasseroberfläche. Ich verzichte auf eine geführte Exkursion und kaufe mir stattdessen im Supermarkt für fünfzehn Dollar eine Schnorchelausrüstung. Nachdem ich mich im Nationalparkcenter über die Meeresströmungen erkundigt habe, mache ich meine eigenen Touren vor der Küste. Kilometer für Kilometer klappere ich die Yardie Creek Road ab und springe immer wieder ins Wasser. Ich schwimme zusammen mit bunten Fischschwärmen und bestaune Korallen. Als ein Mantarochen unter mir hinweggleitet, bekomme ich Herzklopfen. Sosehr ich als Triathlet das Schwimmen auch liebe – die Tiere unter und neben mir hinterlassen einen bleibenden Eindruck. In der Unterwasserwelt bin ich nur ein unbedeutender Gast, ein wehrloser Spielball der Natur.

Ich denke an die Gefahrenkarte von Brian und blicke mich unruhig unter Wasser um, immer in der Erwartung, einer Qualle oder einem Hai zu begegnen. Der Ozean ist stets in Bewegung und die Fernsicht begrenzt. Kurz hebe ich meinen Kopf aus dem Wasser und suche das Ufer. Wie erwartet bin ich ein paar Meter nach Norden abgetrieben. Grund zur Sorge besteht vorerst nicht, da ich mich parallel zur Küste bewege.

Ich habe Respekt vor großen Wasserflächen. Lieber sitze ich auf einer dünnen Felsnadel und lasse die Beine ins Bodenlose baumeln, als weit draußen auf dem offenen Meer zu schwimmen und unter mir den schwarzen Schimmer der Tiefe zu sehen. Ich erinnere mich an die zahlreichen Trainingskilometer in der Heimat. In den Brandenburger Seen habe ich Stürme erlebt, bin Gewittern entkommen und von Schwänen verfolgt worden. Aber all das fühlt sich wie eine Kleinigkeit an im Vergleich zu dem, was man beim Anblick der schier unendlichen Weiten eines der sieben Weltmeere empfindet. Richtung Westen breitet sich der Indische Ozean über Tausende Kilometer aus, ehe das nächste Ufer in Madagaskar wartet. Richtung Norden ist mit Schwimmen auch nicht viel zu holen, irgendwann würde man Indonesien erreichen. Da ist mir der Blick nach Osten schon lieber. In knapp zweihundert Metern Entfernung wartet das sichere Ufer auf mich. Ich habe genug gesehen. Mit kräftigen Flossenschlägen trete ich den Rückweg an. Die Dünung hebt mich auf und ab, neben mir tanzen bunte Fische in Schwärmen. Je flacher das Wasser wird, desto freundlicher werden die Farben unter mir. Schließlich erreiche ich den schneeweißen Strand.

Erschöpft lasse ich mich in den Sand fallen und genieße den Augenblick. Ich sehe den Ozean, höre die Wellen und spüre Salz und Sonne auf meiner Haut. Neben all dem Interesse für fremde Kulturen und dem Wunsch, die eigenen Grenzen zu testen, sind es eben auch diese Momente der genussvollen Freiheit, wegen denen ich die Weltreise unternehme.

Die entspannten Tage im Nordwesten füllen die Energiereserven. Ich fühle mich gut erholt und stark genug, es mit dem Hinterland aufzunehmen. Statt auf direktem Weg zurück nach Perth zu fahren, wähle ich die Route über Nanutarra, Juna Downs und Newman. Der Weg ist wesentlich weiter und führt durch Niemandsland. Aber ich will es darauf ankommen lassen, die Neugier lockt mich nach Osten.

Mit jedem Kilometer, den ich mich von der Küste entferne, werden die Zweifel über die getroffene Entscheidung lauter, und der Blick aus dem Fenster ist einmal mehr beeindruckend unspektakulär. Ich staune, dass sich in dem trockenen Boden überhaupt

Leben festkrallen kann. Die wenigen Büsche und flachen Bäume sorgen für etwas Abwechslung im kargen Einerlei.

Beim Nanutarra Roadhouse fülle ich noch einmal alle Reserven auf. Dann verlasse ich die gut ausgebaute Fernstraße und biege auf die Regionalstraße 136 ab. Das Wetter bereitet mir Kopfzerbrechen, denn der Wind steht ungünstig – er bläst mir lebhaft aus Osten entgegen.

Die nächsten Stunden werden zu einer Nervenprobe. Ich komme kaum vom Fleck, aber die Tanknadel bewegt sich rapide nach links. Immer wieder halte ich an und kalkuliere den Verbrauch. Nach meiner Rechnung müsste es bis zur nächsten Tankstelle reichen. Vorausgesetzt, ich schalte die überaus durstige Klimaanlage ab. Keine leichte Entscheidung, denn bei Temperaturen von 47 Grad Celsius im Schatten sind ein kühler Luftstrom und eine Flasche Wasser meine Lebensversicherung.

»Nimm dich vor der Hitze in Acht. So wie Löschpapier Tinte aufsaugt, so ziehen einem die hohen Temperaturen die Kraft aus dem Körper«, sagte Wayne bei unserer Begegnung. Jetzt verstehe ich, was er meint. Mein ganzer Körper ist klitschnass, und das, obwohl ich nur auf der Stelle sitze und meinen rechten Fuß bewege. Durch das viele Schwitzen verliere ich Energie. Nach etlichen Stunden im Auto habe ich gewaltige Kopfschmerzen. Was würde ich dafür geben, nun jemanden neben mir sitzen zu haben, mit dem ich mich beim Fahren abwechseln und unterhalten könnte. Nicht auszumalen, wenn ich mit dem Wagen liegen bleibe oder mein Körper streikt. Verkehr ist selten und Hilfe fern. Im schlimmsten Fall bliebe mir nur mein GPS-Empfänger, mit dem ich einen Notruf absetzen könnte.

Update 196 vom 17. Dezember (22°58' S, 117°28' O): Biete Wärme im Tausch gegen ein kühles Getränk.

Ungeachtet der Tatsache, dass meine Tankkalkulation aufgeht, nimmt der Tag eine dramatische Wendung: Neunzig Kilometer vor dem Tagesziel Tom Price findet meine Reise ein jähes Ende. Die hohen Temperaturen haben die Pumpanlage der Tankstelle lahmgelegt, die ich angesteuert hatte.

»Die Speicher wurden heute gefüllt und sind randvoll. Aber wenn es zu warm ist, dann wird die Treibstoffförderung gestoppt«, erklärt mir Jane, die Kassendienst hat und mich auf den nächsten Morgen vertröstet.

»Dann sollte es sich ausreichend abgekühlt haben.«

Es ist eine einfache Erklärung mit schwerwiegenden Folgen. Denn mit dem restlichen Benzin würde ich Tom Price nur mit Rückenwind erreichen. Doch auf den Luftstrom zu spekulieren käme einem Russisch Roulette gleich. Nach neun Stunden im Auto sehne ich mich nach einer Dusche oder wenigstens einer Möglichkeit, mich zu erfrischen. Doch daraus wird nichts. Im Gegenteil. Statt im kühlen Nass bade ich im eigenen Schweiß.

Da stehe ich nun, in Paraburdoo. Einem Ort, der als Quartier für Minenarbeiter aus dem Boden gestampft wurde und fast eine reine Schlafstadt ist. Häuser im Containerbaustil reihen sich aneinander, im Minutentakt donnern Allradfahrzeuge über staubige Pisten in Richtung der Eisenerzminen an der Tankstelle vorbei. Es ist keine Gegend, in der man sich besonders wohlfühlen kann.

Es gibt ein einziges Motel im Ort. Aber der Manager lässt sich nicht erweichen, und 350 Dollar für eine Nacht sind nicht drin. Ein irrer Preis für diese Region. Wehmütig beobachte ich, wie ein Minenarbeiter zum Empfang geht, ein Bündel Geld auf den Tisch legt und dann verschwindet. Kurz denke ich darüber nach, meine Notreserve anzuzapfen, aber ich entscheide mich in letzter Sekunde dagegen. Wenig später habe ich die klimatisierte Lobby verlassen, rolle mit Katie einen Kilometer aus der Stadt raus und stehe ratlos in der Gluthitze.

»Was zur Hölle tue ich hier?« Die Frage setzt sich in meinem Kopf fest.

Es ist sieben Uhr am Abend, und das Thermometer zeigt noch immer 41 Grad Celsius an. Ich habe das Gefühl, dass mein Gehirn im Schädel zu kochen beginnt.

Die untergehende Sonne taucht die Wolkenfetzen in blutrotes Licht, Baumstümpfe ragen als schwarze Silhouetten in den Himmel empor. Es ist ein eindrucksvolles Schauspiel, doch genießen kann ich es nicht. Vielmehr schwitze ich wie ein angestochenes Wasserfass und wedele wild mit den Armen umher. Zu allem Überfluss schwirren Hunderte Fliegen um mich herum und zeigen besonderes Interesse an Augen, Mund und Nase. Dieser Tag begann so gut und endet nun so grauenvoll. Auf einer Skala des Leidens von null bis zehn vergebe ich elf Punkte, und es würde mich nicht wundern, wenn ich hier einfach verdampfe. Die Festplatte in meinen Kopf rotiert im Schneckentempo, mit dem Trinken komme ich schon lange nicht mehr hinterher. Kraftlos setze ich mich auf einen Stein und starre in die Ferne. Ich lasse die Fliegen schwirren und die Gedanken kreisen.

Westaustralien lehrt mich Demut. Ganz offensichtlich habe ich die Bedingungen hier unterschätzt. Und das von Anfang an. Als Geograf kann ich Landkarten lesen und Klimadiagramme entschlüsseln. Aber die nackten Zahlen beschreiben nur ansatzweise das, was einen hier erwartet. Die gewaltigen Distanzen, die Abgeschiedenheit und die Hitze machen mürbe und können selbst den stärksten Menschen ausheben. Wohl dem, der eine nette Reisebegleitung, viel Zeit, einen Reservekanister Benzin und einen großen Wasservorrat dabeihat. Von den vier Punkten kann ich nur zwei abhaken ...

Der Abend endet damit, dass ich Katie am Rand eines Sportplatzes parke. Es ist der einzige grüne Fleck weit und breit. Als ich mich mit gemächlichen Bewegungen bettfertig mache, nehme ich unverhofft ein mir sehr bekanntes Geräusch wahr. Es ist das gleichmäßige Flackern eines Rasensprengers. Wasser. Die Erkenntnis schießt mir blitzartig durch den Kopf. Weiter denke ich nicht. In Windeseile entledige ich mich meiner Kleidung und laufe dem Nass entgegen. Es ist eine Dusche der besonderen Art: Ich stehe auf dem Rasen, eine ferne Laterne sorgt für fahles Licht. Alle fünfzehn Sekunden erfasst mich der kräftige Wasserstrahl der sich gleichmäßig drehenden Bewässerungsanlage und spült die Salzkruste von meiner Haut. Lange halte ich es nicht aus, denn das Wasser ist im Vergleich zur Luft eiskalt, und ich beginne zu frieren. »Gibt's doch nicht«, lache ich, als ich, vor Übermüdung und Kälte zitternd, die »Dusche« verlasse. Es ist 23 Uhr, und noch immer zeigt das Thermometer 36 Grad Celsius an.

Meine gute Laune schwindet mit der nachlassenden Duschwirkung. Nach fünf Minuten klebt das frisch angezogene T-Shirt schon wieder auf der Haut, und meine Matratze hat sich in Katie tagsüber derart aufgeheizt, dass ich das Gefühl habe, auf einem heißen Stein zu liegen.

An Schlaf ist kaum zu denken. Ich wälze mich hin und her und verbringe sechs unruhige Stunden auf meinem Feuerbett. Die Erlösung ist groß, als sich am nächsten Morgen die Sonne ankündigt und es zu dämmern beginnt. Punkt fünf Uhr stehe ich an der Zapfsäule und stelle erleichtert fest, dass die Pumpe wieder funktioniert. Ich bin nicht der einzige Kunde. Halb Paraburdoo scheint sich zu Betriebsbeginn hier zu treffen, um den lebensnotwendigen Kraftstoff zu zapfen.

Beim Bezahlen komme ich mit Jack ins Gespräch. Er arbeitet als Elektriker und kümmert sich um die Förderanlagen einer nahe gelegenen Mine.

»Hier geht es um Geld. Um viel Geld«, sagt er und beißt energisch auf einem Kaugummi herum. Rund neunzig Prozent der australischen Eisenerze werden in Westaustralien gefördert, die Pilbara-Region ist ganz vorn dabei. Einige der größten Eisenerzabbaugebiete der Welt befinden sich im Umland. Der Boden wird mit riesigen Maschinen aufgerissen, wie tiefe Wunden klaffen gigantische Löcher im Erdreich. An der Wand hängen Bilder, die das Ausmaß erahnen lassen. Der Anblick ist faszinierend und gruselig zugleich. Noch nie zuvor habe ich einen derartigen Eingriff der Menschen in die Natur gesehen.

Jack erzählt mir von anstrengenden Schichtdiensten und vom Heimweh. »Die Arbeit ist hart, wird aber sehr gut bezahlt«, bemerkt er. Immerhin ist sein Arbeitsplatz sicher, denn man vermutet, dass die Bodenschätze in Pilbara noch für mehrere Jahrzehnte reichen werden. Mit immer besseren Ortungsverfahren und modernen Maschinen wird die Gegend in verstörendem Ausmaß auf den Kopf gestellt.

Mein Beschluss steht fest, ich trete die Flucht an. Statt in vier will ich mich innerhalb von zwei Tagen durch das Hinterland zur Küstenstadt Geraldton durchschlagen. Tausendvierhundert Kilometer liegen vor mir. Eine Zahl, die hartgesottenen Autofahrern zumindest in Deutschland keine Angst machen muss. Allerdings lässt es sich dort auf guten Straßen locker mit 120 km/h reisen. Das Tankstellennetz ist dicht und das Klima mild. Von diesen Bedingungen kann ich hier nur träumen.

Die Route führt mich geradewegs durch den Karijini-Nationalpark. Ich mache einen Abstecher zum Nationalparkcenter und stelle enttäuscht fest, dass dieses einen Tag vorher geschlossen wurde. Sommerpause. Fünfzig Kilometer umsonst gefahren.

Ich erkunde die Gegend auf eigene Faust und ohne Karte, rolle kilometerweit auf Schotterpisten durch die trockene, staubige

Steppe des Hochplateaus. Die sanft geschwungenen und durch Erosion zerfurchten Hänge der Hamersley Range bieten einen angenehmen Kontrast zu den weiten, flachen Gegenden des Umlands. Ich bewege mich auf einem der ältesten Krustenteile unseres Planeten. Und während es außerhalb des Nationalparks der Mensch ist, der die Erde aufreißt, hat hier die Natur das Zepter in der Hand: Windungsreiche Flussläufe schneiden sich ins Gestein ein, stürzen in Schluchten und füllen smaragdgrün schimmernde Wasserlöcher. Manche von ihnen sind ganz klein, andere haben einen Durchmesser von hundert Metern.

Ich steige in die Dales Gorge hinab und bestaune die üppige Flora und Fauna, die hier unten gedeiht. Knorrige Bäume lehnen sich dem Wasser entgegen, Gras wuchert. Eidechsen huschen über die Steine, Vögel zwitschern, Frösche quaken. Die Mineralien Eisen, Kupfer und Asbest sorgen dafür, dass die Felswände in roten und gelben Farben schimmern. Es ist ein zauberhaftes Paradies inmitten einer lebensfeindlichen Region.

Was folgt, ist ein harter Kontrast zum erfrischenden Nationalpark. Ich biege auf den Great Northern Highway und hetze mit 80 km/h nach Süden. Autos kommen mir selten entgegen, und wenn doch, dann sind es meist Road Trains, die vom Industriezentrum Port Hedland in Richtung Perth rollen. Touristen benutzen die Route durch das Hinterland eher selten, und das hat einen Grund: Hier gibt es nichts. Und davon viel. Schier endlose, nahezu unbewohnte Flächen breiten sich in allen Himmelsrichtungen aus. Für Abwechslung sorgen höchstens einige flache Hügelketten, die hin und wieder zu entdecken sind. Gen Osten wird das Land schnell zur Wüste. Dort gibt es keine Straßen mehr, nur Pisten für Allradfahrzeuge führen tief ins Outback hinein.

Trotz Hitze und lähmender Müdigkeit lege ich siebenhundert Kilometer zurück. Es ist weit nach Mitternacht, als ich das Orts-

Die Akazienbäume des Deadvlei sind viele Hundert Jahre alt. Dieser Ort im Herzen der Namib ist anziehend und abschreckend zugleich.

Der finale Anstieg auf die Spitzkoppe (links) führt ohne Seil über glatten Granit. Ähnlich luftig ist die Tour in den Klein-Aus-Bergen (rechts).

»Diese Maschine ist meine zweite Ehefrau«, sagt Jacques. Tausende Flugstunden stehen im Logbuch des ehemaligen Militärpiloten.

Abendstimmung in Namibia. Die untergehende Sonne macht den Kameldornbaum zu einer fotogenen Silhouette.

Der Atlantische Ozean brandet gegen die Sandmassen der Namib. Ein
Gegensatz, der sich am besten aus der Luft erfassen lässt.

An der »Wild Coast«, einer der ärmsten Gegenden Südafrikas (links).
Rethabile (rechts) erzählt mir vom harten Leben in Lesotho.

Immer wieder geht es in Südafrika hoch hinaus. Martin hangelt sich mit
Ausblick auf das Örtchen Hermanus bis auf den Gipfel.

Der Schwerkraft entgegen: Mit einem weiten Sprung überquert Martin eine Spalte hoch über dem »Valley of Desolation« in der Karoo-Region.

Der Sani-Pass ist eine der steilsten Passstraßen der Welt. Besonders die letzten Serpentinen haben es in sich und fordern Mensch und Material.

Bis auf den letzten Tropfen Benzin – ohne die Hilfe der Einheimischen würde es in Südafrika für uns nicht weitergehen.

Westaustralien: Nirgendwo sonst lassen sich auf der Reise derart farben-
frohe Sonnenuntergänge erleben.

Tiefpunkt der Australien-Tour: Bei 41 Grad Celsius am Abend zeigen Dutzende
Fliegen besonderes Interesse an Mund, Augen, Nase und Ohren ...

Da die Pumpanlage der Tankstelle der Hitze zum Opfer fiel, muss ich in
Paraburdoo, einem trostlosen Ort der Minenindustrie, pausieren.

Blau der Himmel, pink das Wasser. Dieser Salzsee, unweit des Kalbarri-Nationalparks, zieht mich so sehr an ...

... dass ich einen Schritt zu weit gehe. Die Konsequenz ist eine ungewollte Schlammpackung für Beine und Schuhe.

Rund 800 Kilometer nördlich von Perth lockt die Shark Bay, UNESCO-Welterbe, mit einer Vielzahl an Farben, Formen und Facetten.

Die Zuytdorp-Klippen (links) stechen aus dem Indischen Ozean heraus. Große Seegrasteppiche (rechts) sind Brutgebiet für 28 Haiarten.

Tasmaniens Südwesten ist schwer zugänglich. Das Kajak bietet eine gute Möglichkeit, die raue Region ausführlich zu erkunden.

Außerhalb der schützenden Port-Davey-Bucht erreicht der Wind oft Sturm-stärke. Selbst an ruhigen Tagen ist der Mensch nur ein Spielball der Natur.

Der Lohn für den Aufstieg zum Mount Stokes (1203 Meter) ist ein spektakulärer Blick auf die wilde tasmanische Landschaft.

Beim Sonnenuntergang, wie hier in der Bramble Cove (links), komme ich mit Expeditionsleiterin Tory (rechts) ins Gespräch.

Begegnung mit einem Guanako in Chile. Im Hintergrund ragen die Felsen des Torres-del-Paine-Nationalparks in den Himmel empor.

Sturm auf 5200 Metern. Die Besteigung eines erloschenen Vulkans im Norden Chiles markiert den höchsten Punkt meiner Weltumrundung.

Auf dem Weg zum Vergara-Pass würden wir gerne mit den Reitern tauschen.

Die Schönheit Chiles zeigt sich in vielen Ecken des Landes (linke Seite).

Überall Sand: Die Radtour vom Pazifik zum Atlantik wird zur Nervenprobe.

Generalinventur nach Tagen auf der Straße. Unser Hotelzimmer gleicht ziemlich schnell einem Schlachtfeld.

Trotz aller Strapazen war die letzte Etappe eine spannende Erfahrung, mit herzlichen Begegnungen und guten Momenten mit Gerald.

schild von Meekatharra passiere. In der Sprache der Aborigines bedeutet Meekatharra »Ort mit wenig Wasser«. Die Siedlung bietet einen ähnlich traurigen Anblick wie Paraburdoo.

Ich parke Katie am Stadtrand auf einem staubigen Weg und versuche zur Ruhe zu kommen.

Unvermittelt werde ich aus dem Halbschlaf gerissen. Das Licht einer Taschenlampe durchdringt den Vorhang. Jemand klopft von außen mit der flachen Hand gegen die Karosserie. *Bum, Bum, Bum.*

»Police, open the door!«

Mir rutscht das Herz in die Hose. Ich bin wieder hellwach, als ich vorsichtig aus dem Fenster spähe, um zu sehen, ob es auch wirklich die Polizei ist, die etwas von mir will. Draußen sehe ich einen Streifenwagen und einen Mann in Uniform. Ich öffne die Tür und blinzle in den Scheinwerfer.

»Habe ich etwas verbrochen«, frage ich zaghaft.

»Nein«, lacht der Inspektor und setzt dann eine ernste Miene auf.

»Aber Ihr Parkplatz ist ungünstig. Wir haben im Ort Probleme mit Kriminalität, und hier würde ich an Ihrer Stelle nicht parken.«

»Wo ist es besser?«, will ich wissen.

Der Polizist runzelt die Stirn.

»Am besten wäre, wenn Sie sich auf den Platz vor dem Polizeirevier stellen. Das ist der sicherste Platz. Folgen Sie mir.« Er steigt ins Auto und fährt davon.

Ich springe schnell auf den Fahrersitz und folge ihm. Vier Kurven und einige Hundert Meter weiter finde ich mich auf der grell beleuchteten Parkfläche der örtlichen Polizei wieder.

»Gute Nacht, schlafen Sie gut«, sagt der Beamte und verschwindet in der Wache.

Ich bleibe draußen zurück und habe das Gefühl, auf einem Fußballplatz bei voller Flutlichtbeleuchtung zu stehen. Wenigstens bin ich hier sicher.

Vor zehn Jahren endete der Bergbauboom in Meekatharra, seitdem steht es schlecht um die Wirtschaft, und viele Einwohner verlassen den Ort. Einem Großteil der siebenhundert Verbliebenen fehlt eine Alternative, ein Ziel, an das sie sich halten könnten. Ob die Fürsorge des Beamten angemessen oder übertrieben war, werde ich wohl nie herausfinden. Glaube ich seinen Aussagen, spielen Alkohol- und Schusswaffenmissbrauch in der Gegend eine traurige Rolle.

Update 211 vom 19. Dezember (26°35' S, 118°29' O): Guten Morgen, ich stehe zwischen abgeschleppten und gepfändeten Autos. Nichts wie weg hier, die Küste ruft!

Der Schlussspurt kann mir nichts mehr anhaben. Mit der nahenden Erlösung vor Augen verfliegen die Stunden, und ungeachtet der Tatsache, dass das Meer noch 542 Kilometer entfernt ist, bilde ich mir ein, es schon riechen zu können. Die Kraft der Gedanken offenbart sich einmal mehr, und die Vorfreude auf einen Sprung in den Ozean lässt mich die Strapazen der vergangenen Tage vergessen.

Was bleibt nach drei Wochen und rund 4500 Kilometern auf der Straße? Die Erkenntnis, dass Westaustralien eine faszinierende, aber auch lebensfeindliche Region ist. Ein Vergleich zu Namibia drängt sich auf. Der Staat in Afrika ist groß, Westaustralien hingegen ist riesig. Ungeachtet dessen, dass die beiden Länder unterschiedlich gut entwickelt sind, haben die Menschen mit ähnlichen Herausforderungen zu kämpfen: Wasser ist ein kostbares Gut, das Leben konzentriert sich vor allem auf die Siedlungen entlang der Küste und auf die Zentren der Nationalparks. Abseits dieser Punkte gibt es kaum Infrastruktur und schier endlose Weiten, in denen sich die Industrie auf die Jagd nach Rohstoffen macht. In Namibia sind es die Diamanten, in Westaustralien das Eisenerz.

Die Einheimischen, die ich abseits der Touristenorte getroffen habe, faszinierten mich mit ihrer hilfsbereiten und entspannten Art. Hektik habe ich nirgends erlebt. Vielmehr spürte ich eine Mischung aus Pragmatismus und Zähigkeit, die es wohl unbedingt braucht, wenn man in diesen Gegenden überleben will.

Auch mich haben die Wochen verändert. Intensive Sonnenstrahlung hat meine Haare gebleicht und meine Haut dunkler werden lassen. Die einsamen Stunden führten dazu, dass ich neue Denkanstöße mitnehme und ruhiger geworden bin. Eine Narbe am linken Schienbein wird mich wohl noch lange an die dünne Salzkruste des pinken Sees erinnern.

Nun ist es Zeit, den Rucksack zu packen und weiter nach Osten zu reisen. Ich bin gespannt, was mich dort erwarten wird. Ganz ähnlich wie im südlichen Afrika, wo die Westküste trockener als die Ostseite ist, sieht es auch in Australien aus. Ich verlasse die kargen Gebiete und nehme Kurs auf Sydney. Dort erwarten mich mehr Menschen und ein gemäßigtes Klima.

Unerwarteter Luxus an Bord des Indian Pacific

Gemächlich ruckelt der Zug in Richtung Osten, auf den verzogenen Gleisen kommt er nur langsam voran. Lautes Quietschen quittiert besonders deformierte Abschnitte.

Ich sitze am Fenster und schaue nach draußen. Der Anblick ist mir bestens vertraut: Umso weiter wir uns von Perth entfernen, umso trockener und lebensfeindlicher wird die Gegend. Ich drifte mit meinen Gedanken von der Gegenwart in die Vergangenheit und sehe mich mit Katie durch diese Einöde rollen. Meist im Kampf mit dem Wind, oft den Kopf voller Gedanken. Dann löse ich meinen Blick von der vorbeiziehenden Szenerie, schaue in mein Abteil und muss breit grinsen. Ich muss mich kneifen, denn ich habe noch nicht ganz realisiert, wo ich hier bin. In der Platinklasse des Indian Pacific. In einer Suite mit zwei ausklappbaren Betten, einer Arbeitsecke und einem Bad mit Dusche. Vor mir auf dem Tisch steht ein mit Sekt gefülltes Glas und perlt vor sich hin. Eigentlich mag ich keinen Schaumwein, aber diese Situation ist so surreal, dass ich den prickelnden Schluck gut gebrauchen kann.

Ein Jahr vor der Abreise entdeckte ich im Regal eines Freundes ein Buch mit dem Titel: »101 Reisen mit der Eisenbahn – Die schönsten Strecken in aller Welt«. Das Cover zierte ein schier endlos langer Zug, der in der Abenddämmerung durch die kargen Weiten einer rot schimmernden Landschaft rollte. Mein Interesse war geweckt, und ich fand heraus, dass es sich dabei um den Indian Pacific handelt. Auf seiner Reise vom Indischen bis zum Pazifischen Ozean durchmisst er den australischen Kontinent und verbindet die Städte Perth und Sydney miteinander.

Umso mehr ich mich mit dem Indian Pacific beschäftigte, desto mehr verliebte ich mich in die Vorstellung, Australien auf diese nostalgische Weise zu durchqueren. Denn im Gegensatz zum vierstündigen Flug bleiben an Bord des Zuges fünfundsechzig Stunden Zeit, um die vorbeiziehende Landschaft zu betrachten und damit ein Gefühl für die Ausmaße des Landes zu bekommen. Drei Nächte an Bord, drei durchquerte Zeitzonen und 4350 zurückgelegte Kilometer waren die Kennzahlen, die sich mir einprägten und meine Sehnsucht weckten.

Ich führte einen Freudentanz auf, als mir die australische Bahngesellschaft Great Southern Railway sechs Monate vor der Abreise per E-Mail mitteilte, dass sie meiner Anfrage zustimmt und mir als Gegenleistung für eine Reportage eine Freifahrt im »Gold Service«, der Ersten Klasse, spendiert. Nie hätte ich an jenem Abend geahnt, dass es noch viel besser kommen sollte.

Bepackt mit meinen beiden Rucksäcken und einer Plastiktüte mit Lebensmitteln in der Hand schlenderte ich in Perth zum Bahnhof und legte beim Check-in meinen Reisepass auf den Tresen. Die Frau prüfte meine Daten.

»Oh, Sie sind Herr Weigel. Herzlich willkommen. Weil Weihnachten ist, hat die Great Southern Rail Ihr Goldticket in ein Platinticket aufgewertet.«

Platinklasse. Ich war baff. Zwar hatte ich zu dem Zeitpunkt keine Ahnung, was genau das zu bedeuten hatte, aber es klang auf jeden Fall verdammt gut. Ehe ich mich's versah, wurde mir ein Glas Sekt in die Hand gedrückt, und ich fand mich in einem gesonderten Wartebereich wieder.

Sosehr ich mich freute, so sehr schlich sich ein unbehagliches Gefühl ein. Denn mit meiner Kleidung passte ich wohl besser auf einen Zeltplatz als in die Lounge der Edelklasse.

Ich trug, was ich auf meiner Reise fast immer trage: ein blaues T-Shirt aus Merinowolle, eine sandfarbene Hose aus Polyester und meine Wüstenstiefel. Die beiden Rucksäcke und der Plastikbeutel verstärkten das Gefühl, nicht der Kleiderordnung zu entsprechen. Wohler war mir erst, als ich das Abteil erreicht hatte.

Ich sitze in meiner Suite und realisiere langsam, wofür Platinklasse steht – für Luxus. Ich muss schlucken, als ich herausfinde, dass das Ticket einen Wert von umgerechnet 2500 Euro hat. Alles ist inklusive, und auf Knopfdruck steht eine persönliche Betreuung in Minutenschnelle vor der Tür. Nach drei Wochen auf der Straße, in denen ich meine Mahlzeiten auf dem Benzinkocher zubereitet habe und auf mich allein gestellt war, könnte der Kontrast kaum größer sein.

Bin ich in einer anderen Welt?

Zu gern würde ich unter den Federmantel eines Vogels schlüpfen und mir diesen stählernen Bandwurm aus der Luft anschauen.

In großen Kreisen ließe ich mich von der Thermik emportragen, um zu beobachten, wie zwei blau-gelbe Lokomotiven die silbernen Wagen hinter sich herziehen. Auf einem schnurgeraden Schienenstrang sähe ich diesen fünfhundert Meter langen Koloss, wie er in Richtung Osten rattert und dabei menschenleere Gebiete durchquert. Die Gleise sind weithin das einzige Zeichen der Zivilisation und eine Achse des Lebens. Denn die wenigen kleinen Orte auf der Strecke könnten ohne den regelmäßigen Zugverkehr nicht existieren. Der Boden ist rot und trocken, die Gegend kaum mit Vegetation bestanden.

Ich ließe mich in einem steilen Sinkflug hinab in die Tiefe gleiten und würde versuchen, durch die verspiegelten Fenster einen Blick in das Innere des Zuges zu erhaschen. Was sind das für Menschen, die da an Bord sind? Was treibt sie dazu, eine teure und vergleichsweise langsame Art der Fortbewegung zu wählen?

Update 208 vom 21. Dezember (31°38' S, 117°10' O): Wache ich oder träume ich? Unerwarteter Luxus an Bord des Indian Pacific versüßt mir meine Reise nach Osten.

Linley ist der Chef an Bord. Der 53-Jährige ist schlank und trägt eine Brille. Seine Bewegungen sind ruhig, seine Worte überlegt. Alles hört auf sein Kommando.

»Zugmanager sein, heißt Verantwortung zu übernehmen und Probleme zu lösen«, erklärt er mir.

»Was macht den Reiz aus, an Bord des Indian Pacific zu arbeiten?«, will ich wissen.

Er muss nicht lange überlegen.

»An meinem Beruf liebe ich die Vielseitigkeit und die Chance, während der Fahrt mit interessanten Menschen ins Gespräch zu kommen. Mein Job ist eine Mischung aus Motivationstraining, Teambildung und Krisenmanagement.«

Linley steht rund um die Uhr auf Abruf, macht die Bordansagen und trifft wichtige Entscheidungen, etwa, ob bei einem medizinischen Notfall ein Arzt geholt werden muss.

Wir sitzen schon eine Weile zusammen, als er langsam lockerer wird und zu plaudern beginnt.

»Jede Fahrt ist anders, es wird nie langweilig. Ich sage dir, wir erleben hier wirklich schräge Dinge.«

»Was denn zum Beispiel?«

»Vor etwa einem Jahr haben Reisende ein Wimmern gehört, das von draußen kam. Ich ließ den Zug stoppen und ging der Sache auf den Grund. Dann fand ich einen Schwarzfahrer, der sich draußen festklammerte und schon völlig unterkühlt war.«

Linley lacht. Aber nur kurz. Dann schlüpft er wieder in die Rolle des seriösen Managers, schlägt seine Beine übereinander und erzählt in gedämpfter Lautstärke weitere Geschichten von Schlafwandlern, Paarungsgeräuschen und Gästen, die bei einem der Stopps die Zeit aus den Augen verlieren und den Zug verpassen.

»Aber das sind alles Ausnahmen. Normalerweise geht es hier ruhig und gesittet zu«, betont Linley am Ende unseres Gesprächs. Ich solle in meiner Reportage bitte keinesfalls den Eindruck erwecken, dass der Indian Pacific ein Zirkus sei. Schließlich kämen die meisten Gäste mit dem Wunsch nach Ruhe und einem exklusiven Erlebnis an Bord.

Linley stellt den Kontakt zum Bordtechniker her. Wenig später finde ich mich in einem Teil des Zuges wieder, der für die anderen Reisenden tabu ist – im Generatorwagen. Drei gewaltige Motoren brummen, die Luft riecht nach Öl, es ist warm, der Boden vibriert.

»Die wurden für Lkw gebaut und kommen aus den USA«, brüllt Jeff und versucht mit seiner Stimme gegen den ohrenbetäubenden Lärm anzukommen.

Lange halten wir es neben diesen durstigen Monstern nicht aus. Wir flüchten zurück in den Gang.

»Diese Motoren sind das Herz des Zuges«, sagt Jeff, der seit siebzehn Jahren für die Great Southern Rail arbeitet. Mit Ausnahme der Lokomotiven fallen alle technischen Belange, von den Bremsen bis zum Toilettenabfluss, in seinen Aufgabenbereich. Genau wie Linley ist er vierundzwanzig Stunden auf Abruf. Gibt es ruhige Momente?

»Die gibt es. Aber vor allem im Sommer und in voll belegten Zügen habe ich viel Arbeit, speziell mit den Klimaanlagen.«

Jeff ist mit seinen einundsechzig Jahren der dienstälteste Bordtechniker des Konzerns. Er arbeitet im Rotationsprinzip auf den drei Fernbahnlinien. Mal Ghan, mal Overland, mal Indian Pacific. Bis zu einer Woche ist er unterwegs, danach hat er zwei bis sechs Tage frei. Schlaucht das auf Dauer?

»Es ist kein alltäglicher Job. Du musst es mögen, im Zug zu arbeiten. Ich liebe es unterwegs zu sein und mag die Herausforderung, interessante Probleme mit einem begrenzten Ersatzteillager zu lösen. Mir wird was fehlen, wenn ich in Rente gehen muss.«

Mit wem ich auf meiner Reise bisher gesprochen habe, die glücklichsten Menschen waren stets diejenigen, die ihre Leidenschaft zum Beruf gemacht hatten. Ganz egal, ob sie als Farmer, Taxifahrer, Friseur oder Techniker an Bord des Indian Pacific arbeiteten. Um so zu leben, braucht man wohl den Mut, auf sich selbst zu hören und seiner persönlichen Idee zu folgen. Und sicherlich auch ein wenig Glück.

Ich sitze an Bord des Indian Pacific, rolle durch die Nullarbor-Ebene, starre auf die Karstwüste vor dem Fenster und ziehe ein Fazit: Westaustralien hat mich daran erinnert, wie wichtig es sein kann, von Zeit zu Zeit die gewohnte Perspektive zu verlassen und seine eigene Situation mit Abstand zu betrachten. Einmal mehr kommen mir die Worte Dschuang Dsis in den Sinn: »Ein Weg bildet sich dadurch, dass er begangen wird.« Doch wer kein Ziel hat, das ihn anzieht, dem geht auch die Energie verloren, sich zu bewegen. Das habe ich in den vergangenen Wochen am eigenen Leib erfahren. Umso mehr genieße ich meinen Aufenthalt an Bord.

Es ist angenehm, sich um nichts kümmern zu müssen. Keine Tankkalkulation, keine Essensplanung, keine Katzenwäsche in lauwarmer Brühe. Bei gedämpfter Musik sitze ich im Salonwagen. Die Fahrgäste tragen ihren feinsten Zwirn, und auch ich habe mein einziges Poloshirt aus dem Rucksack gekramt. Vor mir am Tisch speisen Laura und Ken. Sie trägt eine dicke Schicht Make-up. Riesige Klunker baumeln an ihren Ohren, zwei Goldreifen klappern am rechten Handgelenk. Dazu ziert eine Kette ihren Hals, die bestimmt mehr Wert hat als meine gesamte Ausrüstung. Ihr Gatte ist nicht minder edel gekleidet. Er stellt sich als Softwareunternehmer aus Melbourne vor, der vor einem Jahr – zu seinem 50. Geburtstag – in Rente ging, um das Leben zu genießen. Abgesehen davon, dass wir Nachbarn in der Platinklasse sind, haben wir nicht viele Gemeinsamkeiten. Das Gespräch ist nett, bleibt aber oberflächlich. Ob die beiden sich vorstellen können, dass ich für die Weltumrundung jahrelang fleißig arbeiten musste und dass die Ticketpreise der Platinklasse für die meisten Menschen ein kleines Vermögen sind?

Im Gegensatz zu meinen Tischnachbarn sind mir Loana und Tony auf Anhieb sympathisch. Wir stoßen bei einem Verdauungsspaziergang in den schmalen Gängen zusammen. Den beiden sieht man an, dass sie keine zwanzig mehr sind, ihre Bewegungen sind langsam, und die Haut erzählt Geschichten von einem langen Leben an frischer Luft. Ihre Blicke sind kraftvoll und strahlen eine Wärme aus, die mich berührt und an zu Hause erinnert. Wie es meiner Familie wohl gerade geht?

Wir kommen ins Gespräch, und es stellt sich heraus, dass die beiden bereits zum zwölften Mal mit dem Zug fahren.

»Es ist zu einer schönen Tradition geworden«, sagt mir Loana. Sie ist vierundsiebzig Jahre alt.

»Die Fahrt mit dem Indian Pacific ist auch ein Zeichen unserer Liebe. 1970 gab es die erste durchgehende Zugverbindung von Perth nach Sydney. In jenem Jahr haben wir geheiratet«, fügt Tony hinzu. Dann nimmt er seine Frau in den Arm und gibt ihr einen Kuss auf die Wange.

Vierundvierzig Jahre sind die beiden vermählt. Was ist ihr Geheimnis?

»Ach, weißt du«, meint Loana und hat dabei eine mütterliche Liebe im Blick: »Es gibt dafür keinen Fahrplan, an den man sich halten muss. Es geht um Vertrauen und darum, die gemeinsame Zeit zu würdigen.«

»Zusammen schöne Momente zu erleben, an die man sich in schwierigen Zeiten erinnern kann, ist auch wichtig«, ergänzt der 77-jährige Tony, der trotz Rente arbeiten ging, um seiner Liebsten und sich die Fahrt in der Platinklasse zu ermöglichen.

Ich nehme mir die Worte der beiden zu Herzen, als ich zurück in mein Abteil gehe. Dann ziehe ich meinen Notizblock aus der Hosentasche und halte die Eindrücke des ersten Tages an Bord fest. Draußen ist es mittlerweile dunkel, wir verlassen gerade den Bahnhof der Goldgräberstadt Kalgoorlie. Schon zwölf Stunden sind wir unterwegs, weitere zwei Tage liegen vor uns.

Nach der ersten Nacht auf Schienen erreichen wir Cook. Vor rund hundert Jahren gegründet, war das Städtchen einst ein wichtiger Außenposten für den Bahnbetrieb. Es gab ein Hotel, ein Buschkrankenhaus und Geschäfte. Davon ist heute nicht mehr viel übrig. Ich steige aus dem Zug und stehe am Rande einer Geisterstadt. Autowracks ohne Räder parken vor Blechhütten, der Wind fegt durch die verlassenen Straßen und überzieht die Gegend mit einer feinen Staubschicht. Einige Kraftstofftanks und eine Ausweichstelle für Züge sind das Einzige, was neben vier Menschen noch geblieben ist. Bei Ankunft des Indian Pacific suchen sie das Gespräch mit den Reisenden und verkaufen Andenken. Einmal in der Woche erhalten sie auf diese Weise Ablenkung vom monotonen Alltag.

Viel zu sehen gibt es in der Umgebung nicht. Alle Versuche, Bäume anzupflanzen, schlugen fehl. Die Schienen verlaufen über 478 Kilometer ohne Kurve – es ist die längste gerade Bahnstrecke der Welt.

Während der Zug betankt wird, mache ich mich auf den Weg an die Spitze und suche das Gespräch mit dem Lokführer. Das Cockpit ist übersichtlich, es gibt nur drei Monitore und einige Lämpchen und Hebel. Im Vergleich zum Führerstand der Berliner S-Bahn ist der Anblick überraschend unspektakulär.

»Um diese Züge zu steuern, ist eine spezielle Lizenz notwendig«, erklärt mir Tobj, der sich als »Eisenbahner aus Leidenschaft« bezeichnet und auch Güterzüge fährt.

»Kannst du irgendwas tun, wenn ein Hindernis auf der Strecke auftaucht?«

»Die Züge wiegen bis zu tausend Tonnen, schnell anhalten kann man da nicht. Für eine Vollbremsung brauchen wir mindestens fünfhundert Meter.« Deswegen bliebe bei Tieren oft nur das Signalhorn.

»Wenn das nicht hilft, gilt die Devise: ›Augen zu und durch.‹« Das Cockpit befindet sich gut zweieinhalb Meter über dem Boden. »Du merkst es kaum, es rumst nur ein bisschen.«

Tobj und sein Kollege bekommen vom Leben an Bord nichts mit. Lokomotive und Waggons sind getrennte Systeme, eine Verständigung ist nur über Funk möglich.

»Langweilig wird mir nie. Auch wenn es oft stundenlang geradeaus geht, gibt es stets etwas zu entdecken. Außerdem ist auf den langen Strecken immer ein Kollege dabei, mit dem ich mich unterhalten kann.«

Zum Schluss bietet er mir an, bis zum nächsten Halt im Führerhaus mitzufahren. So verlockend der Vorschlag auch ist, ich lehne ihn dankend ab. Ich könnte die Lokomotive erst in Adelaide wieder verlassen. In den fünfzehn Stunden würde ich nicht nur auf meine luxuriöse Suite verzichten, sondern auch zwei köstliche Mahlzeiten verpassen. Ich bin mir sicher, diese Fahrt ist der Gipfel des Luxus auf meiner Reise, wenn nicht in meinem Leben. Die Chance, in der Platinklasse unterwegs zu sein, ist wohl einmalig und obendrein ein zuckersüßer Kontrast zu meinem gewohnten Reisestandard. Denn ohne die Unterstützung der Great Southern Rail würde ich mich am anderen Ende des Zuges, in der Red-Kangaroo-Klasse aufhalten. Dort gibt es keine Suiten, sondern Ruhesessel. Statt Drei-Gänge-Menüs bietet ein kleines Bordcafé Fertiggerichte, die nicht im Ticketpreis enthalten sind.

So lang der Zug ist, so unterschiedlich sind auch die Menschen an Bord. Vom Backpacker bis zum Multimillionär, vom Bahn-Fan bis zu Menschen mit panischer Flugangst reicht die Palette. Mich beeindruckt die durchweg gute Stimmung auf der Reise nach Osten. Die Gäste sind entspannt, das Personal ist motiviert und trägt immer ein Lächeln auf den Lippen. Ganz egal, ob es sich dabei um den Zugmanager, Bordtechniker, Zugführer oder den Koch handelt, der in einer winzigen Küche Delikatessen zubereitet.

Weihnachten im Hochsommer

Weihnachten im Hochsommer ist wie Skifahren auf Sand. Es ist möglich, fühlt sich aber komisch an. Jedenfalls, wenn man so wie ich einen Großteil seines Lebens auf der Nordhalbkugel verbracht hat und die dortigen Gebräuche gewohnt ist.

Sechzehntausend Kilometer trennen mich von meiner Familie und den vertrauten Traditionen. Statt unter einem geschmückten Tannenbaum sitze ich am Strand. Statt Schnee zu schieben, klopfe ich Sand aus meinen Socken und bestaune die neue Umgebung. Sydney: quirlige Hafenstadt in New South Wales. Handels- und Finanzzentrum des fünften Kontinents. Wolkenkratzer mit Glasfassaden, Häuserschluchten, prächtige Kolonialbauten und weltbekannte Sehenswürdigkeiten, so weit das Auge reicht. Knapp fünf Millionen Menschen leben hier und genießen die Vorzüge des gemäßigten Klimas und des reichhaltigen Kulturangebots.

Nach den Wochen im Westen bin ich vom Trubel dieser kosmopolitischen Metropole überwältigt. Ich fühle mich wie ein kleiner Junge vom Dorf, der zum ersten Mal in eine Großstadt kommt. Es ist laut und bunt. Überall sind Menschen, beim Überqueren der Straße ist Vorsicht geboten. Ich stoße mitten in eine südlich-sommerliche Partystimmung hinein, die mich so gar nicht an die Weihnachtszeit zu Hause erinnert.

Für zwanzig Minuten fliehe ich aus dieser neuen Welt – und bewege mich mit Höchstgeschwindigkeit durch diverse unterirdische Glasfaserkabel direkt bis nach Berlin. Meine gesamte Familie sitzt daheim vor dem Computer und winkt in die Kamera. Von einer auf die andere Sekunde tauche ich in eine Umgebung ein, die ungewohnt gewohnt ist. Von Bildschirm zu Bildschirm schauen wir uns in die Augen und wünschen uns frohe Weihnachten. Mein kleiner Cousin tobt mit viel Tempo durch das Wohnzimmer, meine 92-jährige Oma staunt über die moderne Technik, und meine Mutter wünscht mir eine sichere Weiterreise. Ich hole den letzten verbliebenen Dominostein hervor und lasse ihn mir schmecken. Den Gesichtern meiner Familie kann ich entnehmen, dass niemand damit gerechnet hat, dass es dieses Gebäck in meinem Rucksack bis nach Australien schafft. Mir eilt der Ruf voraus, dass Schokolade in meiner Gegenwart nicht lange überlebt...

Die letzten Tage des alten Jahres lasse ich gemütlich angehen. Von Balmain bis Bondi Beach, von Mascot bis Mosman erkunde ich die Stadt, die mich mit ihrem Charme schnell für sich gewinnt.

Update 235 vom 1. Januar (33° 50' S, 151° 12' O): Viele Grüße aus der Zukunft! Während ihr noch Kaffee trinkt, bin ich schon im neuen Jahr.

Ich weiß nicht, wie viele Tonnen Pyrotechnik die Australier hier in die Luft jagen, aber es müssen etliche sein. Unter lautem Getöse pfeifen die Geschosse in die Höhe und zerplatzen dann in farbenfrohen Blumen. Immer neue und immer größere Muster werden in den Nachthimmel gezaubert, die Harbour Bridge ist festlich erleuchtet, im Hintergrund erkenne ich das Sydney Opera House. Schließlich rumst es laut, und ein besonders großer Feuerball steigt empor. Hoch über der Stadt explodiert er, und es scheint, als würden Tausende goldene Sterne zur Erde fallen. Die Menge tobt. Wenn das ein Omen für 2015 ist, dann muss es ein fantastisches Jahr werden.

»Xīnnián hǎo, frohes neues Jahr«, sagt mir die kleine Frau, lächelt breit und verbeugt sich.

Ich verneige mich und kann gar nicht oft genug betonen, wie dankbar ich ihr bin.

Sie hatte mich zwei Tage vor Silvester einfach auf der Straße angesprochen, als ich gerade damit beschäftigt war, die Saint Mary's Cathedral zu fotografieren. Sie lud mich für die Neujahrsnacht zu sich nach Hause ein. Nicht irgendwohin, sondern in ihre Wohnung im Blues Point Tower – mit direktem Blick auf die Harbour Bridge und das Opera House.

»Bei mir kannst du gute Fotos machen«, sagte sie mir damals.

Meine Sorge, auf einer Swingerparty zu landen, erwies sich als unbegründet. Die Frau, deren chinesischen Namen ich leider nicht in meinen Kopf bekam, ist einfach nur gastfreundlich. Zusammen mit ihrer Familie und zehn wildfremden Menschen feierte sie in ihrer Luxussuite das Jahresende. Die Tische brachen fast unter der Last von den Speisen zusammen, und einmal mehr musste ich mich kneifen, um mich der Realität zu versichern.

»Wenn man anderen eine Freude macht, dann hat man auch selbst ein erfreuliches Leben«, war die einfache Erklärung für ihr nobles Verhalten. Ich hatte in Australien schon viele aufgeschlossene und hilfsbereite Menschen getroffen. Aber diese Aktion setzt dem Ganzen die Krone auf.

Um ein Haar wäre es nicht zu diesem denkwürdigen Abend auf dem Blues Point Tower gekommen. Ich wollte Sydney bereits vor Silvester verlassen, um den Menschenmassen und den enormen Kosten in der Stadt aus dem Weg zu gehen.

Ein Zufall änderte meine Planung, denn auf der Fähre von Bondi Beach ins Stadtzentrum begegnete ich Chrissi. Ihr Akzent ließ vermuten, dass sie Deutsche sein musste, und ich sprach sie an.

»Ich komme aus Stuttgart und arbeite hier als Au-pair«, bestätigte sie meinen Verdacht.

Wir unterhielten uns gut, und am Ende der Fährfahrt lud sie mich zu sich ein: »Meine Gasteltern sind nicht da, und ich hüte das ganze Haus. Du kannst gern ein paar Tage bleiben.«

Ich musste nicht lange überlegen, denn Chrissi war nett und der Zeitpunkt kam mir sehr gelegen. Ich spürte, dass es an der Zeit war, eine kleine Pause einzulegen.

In den ersten Monaten der Tour war ich durchschnittlich nur 1,6 Nächte an einem Ort geblieben. In diesem ständigen Unterwegssein liegt eine der Herausforderungen, die eine Weltumrundung mit sich bringt. Das Reisen ist die permanente Wiederholung von fünf Schritten: ankommen, entdecken, da sein, losfahren, loslassen. Physisch gesehen ist das nicht weiter schwer, aber die Psyche hängt in diesem Prozess oft einen Schritt hinterher, weil sie bei der Ankunft an einem neuen Ort noch damit beschäftigt ist, die vergangenen Erlebnisse zu verarbeiten. Umso mehr Eindrücke in kurzer Zeit gesammelt werden, umso deutlicher wird der Effekt. Ich war erschöpft. Die Woche Auszeit in

Sydney würde mir guttun und mir helfen, Körper und Geist wieder zu »synchronisieren«.

Und so kommt es dann auch. Als ich mich von Chrissi verabschiede, fühle ich mich erfrischt für den nächsten Abschnitt meiner Tour. Ich mache mich auf den Weg nach Tasmanien – nach Wochen des passiven Reisens sollen endlich wieder meine Muskeln gefordert werden.

Abenteuer Ostküste, mit dem Fahrrad auf Tasmanien

Zwei Flugstunden südlich der Millionenmetropole Sydney erwartet mich eine andere Welt. Ich lande in Hobart, der Hauptstadt Tasmaniens. Gerade einmal 200 000 Menschen wohnen in der größten Stadt der Insel. Begrenzt von den Hängen des Mount Wellington auf der einen und dem Fluss auf der anderen Seite ist das Stadtzentrum an keiner Stelle weit vom Wasser entfernt. Moderne Büros und Geschäftshäuser säumen ein überschaubares Raster gerader Straßenzüge um den Hafen. Dutzende gut erhaltener Bauten wie Parlament, Theater und Museen erinnern an die Gründung im frühen 19. Jahrhundert. Docks und alte Lagerhäuser sind liebevoll restauriert. Charmante Wohnviertel überziehen die überraschend steilen Hügel rundum.

In der Nacht nach meiner Ankunft verwandelt sich das freundliche Gesicht jedoch in eine hässliche Fratze, und von der Idylle ist nur ein tristes Grau geblieben. In dicken Tropfen prasselt Regen auf das Dach und beendet meinen Schlaf. So habe ich mir das nicht vorgestellt. Für meine ersten Meter auf dem Fahrrad seit dem Mountainbiketrip in den namibischen Klein-Aus-Bergen hoffte ich auf Sonnenschein. Aber diese Vision löst sich nun schneller in Wohlgefallen auf, als ein Reifen Luft verlieren kann.

Petrus testet mich mit Gegenwind und Starkregen. Dazu geht es ständig auf und ab, knackigen Anstiegen folgen rauschende Abfahrten.

Die erste Etappe auf tasmanischem Boden gibt mir eine vage Vorstellung davon, was mich in den kommenden zehn Tagen erwarten wird: unbeständiges Wetter und grandiose Landschaften. Auf dem Weg von Hobart nach Launceston will ich an der Ostküste der Insel entlangradeln und dabei immer wieder kleine Abstecher machen. Der erste führt mich nun auf die Tasman-Halbinsel etwa fünfundsiebzig Kilometer weiter südöstlich.

Update 264 vom 10. Januar (43° 11' S, 147° 50' O): 16 527. Gemeint ist keine Postleitzahl, sondern die Entfernung in Kilometern nach Berlin. Das ist der Spitzenwert im Rahmen der Weltreise, weiter werde ich mich von der Heimat nicht entfernen.

Ich sitze hier, auf einer Klippe am anderen Ende der Welt, und blicke in die Tiefe. Dort nagt der Ozean seit Jahrtausenden am Gestein. Das Meer ist unnachgiebig, der Stein ist hart. Schroffe Kanten und Höhlen sind entstanden, die Felsen ragen steil in die Höhe. Kein Mensch ist weit und breit zu sehen, und nur der Klang des Wassers, das immer wieder an die Steine schlägt, ist zu hören.

Während sich die meisten Touristen auf die ehemalige Sträflingskolonie Port Arthur konzentrieren, zieht es mich an die wilde Küste. Nach dem regnerischen Auftakt zeigt sich das Wetter versöhnlich. Nur eine dünne Schicht aus Schleierwolken dämpft die Sonne, dazu ist es nahezu windstill. Es ist ein friedlicher Rahmen für eine dramatische Szenerie. Genau richtig für einen so besonderen Tag, wie es der heutige ist.

Neunzig Tage bin ich bereits unterwegs – es ist das Bergfest meiner Reise. Rund 50 000 Kilometer habe ich bisher zurückgelegt, 44 Blogeinträge und 242 Bilder veröffentlicht. Seit den ersten Planungstagen im Herbst 2013 ist nichts von meiner Motivation verloren gegangen. Mich treibt nach wie vor die Neugier voran, mehr über unseren Planeten und mich selbst zu erfahren. Ich denke viel darüber nach, was ich mit meinem Leben machen will. Glaube ich der Statistik, bleiben mir noch zweiundfünfzig Jahre auf der Erde. Ich könnte mir nach der Rückkehr einen Bürojob suchen und auf die Rente hinarbeiten. Aber ist es das, was ich wirklich will?

Ich denke, es gibt neben der Gesundheit zwei harte Währungen im Leben – Zeit und Geld. Wer viel Geld hat, der hat oft wenig Zeit, und umgekehrt. Immer stärker habe ich das Gefühl, dass eine Balance der beiden Bereiche eine Lebensaufgabe ist. Ich habe zwar noch keine konkrete Idee, wie ich diese Aufgabe lösen soll, aber der Traum eines selbstbestimmten und erfüllten Daseins ist nach den drei Reisemonaten tiefer denn je in mir verwurzelt.

Die raue Schönheit Tasmaniens offenbart sich auch im Hinterland und zeigt wenig Erbarmen mit müden Radfahrern. Das Unheil hat einen Namen. »Wilengta Forest Drive« heißt die Schotterstraße, welche die Siedlungen Copping und Orford miteinander verbindet. Über vierzig Kilometer windet sie sich durch die bergige Gegend, es ist die einzige Schneise durch einen zweihundert Jahre alten Wald. Teilweise sind die Anstiege so steil, dass mein Vorderrad kurz davor ist, sich vom Boden zu lösen. Die Wipfel der riesigen Bäume wiegen seicht im Wind, als wollten sie ihre Köpfe schütteln und ihr Unverständnis darüber ausdrücken, dass ich mir das hier antue. Dabei ist die Erklärung ganz einfach. Die Radtour ist für mich eine gute Möglichkeit, Tasmanien zu erkunden, und gilt gleichzeitig als Trainingslager. Denn in zwei Monaten wartet die Schlussetappe der Weltumrundung – eine Querung Südamerikas mit dem Fahrrad. Bis dahin sollte ich in Form sein ...

Ich habe es mächtig eilig, denn die dunklen Wolken am Himmel verheißen nichts Gutes. Plötzlich gibt es einen lauten Knall, und ich fliege durch die Luft. Der Bruchteil einer Sekunde ist lang genug, um zu realisieren, dass ich die Kontrolle über das Rad verloren habe. Der Aufprall ist hart, dann rutsche ich zwei Meter über den Schotter und bleibe schließlich liegen.

»Scheiße«, fluche ich und versuche vorsichtig, die Gelenke zu bewegen. Zumindest gebrochen habe ich mir wohl nichts, wobei im Moment das Adrenalin noch die Schmerzen unterdrückt. Auf den zweiten Blick ist das Resultat verheerend. Die Satteltaschen liegen irgendwo im Wald, der Lenker ist verbogen, große Schürfwunden klaffen am linken Unterarm und dem linken Knie. Am Ende einer holprigen Abfahrt hatte ich mich kurz umgedreht, um zu sehen, ob mein Gepäck noch da ist. Dabei muss ich mit dem Vorderrad über einen spitzen Stein gefahren und zur Seite gerutscht sein.

Zu allem Überfluss fallen die ersten Regentropfen. So schnell es geht, sammele ich meine Sachen zusammen und suche unter einem Baum Zuflucht.

Mein Unterarm sieht übel aus. Die kleinen Schottersteine haben sich unter die Haut gebohrt, und die rote Suppe tropft zu Boden. Ich fummle die Verschlüsse der Satteltaschen auf, greife nach meinem Notfallkit und ziehe mir die Einweghandschuhe über die Hände. Dann spüle ich die Wunde mit Wasser aus und reinige sie mit Kernseife. Es folgen Desinfektion und Verband. Nachdem ich meinen Arm versorgt habe, kümmere ich mich um das Knie, dann erst flicke ich mein Fahrrad zusammen. Der Regen ist mittlerweile stärker geworden, und allmählich spüre ich auch den Schmerz.

Ich habe mir einen denkbar ungünstigen Ort für meinen Unfall ausgesucht, denn der Wilengta Forest Drive wird selten befahren. Ob ich will oder nicht, es muss irgendwie weitergehen. Abholen wird mich hier niemand.

Der Schreck sitzt mir in den Knochen, als ich mit unrunden Bewegungen versuche weiterzufahren. Ich realisiere, dass ich verdammtes Glück hatte. Dafür, dass es ein Sturz bei 40 km/h war, bin ich glimpflich davongekommen. Ohne Weiteres hätte ich auf den Kopf fallen oder mir ein paar Knochen brechen können. Dann hätten mir der Helm und das GPS-Gerät nur bedingt weitergeholfen. Sosehr ich das Alleinreisen mittlerweile genieße – es birgt auch Gefahren.

Verliebt in eine Insel

Tasmanien, dieser grüne Smaragd Australiens, zieht mich in seinen Bann. Die Insel hat kaum die Größe von Bayern, ist aber voll von wilder Schönheit. Mutter Erde zeigt hier, was sie zu bieten hat. Malerische Strände, unberührtes Bergland, große Wälder und viele Seen geben dem Eiland seinen rauen Charme. Erst vor rund 10 000 Jahren, mit dem Ende der letzten Eiszeit, verschwand als Folge des ansteigenden Meeresspiegels die letzte Landverbindung zum australischen Festland. Begünstigt durch die isolierte Lage überdauerten auf Tasmanien Pflanzen und Tiere, die anderswo längst ausgestorben sind.

Selten habe ich auf wenigen Kilometern derartige Kontraste gesehen. Egal, wie groß die Strapazen sind, die Landschaft macht vieles vergessen. Ich bin auf dem besten Weg, mich in diese Insel zu verlieben, und dafür gibt es noch einen weiteren Grund – die Menschen.

Die Bewohner Tasmaniens berühren mich mit ihrer herzlichen Art. Es geht hier ruhiger zu als auf dem Festland.

»Tasmanien war so lange vom Rest der Welt abgeschnitten, dass es noch heute in der Vergangenheit lebt«, meint Anne.

Die 62-Jährige wohnt mit ihrem Mann Ray in Derby, einem verträumten Ort im Nordosten der Insel. Ringarooma und Cascade River treffen hier zusammen und schneiden sich mit vereinter Kraft in die Landschaft ein. Sie haben ein Tal geformt, an dessen seichte Hänge sich Häuser schmiegen und dem dichten Wald ein Stück Fläche abtrotzen.

Hundertfünfzig Menschen leben hier, Anne und Ray gehören seit zehn Jahren dazu. Sie sind ursprünglich aus New South Wales gekommen und haben sich eine alte Kirche zum Wohnen ausgebaut. Das schmucke Gebäude und der liebevoll gestaltete Garten mit seinen großen Hortensien und zahlreichen Rosen fiel mir beim Vorbeifahren sofort auf. Ich hielt an und folgte einem schmalen Rasenpfad, der sich durch dieses Paradies hinauf auf einen Hügel windet. Nach siebzig bergigen Kilometern im Sattel war die Pause eine willkommene Gelegenheit, der geschundenen Muskulatur Ruhe zu geben.

Wieder einmal waren es dann bedrohlich tief schwebende Regenwolken, die mich zum Aufbruch drängten. Diesmal sollte es aber anders kommen: Als ich gerade aufsteigen wollte, rollten Anne und Ray mit ihrem Pick-up auf das Gelände. Sie blickten erst zu mir, dann in den dunklen Himmel – und schienen Mitleid zu bekommen. Bevor die Wassermassen auf uns herabstürzten, boten sie mir an, den Schauer in ihrem Haus abzuwarten. Die Einladung nahm ich gern an.

Nun sitze ich zwischen Katzen, Büchern und gehäkelten Deckchen und schlürfe eine Tasse Tee. Draußen tobt ein Unwetter, Starkregen und Sturmböen verwandeln die Welt vor dem Fenster in eine Waschküche. So schnell kann es gehen. Eben schien noch die Sonne, jetzt droht der Weltuntergang. Willkommen auf Tasmanien.

Aus dem geplanten Fünf-Minuten-Stopp wird ein langer Abend vor dem Kamin. Anne und Ray sind herzliche Gastgeber und haben einiges zu erzählen.

»Auf Tasmanien ist alles etwas langsamer, und die Menschen haben ein anderes Zeitgefühl«, berichtet Anne und lacht. Manchmal sei das anstrengend, etwa dann, wenn man auf einen Handwerker warte.

»Aber wenn man sich einmal an den Rhythmus gewöhnt hat, dann will man hier nicht mehr weg. Das Leben in New South Wales war einfacher, hier ist es lebenswerter. Wir bereuen keine Sekunde, dass wir hergekommen sind«, schaltet sich Ray ein.

»Ihr habt euch hier ein Paradies geschaffen. Könnt ihr euch vorstellen, noch einmal wegzuziehen?«

Anne und Ray schauen sich an, dann greift er ihre Hand.

»Weißt du, Torsten, vor einigen Jahren hatte ich einen schweren Unfall auf der Arbeit. Seitdem ist mein Rücken kaputt, und wir haben gesehen, wie schnell sich von einem Tag auf den anderen alles ändern kann. Jetzt fühlen wir uns hier wohl. Aber was in zehn Jahren ist, wissen wir nicht. Es ist auch müßig darüber nachzudenken, am Ende kommt ja doch alles anders.«

Was resignierend klingt, entpuppt sich als Ausdruck höchster Wertschätzung der Gegenwart. Anne und Ray leben vor, wie wichtig es ist, den Moment zu genießen und nicht alle Hoffnungen in die ferne Zukunft zu projizieren.

Kilometer für Kilometer arbeite ich mich nach Norden, das Wort »flach« habe ich längst aus meinem Wortschatz gestrichen. Zu meiner Erleichterung haben sich Muskeln und Pobacken mittlerweile an die Belastung gewöhnt. Mit jedem Tag läuft es besser, und auch die Sturzwunden machen kaum noch Probleme. Mit dem Wetter kann ich mich indes nur schwer anfreunden, mehrfach erlebe ich mehrere Jahreszeiten an einem Tag. Je nach Witterung schlage ich abends mein Zelt auf oder versuche, eine Unterkunft zu finden. Das ist gar nicht so einfach, denn während der australischen Sommerferien sind erschwingliche Herbergen Mangelware.

Nach 574 Kilometern, 30 Stunden im Sattel und 8417 absolvierten Aufwärtshöhenmetern erreiche ich Launceston. Die zweitgrößte Stadt der Insel ist der Endpunkt meiner Radtour. In den zehn Tagen im Sattel ist mein Gesicht etwas schmaler geworden, meine Oberschenkel haben hingegen an Umfang zugenommen.

Tasmanien mit dem Fahrrad zu erkunden ist eine schöne, aber auch anspruchsvolle Reisetätigkeit. Nur eine Handvoll anderer Radler habe ich unterwegs getroffen.

»Die Radindustrie steckt hier noch in den Kinderschuhen«, bestätigt Tim.

Der gertenschlanke Mittfünfziger mit seiner braunen und wettergegerbten Haut ist leidenschaftlicher Radfahrer und baut seine eigenen Tourenräder, die er seit Oktober 2014 verleiht. Damit ist er einer der Ersten auf der Insel. »LongHaul Tasmania« nennt sich sein Einmannunternehmen.

»Das Geschäft läuft gut an, das Interesse seitens der Radfahrer ist da.«

Menschen wie Tim sorgen dafür, dass sich der Radtourismus langsam entfalten kann. Es scheint, als würde die Insel allmählich aus dem Dornröschenschlaf erwachen.

»In den kommenden Jahren wird sich hier viel tun, da bin ich mir ganz sicher«, prophezeit Tim zum Abschied.

Dann lädt er meinen treuen Begleiter in seinen Transporter und rollt hupend davon. Er wird das Fahrrad bis zum nächsten Einsatz im heimischen Schuppen parken, denn noch managt Tim sein Geschäft von zu Hause aus. Wenn die Nachfrage weiterhin steigt, könnte sich das schon bald ändern.

Launceston war eine der ersten europäischen Siedlungen Australiens und hat sein ursprüngliches Flair in Form von Parkanlagen und gut erhaltenen viktorianischen Gebäuden bewahrt. Selbst hier, inmitten einer friedlichen Gegend mit sanften Hügellandschaften, zeigt sich die wilde Seele Tasmaniens. Eine bizarre Felsschlucht, die Cataract Gorge, zerteilt das Gestein. Die bis zu neunzehn Meter tiefen Wasserlöcher sind ein beliebtes Ziel für Badefreunde und ein Verweis auf die komplexe Geologie der Insel.

Nach Tagen auf der Straße ist Launceston ein Ort, um die Energiereserven aufzufüllen. Das nette Städtchen verzaubert mich mit seinem Charme, und ich fühle mich auf Anhieb pudelwohl. Aber bei aller Schönheit komme ich nicht richtig zur Ruhe, denn ich spüre, dass es auf dieser Insel noch so viel mehr zu entdecken gibt. Nach zwei Tagen packe ich meinen Rucksack und setze meine Reise fort. Es ist die Neugier, die mich weitertreibt.

Unberührt und abgelegen

Mit dem Seekajak durch Tasmaniens Wildnis

Ich sitze auf einem Pier im Hafen von Hobart und lasse mir den straffen Seewind um die Nase wehen. Die Wellen sind kurz und spitz, Schaumkämme tanzen auf ihrem Rücken. Im Hafen schaukeln kleine Segelboote, kreischend kämpfen sich Möwen durch die Luft.

Die Wolken hängen tief, doch in den kurzen Lichtblicken glitzert die Sonne im Fluss Derwent, der hier so breit ist, dass er fast wie das Meer wirkt. Dabei mündet der gewaltige Wasserlauf erst in rund zehn Kilometer Entfernung in den Ozean.

Neben mir sitzt einer, der weiß, wie es sich auf der Hochsee anfühlt. Justin ist sechsundzwanzig, braun gebrannt, groß gewachsen und durchtrainiert. Er könnte eigentlich als Model arbeiten, hat sich aber stattdessen einem Ökologiestudium und der Segelei verschrieben.

»Die Bedingungen können da draußen verdammt hart sein«, sagt er mir und schaut mit zusammengekniffenen Augen auf den Fluss.

Justin hat vor gut zwei Wochen an der Wettfahrt von Sydney nach Hobart teilgenommen, die als eine der schwierigsten Hochseeregatten der Welt gilt. Über 1200 Kilometer segeln die Teilnehmer an der Südostküste Australiens entlang, überqueren dann die für tückische Winde und Strömungen berüchtigte Bass Strait, um schließlich unter großem Jubel in den Derwent River einzubiegen. Zahlreiche Geschichten ranken sich um das Rennen. Trotz moderner Technik ist die Regatta in den siebzig Jahren ihrer Ausrichtung eine Herausforderung für Mensch und Material geblieben, die Segler werden als Helden gefeiert.

»Mein Vater hat dieses Rennen fünfmal bestritten, und für mich war es ein absoluter Lebenstraum, in seine Fußstapfen zu treten«, bemerkt Justin, der mit seinem Boot *Guilty Pleasures VI* drei Tage auf dem stürmischen Meer unterwegs war.

»Die See war rau. In der ersten Nacht haben uns Windböen von fünfzig Knoten, 93 km/h, erwischt, und wir hatten großes Glück, dass es bei den Böen geblieben ist und wir nicht in den Sturm hineingeraten sind. Er hat uns nur gestreift, und schon das war eindrucksvoll. Die Wellen waren vier Meter hoch, und es war kalt. Kälte und Müdigkeit sind Dinge, die da draußen keinesfalls unterschätzt werden dürfen. Eine erfahrene Crew ist bei diesem Rennen deine Lebensversicherung.«

Wir sitzen nebeneinander auf dem Pier, knabbern Nüsse und schnipsen die Schalen in die aufgewühlten Fluten. Ich will von Justin wissen, wie es sich anfühlt, auf dem offenen Meer unterwegs zu sein. Wohl wissend, dass einen nur eine dünne Kunststoffschicht von den Wassermassen trennt.

Justin lacht. »Man merkt, dass du kein Segler bist. Dir fehlt das Vertrauen ins Material, sonst würdest du diese Frage nicht stellen. Für mich ist es ein Gefühl von absoluter Freiheit, auf dem Ozean unterwegs zu sein. Beim Segeln spürst du direkt die Kraft der Natur. Der Wind ist gleichermaßen dein Freund und Feind, er kann dich voranbringen oder in die Enge treiben.«

»Zugegeben, ich hätte schon Schiss, bei Sturm da draußen zu sein. Mir behagt die Vorstellung nicht, dass da nichts als Wasser um einen herum ist.«

»Aber wenn du in einem abgelegenen Gebirge unterwegs bist und etwas schiefgeht, kann dir doch auch niemand helfen. Wo ist für dich der Unterschied?«

Justin hat recht. Da ist es wieder, das Thema der »extremen« Erlebnisse. Während mein Gesprächspartner am Meer aufgewachsen ist und bereits in seiner Kindheit etliche Stunden auf dem Segelboot verbracht hat, kann ich meine Hochseeerfahrungen an einer Hand abzählen. Für mich wäre es extrem, wenn nicht gar lebensgefährlich, von Sydney nach Hobart zu segeln. Für Justin ist es hingegen »nur« eine große Herausforderung. Es sind die Perspektive und der Fundus an persönlichen Erfahrungen, die unsere Sichtweisen unterscheiden.

»Du hast von deiner Radtour entlang der Ostküste erzählt, was hast du auf Tasmanien noch vor?«, will Justin schließlich wissen.

»Morgen fliege ich in den Südwestnationalpark und erkunde die Region in einem Seekajak.«

»Cool, das wird bestimmt spannend. Der Südwesten soll abenteuerlich sein, da würde ich auch gern mal hinsegeln.«

»Ich habe auch viel Spannendes gelesen und bin schon sehr neugierig. Von mir aus kann es sofort losgehen! Wie sieht dein Plan aus?«

»Nach der Regatta habe ich zwei Wochen Urlaub mit meiner Freundin auf ›Tassie‹ gemacht, sie ist gestern zurück nach Townsville geflogen. Übermorgen segle ich dann mit guten Freunden nach Melbourne. Wir wollen ein Schönwetterfenster nutzen. Es könnte hier unten eines der letzten in diesem Spätsommer sein. Bald beginnt die stürmische Saison.«

Sturm. Dieses Wort gehört zu Tasmanien wie ein Segel zum Segelboot. Die Insel befindet sich als eine der wenigen bewohnten Regionen unseres Planeten im Bereich der Westwinddrift. Starke Luftströme aus westlicher Richtung wehen das ganze Jahr, die Folge sind unberechenbares Wetter und hoher Seegang. Als »Roaring Forties«, brüllende Vierziger, sind die Winde bekannt, weil sie zwischen dem vierzigsten und fünfzigsten Breitengrad auftreten und oft Sturmstärke erreichen.

Roaring Forties, so nennt sich auch der Anbieter für Seekajaktouren, mit dem ich morgen in den wilden Südwesten fliege. Es ist die einzige Agentur, die es sich traut, geführte Kajaktrips in diese Gegend zu unternehmen. Die harschen äußeren Umstände, die Abgeschiedenheit, verbunden mit der komplexen Logistik, erschweren die Organisation. In einem Gebiet, das zweieinhalbmal so groß wie das Saarland ist, gibt es keine Straße. Die Anreise erfolgt aus der Luft oder in einem Dreitagesmarsch zu Fuß. Aufgrund dieser Bedingungen müssen die Touren den Titel »Expedition« führen, denn die Umstände und genauen Abläufe lassen sich im Vorfeld nicht planen.

Der scharfe Wind führt schließlich dazu, dass wir unser Gespräch beenden. Wir tauschen E-Mail-Adressen aus und wünschen uns alles Gute. Justin verschwindet daraufhin auf seinem Boot, mich zieht es zurück in die Unterkunft. Mir bleibt ein Abend, um zu packen: Fleecepullover, Sweatshirt, Regenjacke, Regenhose, drei T-Shirts, drei Unterhosen, zwei Paar Socken, Handschuhe, Mütze, Halstuch und eine schnell trocknende Ersatzhose wandern in meinen Seesack. Dazu kommen Stirnlampe, Kamera, Notizblock, Landkarten, Reiseapotheke, ein MP3-Player und der Satellitenempfänger. Für eine gute Woche in der Wildnis mag das wenig erscheinen, aber die Erfahrung zeigt, dass ich in der Natur nicht viel brauche. Tagsüber ziehe ich ohnehin immer das Gleiche an, »heilig« sind mir Wechselsachen, mit denen ich abends in den Schlafsack krieche.

Zufrieden begutachte ich mein Werk, Sack und Pack stehen bereit. Alle Akkus sind geladen, die Linsen frisch geputzt, ein neuer Blogeintrag steht online. Dann passiert es. Beim Aufstehen vom Stuhl verdrehe ich mein rechtes Knie derart ungünstig, dass mir eine Sehne über das Gelenk schnippt. Ein Feuerstrahl schießt durch meinen Körper, als ich realisiere, was eben passiert ist.

Vor einigen Jahren habe ich mich beim Klettern in Spanien so ungünstig verrenkt, dass eine Sehne aus der Führungsschiene gesprungen ist und seitdem immer wieder verrutscht, sobald ich mich falsch bewege. Wenn es passiert, kann ich mein rechtes Bein nicht strecken. Aus Laufen wird dann ein schmerzhaftes Humpeln, und an schnelle Bewegungen ist nicht mehr zu denken.

Wenn ich die Sehne nicht wieder dahin bekomme, wo sie hingehört, dann ist die Kajaktour für mich vorbei, noch bevor sie angefangen hat. Ich brauche ein paar Minuten, um wieder klar denken zu können. Ich hatte mich so lange auf diese Tour gefreut, hatte das Kajaken trainiert und schließlich einen der begehrten Expeditionsplätze ergattert. Sollte es das gewesen sein? Ich kann nicht teilnehmen, weil ich zu blöd bin, normal von einem Stuhl aufzustehen? Das könnte ich doch keinem erzählen!

Eine Stunde kämpfe ich mit der Sehne. Ich rolle mich über den Boden und mache die wildesten Verrenkungen. Nichts passiert. Die Nerven liegen blank. Meine letzte Idee besteht darin, es mit Wärme zu versuchen. Unter dem heißen Wasser der Dusche führe ich wieder und wieder verschiedene Bewegungen aus, bis die Sehne schließlich unter lautem Schnalzen zurück an die richtige Stelle schnappt. Ich werde fast ohnmächtig vor Erleichterung. Vorsichtig übe ich leichten Druck auf das rechte Bein aus und stelle erfreut fest, dass die Sehne hält. Zur Sicherheit bandagiere ich mein Knie mit vier Lagen. Nicht, dass es nachts noch einmal passiert…

Die abendliche Aufregung und die Anspannung vor der Tour halten mich hellwach, kurze Schlafphasen werden jäh durch furchtbare Kniefantasien unterbrochen. Ich bin froh, als mich der Wecker am nächsten Morgen aus dem wenig erholsamen Halbschlaf erlöst und ich mich endlich auf den Weg zum Flughafen machen kann.

Update 304 vom 25. Januar (42°49' S, 147°28' O): Es geht los. Die Crew steht auf dem Cambridge Airport bereit. Mit einem Buschflugzeug fliegen wir jetzt nach Melaleuca.

Wir tanzen den Tango der Lüfte. Die kleine Maschine wird auf- und abgedrückt, von den Winden nach links und rechts geschoben.

»Das ist ein Flugzeug für wilde Flüge in wildes Gelände«, klingt es mir im Ohr.

Der Pilot bemerkte das vor dem Start, als wir neben der Britten-Norman Islander standen und das Gepäck an Bord hievten. Allerdings sagte er dann noch etwas: »Die Kleine hält viel aus. Nur eins ist blöd – wenn wir nichts sehen. Denn die Maschine ist auf Sichtflug ausgelegt.« Und diese Worte kommen mir nun unweigerlich in den Kopf, als ich durch die Cockpitscheibe nach draußen blicke. Dort sehe ich fast nichts. Dunkelgraue Wolkenhaufen liegen in mehreren Schichten übereinander. Längst hat der Pilot seinen Plan, auf direkter Linie den Buschflughafen Melaleuca anzusteuern, verworfen. Stattdessen peilen wir das Meer an und versuchen der Küstenlinie zu folgen. Nach dem Nanchang-Erlebnis in Namibia und dem türlosen Flug in Westaustralien ist es das dritte luftige Abenteuer während meiner Weltumrundung.

Bei Southport überfliegen wir die Grenze der Zivilisation, unter uns breitet sich nun schwer zugängliches Gebiet aus. Links ist das Meer, rechts wird die Eastern Arthur Range durch dunkle Wolken verdeckt. Der Pilot hält aus gutem Grund respektvollen Abstand zum Ufer, denn dort ragen die Berge bis zu tausend Meter empor. Es ist ein faszinierender Anblick von mächtigen Felsmassiven, steilen Klippen und tief eingeschnittenen Buchten. Hier und da schmiegt sich ein Strand in die zerklüftete Landschaft.

Westlich des Pindars Peak mündet der New River in eine rund sieben Kilometer lange und zwei Kilometer breite Lagune. Eine gewaltige Sandbank trennt diese Wasserfläche vom Ozean. Aus der Luft lassen sich die Formen gut erkennen: Wie mit dem Lineal gezogen, rollen die Wellen in gleichmäßigen Abständen auf die Küste zu, um schließlich am flachen Ufer zu branden. Es wäre ein Surfspot der Superlative, wenn die Gegend nicht abgelegen und das Wasser so kalt wären. Hier, nur rund 2600 Kilometer von der Antarktis entfernt, hat der Ozean selten mehr als 15 Grad Celsius.

Über der Bucht Cox Bight drehen wir einige Schleifen, ehe sich die Wolken etwas lichten. Dann wagt es der Pilot und dreht in Richtung Norden ab. Ich sitze direkt neben ihm und beobachte aus dem Augenwinkel heraus seine Aktionen. Immer wieder schiebt er sich die Sonnenbrille auf die Nasenspitze, um besser sehen zu können, wo wir hinfliegen. Er steuert die Maschine in einen Korridor hinein. Mount Melaleuca und Mount Brock erheben sich auf der einen, Mount Counsel und Pandora Hill auf der anderen Seite. Dazwischen erstreckt sich eine Ebene, auf der irgendwo die Landebahn sein soll.

Nur mit viel Fantasie erkenne ich im Endanflug den Flughafen, der seine Bezeichnung eigentlich gar nicht verdient. Melaleuca ist ein einsamer Landeplatz und besteht aus einer vierhundert Meter langen Schotterpiste. Daneben gibt es eine Blechhütte und eine kleine Forschungsstation, die nur im Sommer besetzt ist. Das war's. Weit und breit sind dies die einzigen Zeugen menschlicher Anwesenheit.

Ohne technische Hilfsmittel und bei böigen Seitenwinden hat der Pilot ordentlich zu tun, um uns sicher auf den Boden zu bekommen. Nach der holprigen Landung kann es ihm gar nicht schnell genug gehen, seine Fracht abzuwerfen.

»Los, los, bewegt euch«, macht er uns Beine.

Im Eiltempo entladen wir unsere Seesäcke, dann brummen die beiden Propeller auf, und die Britten-Norman Islander holpert zurück auf die Piste. Wenig später steigt sie wieder in den Himmel empor und verschwindet hinter der nächsten Bergkette. Ich lasse meinen Blick schweifen und erkenne den Grund für die Eile – im Norden braut sich ein Unwetter zusammen.

Die Ankunft in der Wildnis könnte kaum hektischer sein. Angetrieben von den beiden Guides, zwängen wir uns, so schnell es geht, in unsere wasserdichte Kleidung und verstauen die Ausrüstung in den am Melaleuca-Einlass gelagerten Kajaks. Neun Menschen entdecke ich um mich herum. Mit Ausnahme ein paar weniger Worte am Flughafen von Hobart haben wir noch nicht miteinander geredet. Sosehr mich meine Mitstreiter auch interessieren, jetzt ist definitiv nicht der richtige Zeitpunkt für ein entspanntes Kennenlernen.

Der Südwesten macht seinem wilden Ruf alle Ehre und begrüßt uns mit einem Temperatursturz sowie Sturm und Starkregen. Gerade rechtzeitig vor dem beginnenden Weltuntergang sitzen wir in den Booten und machen die Schotten dicht. Dann kämpfen wir uns mit aller Macht gen Norden vor. Es ist tatsächlich das Beste, bei diesem Wetter gut verpackt im Kajak zu sitzen, denn die Bewegung hält warm.

So bunt gemischt die Truppe auf den ersten Blick zu sein scheint, jetzt zahlt sich aus, dass wir vorbereitet sind. Alle Teilnehmer sind erfahrene Kajaker, die mit dem Leben in der Natur vertraut sind. Das waren die Voraussetzungen, um an der Expedition teilzunehmen. Rund zehn Trips in den Südwesten bietet Roaring Forties jeden Sommer an, und die Interessenten kommen aus aller Welt. Unsere Fahrt ist die vorletzte der Saison, und mit Blick auf die äußeren Bedingungen wird mir klar, warum der stürmische Winter für derartige Unterfangen nicht infrage kommt.

Ich wähne mich in Kanada, denn das Ufer ist dicht bewaldet, und wir steuern auf einen See zu. Die Forest-Lagune ist vom Sturm gepeitscht und sieht bedrohlich aus. Das Kajak wird von den Wellen überspült, und die Gischt spritzt mir ins Gesicht. Nach zwei Stunden hinterlassen die Kombination aus feuchter Kälte und ungewohnter Belastung erste Spuren – meine Hände beginnen zu schmerzen. Die als entspannter Auftakt geplante Fahrt wird zu einer Kraftprobe, und die Erlösung ist groß, als wir endlich unser Lager an den dicht bewaldeten Hängen des Mount Beattie aufschlagen. Ich beeile mich mit dem Sichern der Boote, damit ich möglichst rasch in meinen gemütlichen Daunenschlafsack kriechen kann.

Update 306, vom 26. Januar (43° 22′ S, 146° 7′ O): Ich habe keine Lust aufzustehen, der Blick aus dem Zelt verspricht wenig Schönes.

Der Klang des Regens auf der Zeltplane ist ein wunderbares Geräusch. Jedenfalls so lange, bis man die schützende Behausung verlassen muss. Dann wird aus der gemütlichen Atmosphäre ein Kampf gegen den inneren Schweinehund, und der kuschelige Schlafsack entwickelt eine magische Anziehungskraft.

Tatsächlich hat sich das Wetter über Nacht nur wenig gebessert. Bei acht Grad Celsius und Regen bilden wir einen Kreis und planen den Tag.

»Wir erwarten bis mittags viel Niederschlag, danach nimmt der Wind zu, und es soll aufklaren«, sagt Tory. Sie ist die Leiterin der Expedition und stellt einmal pro Tag per Satellitentelefon den Kontakt zu einem Meteorologen in Hobart her. Fernab von jedem Handyempfang ist dies die einzige Chance, an aktuelle Wetterdaten zu gelangen. Die Informationen sind unsere Lebensversicherung, denn das ganze Unternehmen steht und fällt mit dem Wohlwollen der Elemente.

Dementsprechend positiv stimmt uns die Nachricht von Tory. Wenn die Prognose wahr wird, hält ab morgen eine Phase guten Wetters Einzug, die bis Ende der Woche anhalten soll. Dann könnten wir unser Ziel in die Tat umsetzen und den Bathurst Channel entlang bis zum Ozean paddeln.

Verzaubert und verspannt

Es scheint in der Natur das ungeschriebene Gesetz zu geben, dass sich Durchhaltevermögen auszahlt. Auf allen Etappen der bisherigen Reise hatte ich mit Widrigkeiten zu kämpfen, um am Ende mit schönen Momenten entlohnt zu werden. So ist es auch diesmal. Nach dem ungemütlichen Auftakt kommen wir in den Einfluss eines Hochdruckgebiets. Steigende Temperaturen und nachlassender Wind sind die ersten Zeichen der Wetterbesserung.

Mit der Sonne im Rücken bewegen wir uns Paddelschlag für Paddelschlag am Ostufer des Bathurst Harbour entlang. Diese Wasserfläche ist annähernd so groß wie die Müritz und ähnelt einem kleinen Meer inmitten der weglosen Wildnis. Als Fixpunkt dient uns der Mount Rugby, der mit seinen 771 Metern Höhe weithin sichtbar über der Gegend thront. An seiner Südflanke biegen wir in den Bathurst Channel ein, einem natürlich entstandenen Kanal. Zwölf Kilometer trennen uns hier noch vom Ozean, der in der Port-Davey-Bucht auf das Festland trifft.

»Das schaffen wir!«, höre ich von hinten. Dort sitzt Warrick. Der 73-Jährige ist der älteste Expeditionsteilnehmer und ein echter Haudegen. Gerade erst ist er aus dem Himalaja zurückgekommen, wo er sich am Mount Everest versuchte. Auf 7500 Metern musste er wegen eines Schneesturms umdrehen, aber allein der Versuch zeigt, aus welchem Holz der 1,90 Meter große Hüne geschnitzt ist. Als ich mich umdrehe, sehe ich ihn lächeln, seine goldenen Zahnkronen glänzen in der Sonne. Die Haut ist tief zerfurcht, der australische Akzent ist verwaschen und für mich nur schwer zu verstehen. Für heute ist er mein Partner im Kajak. Jeden Tag tauschen wir die Besatzungen in den Zweierkajaks, um das Gruppengefühl zu stärken.

Warrick und ich sind ein gutes Team und paddeln mit stoischer Ruhe gegen die Strömung an.

Beim Joan Point passieren wir eine besonders schmale Stelle des Bathurst Channel und retten ein abgetriebenes Ruderboot. Die Nationalparkverwaltung hat es hier stationiert, denn für die Wanderer des Port-Davey-Tracks ist es die einzige Möglichkeit, über das Wasser zu kommen.

Nach einem Abstecher in die Joe Page Bay steuern wir die Schooner Cove an und landen an einem malerischen Strand. Ich bin überwältigt von der Schönheit der Natur. Hier, fernab der nächsten Siedlung, prägen dichte Eukalyptuswälder und hüfthohe Buschlandschaften das Bild. Imposante Berge wachen als stille Zeugen über diese Szenerie, die Spitzen von Wolken umhüllt. Das Abendlicht schimmert auf der Wasserfläche, die verführerisch funkelt. Im Bathurst Channel stoßen Süß- und Salzwasser aufeinander. Das Süßwasser bildet dabei die oberste Schicht und ist durch pflanzliche Gerbstoffe rötlich gefärbt. So etwas habe ich vorher noch nie gesehen.

»Ist das nicht ein fantastischer Arbeitsplatz«, meint Tory, während wir auf dem Gaskocher das Abendmahl zubereiten. Die 28-Jährige ist ein Naturmensch, wie ich ihn selten erlebt habe. Jede Faser ihres Körpers scheint das Leben an der frischen Luft zu genießen. Sie ist trainiert und wirkt absolut zufrieden. Das fasziniert mich.

»Ja, das ist es. Es ist wunderschön«, entgegne ich und weiß nicht, was ich sagen soll. Mein Kopf fühlt sich auf eine angenehme Art leer an.

»Hast du eine Freundin in Deutschland?«

»Ähm, nein.«

Tory lacht. »Das sollte jetzt keine Anmache sein, interessierte mich nur. Warum bist du solo? Du bist doch ein attraktiver Mann.«

»Jetzt machst du mich verlegen«, bringe ich hervor und werde rot. Komplimente anzunehmen fällt mir mitunter schwerer, als kritisiert zu werden.

»Ich war lange in einer Beziehung. Nun genieße ich die Zeit, in der ich unbeschwert reisen kann, ohne jemanden zu Hause zu vermissen. Ehrlich gesagt finde ich die Erfahrung des Alleinseins spannend.«

»Das verstehe ich gut. Ich habe vor ein paar Jahren so eine ähnliche Zeit gehabt und bin dann nach Japan gegangen, um als Skilehrerin zu arbeiten. War eigentlich ganz schön damals.«

Tory und ich entdecken binnen weniger Minuten so viele Gemeinsamkeiten, dass es fast schon unheimlich ist. Zusammen mit ihr und Jake, der ebenfalls schwer in Ordnung ist, trägt sie die Verantwortung für die Gruppe. Ich unterstütze die beiden beim Kochen, den Abwasch teilt sich nachher das ganze Team.

Später sitzen Tory und ich am Strand. Wir beobachten den Mond, lauschen den Klängen der Natur und philosophieren über das Leben. Sie erzählt mir von all ihren Abenteuern beim Rafting, Kajaken und Skifahren. Ich habe Mühe, mir zu merken, welche Knochen sie sich schon alle gebrochen hat.

»Diese Extreme brauche ich eigentlich nicht mehr. Ich könnte mir vorstellen, zeitnah ein Studium zu beginnen. Meeresbiologie und Umweltschutz interessieren mich.«

Es wäre ihr zweiter Abschluss, einen Bachelor in »Business & Arts« hat sie schon.

»Der Businesskrempel ist ein Relikt meiner Vergangenheit. Keine Ahnung, was mich damals geritten hat«, sagt Tory und lacht.

Schließlich treibt uns die Vernunft in unsere Zelte. Denn in der Wildnis unterwegs zu sein bedeutet auch, nach dem Rhythmus der

Sonne zu leben. Und ein paar Stunden Schlaf können wir gut vertragen – morgen steht eine harte Etappe an.

Update 309 vom 27. Januar (43°20' S, 146°0' O): Fernab der Zivilisation ist die Fauna reichhaltig. Heute Nacht sind wieder einige Tiere am Zelt vorbeigekrabbelt. Geweckt wurde ich durch den Gesang der Vögel.

Es ist der dritte Tag der Expedition, die Muskeln haben sich an die Belastung gewöhnt und verrichten, ohne zu murren, ihre Arbeit. Das ist gut so, denn heute steht ein aufregender Abschnitt an. Wir paddeln aus der Schooner Cove zurück in den Bathurst Channel und halten geradewegs auf die Port-Davey-Bucht zu.

Ich habe ein flaues Gefühl im Magen, als wir den schützenden Kanal verlassen und in die Südpassage einbiegen. Hier sind wir der Dünung des Ozeans ausgesetzt. Die Kraft des Meeres ist unvorstellbar. Wie kleine Nussschalen werden wir auf und ab gehoben. Teilweise sehe ich die anderen Boote nicht mehr, wenn sie für einige Sekunden hinter der nächsten Woge verschwinden.

Richtung Osten ist der Blick frei. Für 10 000 Kilometer ist nichts zu sehen als Wasser. Hut ab vor den Menschen, die unseren Planeten mit dem Segelboot umrunden. Ich muss zugeben, das wäre nichts für mich.

»Fantastisch!«, jauchzt Bill und dreht sich zu mir um. Der 59-jährige Schildermacher aus Brisbane ist heute mit mir im Boot unterwegs und gibt den Rhythmus vor. Er scheint ähnliche Gedanken zu haben wie ich.

»Hier draußen ist der Kopf so herrlich frei. Ein Tag in der Wildnis ist erholsamer als eine Woche Strandurlaub in der Zivilisation«, sagt er, als wir auf die anderen warten.

»Zumindest für den Geist«, erwidere ich und dehne meine schmerzenden Arme.

»Stimmt.«

»Meinst du, das schöne Wetter bleibt uns bis zum Ende der Tour erhalten?«, frage ich.

»Puh, keine Ahnung. Ich war noch nicht in Tasmanien. Mein Bauchgefühl sagt mir, dass wir einen stürmischen Abgang erleben werden.«

»Ich hoffe, du irrst dich, der erste Tag war ungemütlich genug.«

»Wohl wahr. Lassen wir uns überraschen, etwas anderes bleibt uns ohnehin nicht übrig.«

Inzwischen haben auch die anderen vier Boote zu uns aufgeschlossen. Wir liegen Seite an Seite und reichen eine Tafel Schokolade herum.

»Dort drüben seht ihr die Spain Bay«, sagt Tory und zeigt auf eine Bucht südlich von uns.

»Wir fahren jetzt dorthin und schlagen unser Nachtlager an einem wunderschönen Strand auf.«

Gesagt, getan. Wir passieren das offene Meer und genießen erst hinter dem Knapp Point wieder den Schutz der Küste. Hier hat die Dünung kaum Einfluss, und wir können problemlos am Strand anlanden.

Da die Sonne noch hoch am Himmel steht, schnüren wir die Wanderstiefel und folgen einem von Buttongras zugewucherten Trampelpfad auf die andere Seite der Halbinsel. Der Regen der vergangenen Tage hat seine Spuren hinterlassen, der Weg ist aufgeweicht, alle paar Meter müssen wir über knöcheltiefe Schlammlöcher steigen – oder hindurchwaten.

»Habt ihr in Deutschland auch eine solche Wildnis?«, will Tory wissen, als wir etwas hinter den anderen laufen.

»Nationalparks gibt es bei uns auch. Aber derart unberührt wie hier ist keine Gegend bei uns.«

»Hmm. Ich liebe es hier.«

»Kann ich gut verstehen. Was machst du eigentlich im Winter, wenn die Kajaksaison vorbei ist?«

»Dann arbeite ich als Ausbilderin für Leute, die See- und Wildwasserkajak fahren wollen. Das ist auch cool, aber die vier Monate, in denen wir die Touren in den Südwesten durchführen können, sind die schönste Zeit des Jahres.«

»Vorsicht, Ast«, warne ich Tory, die sich zu mir umdreht und dabei fast einen dicken Zweig ins Gesicht bekommt.

Es ist die letzte Baumreihe vor der Küste. Wir blicken auf eine rund drei Kilometer lange Bucht mit feinem Sandstrand.

»Das ist Stephens Bay. Hier haben vor 25 000 Jahren Aborigines gelebt«, klärt Tory mich auf.

Wir laufen die gesamte Bucht bis zum Chatfield Point, dem südlichen Ende, ab. Es ist ein Jammer, dass das Meer derart kalt ist. Mehr als ein kurzes Bad als Ersatz für die fehlende Dusche ist nicht drin. Dennoch war ich bisher von allen am häufigsten im Wasser. Meine australischen Kollegen starren mich jedes Mal mit großen Augen an, wenn ich den Sprung in die Fluten wage. Im Gegensatz zu mir waren meine Mitstreiter in ihrer Jugend nicht regelmäßig in der Ostsee baden. Das härtet ab.

Mittlerweile ist aus der bunten Truppe ein richtiges Team geworden. Mit jeder Stunde lernen wir uns besser kennen, mit all unseren Stärken und Schwächen. So wissen wir mittlerweile, dass Warrick spannende Geschichten zu erzählen hat, es Martina schnell kalt wird und dass die Schokolade nicht bei mir gelagert werden sollte. Dabei meine ich es eigentlich gut – schließlich klafft über Tasmanien ein Loch in der Ozonschicht, und ich versuche, die süße Speise nur vor der gefährlichen UV-Strahlung zu schützen und sicher in meinem Bauch zu verstecken. Tatsächlich sollte die Strahlung keinesfalls unterschätzt werden. Ohne Sonnencreme mit hohem Lichtschutzfaktor besteht in diesem Teil der Welt ein hohes Sonnenbrand- und Hautkrebsrisiko. Erst recht, wenn man so wie wir den ganzen Tag exponiert auf dem Wasser unterwegs ist.

»Ich habe eine gute und eine schlechte Nachricht«, verkündet Tory nach dem Abendessen, als sie mit dem Satellitentelefon in der Hand um die Ecke biegt.

Wir schauen uns an und entscheiden uns, erst die frohe Kunde hören zu wollen.

»Okay, also der Wetterdienst sagt für die kommenden Tage weiterhin stabile Hochdruckverhältnisse mit Sonnenschein und wenig Wind voraus. Das bedeutet, wir können es morgen wagen und auf das Meer hinausfahren.«

»Und jetzt die schlechte«, knurrt Warrick mit seiner tiefen Stimme.

Tory entfaltet einen Zettel und deutet mit ernster Miene auf ihre Notizen.

»In den Tagen danach wird es richtig ungemütlich. Mit hoher Wahrscheinlichkeit erwischt uns ein Sturmtief. Es kann sein, dass wir nicht wie geplant aus der Wildnis ausgeflogen werden können.«

Bill wirft mir einen nachdenklichen Blick zu, sein ungutes Bauchgefühl bestätigt sich. Die Neuigkeit muss erst einmal verdaut werden. Natürlich haben wir alle unsere Weiterflüge ab Hobart so gelegt, dass wir zwei, drei Tage Puffer haben. Aber insgeheim ist wohl niemand davon ausgegangen, dass wir tatsächlich hier festsitzen könnten.

»Macht euch nicht zu viele Sorgen«, unterbricht Tory die nachdenkliche Stille.

»Lasst uns die nächsten Tage nutzen, und seid euch bewusst, dass wir alles in allem großes Glück haben. Es gab schon Expeditionen, die keinen einzigen Sonnenstrahl gesehen haben und eine Woche im Regen unterwegs waren.«

Tory spricht wahre Worte. Trotzdem macht uns die Information einmal mehr unsere Abhängigkeit von der Natur deutlich. Das Gebiet hat einen Jahresniederschlag von 2200 Millimetern. Das ist im Mittel fast viermal so viel wie in Berlin. Hinzu kommen die Stürme. Alle drei Stunden registriert eine vollautomatische Wetterstation vor der Küste die Windgeschwindigkeiten. Seit dem Jahr 2000 haben knapp die Hälfte dieser Berichte Starkwind- oder Sturmwarnungen beinhaltet.

Am nächsten Morgen packen wir zeitig unsere Sachen zusammen. Ich bin immer wieder erstaunt darüber, wie viel Stauraum die Seekajaks bieten. Mühelos lassen sich die sieben Zelte, sämtliche Isomatten, Schlafsäcke, Kochutensilien und unsere Seesäcke im Rumpf der Boote verstauen. Nachdem die Luken gesichert sind, schieben wir die Kajaks, so weit es geht, ins Wasser. Dann nimmt der Vordermann seinen Platz ein, und der Hintermann gibt dem Kajak einen letzten Schubser, bevor er selbst aufspringt.

Die in Neuseeland hergestellten Seebär-Kajaks sind für Touren auf offener See und hohe Windgeschwindigkeiten gemacht. Sie bestehen aus robusten Glasfasern und liegen ruhig im Wasser. Man müsste sich schon ziemlich Mühe geben, um diese Boote zum Kentern zu bringen. Mit dem Wissen um diese Sicherheit beginnen wir den vierten Tag auf dem Wasser.

»Alles gut, ihr beiden?«, fragt Jake und grinst. Er gleitet mit seinem Boot an Tory und mir vorbei – wir sind heute ein Team, und die wohlklingende Alliteration unserer Namen hatte am Morgen bereits für Schmunzeln gesorgt.

»Sure, Jake«, sagt Tory mit einem vielsagenden Unterton. Ihre Mimik kann ich nur erahnen, denn sie sitzt hinter mir.

Die kürzeste Etappe der Expedition verspricht die aufregendste zu werden. Unser Plan ist es, zunächst die schützende Bucht zu verlassen, um uns dann zwei Inselgruppen von der Seeseite aus anzuschauen.

Die Shanks Islands sind nicht mehr als fünf Felsen, die aus dem Wasser herausragen. Auf der größten krallen sich einige Büsche fest, die anderen sind nackte Gerippe. Ringsherum sind die Fluten aufgewühlt und tragen weißen Schaum. Das Gestein ist zerklüftet, in den Ritzen nisten Seevögel, die laut kreischend unsere Ankunft quittieren. Mit jeder Bewegung wird das Wasser in die nur wenige Meter breiten Spalten gedrückt und schlägt krachend gegen die Felsen. Dann strömt der Schwall zurück und drückt unsere Boote in die Höhe. Kurz darauf beginnt das Schauspiel von vorn, und wir sinken mit der Dünung hinab.

Ich bin froh, Tory hinter mir zu wissen. Die anderen sind in respektvollem Abstand zu den Shanks-Inseln geblieben, während wir uns so nah wie möglich herantasten. Mit vollem Körpereinsatz manövriert Tory das Boot an den schroffen Klippen vorbei. Viel Platz bleibt nicht, ganz wohl ist mir bei der Sache nicht.

»Sicher, dass ich dir nicht helfen soll?«, frage ich.

»Alles gut, mach deine Fotos«, entgegnet sie.

Ich nicke und konzentriere mich wieder auf meine Kamera. Da die Bedingungen außergewöhnlich gut sind, hatten Tory und Jake vorgeschlagen, dass ich mich heute aufs Fotografieren konzentrieren soll. Was nach einem Freibrief fürs Faulenzen klingt, bringt neue Herausforderungen mit sich. Allein am improvisierten Spritzwasserschutz habe ich eine Stunde gebastelt. Aus zwei Plastiktüten und einer Rolle Tape fertige ich eine Hülle, die meine Kamera vor der salzigen Gischt schützen soll. Ich lasse mich dabei von meiner Konstruktion aus Namibia inspirieren. Auf der ersten Reiseetappe habe ich im Namib-Naukluft-Nationalpark nach einer Möglichkeit gesucht, die empfindliche Technik vor dem Wüstensand zu schützen, und bin dabei auf die Idee mit den Tüten gekommen.

Wir setzen unsere Fahrt fort und steuern die Breaksea Islands an. Rund anderthalb Kilometer vor der Küste gelegen, wirken sie wie ein natürlicher Schutzschild vor dem Bathurst Channel. Ich will mir gar nicht vorstellen, wie ungemütlich es hier werden kann. Schon heute, an einem fast windstillen Tag, ist es auf der dem Meer zugewandten Ostseite der Inseln unangenehm. Beim Anblick der hohen Dünung und der steil aufragenden Klippen stockt uns der Atem.

Anders als die Shanks Islands, die wie Splitter in der Gegend stehen, wirken die Breaksea Islands wie eine massive Steinwand mitten im Meer. Siebzig Meter hoch ragen die Felsen über unsere Köpfe – auf ihnen leben Kurzschwanz-Sturmtaucher, Feensturmvögel, Silberkopfmöwen und Glattechsen. Zumindest den Menschen müssen sie hier nicht fürchten. Es ist nahezu unmöglich, die Inseln zu betreten. Zu steil ist das Ufer, zu rau das Meer.

»Pass mal auf«, ruft Tory. Ich kann sie kaum verstehen, so laut donnert das Wasser gegen die Felsen vor uns.

Mit geschickten Paddelschlägen wendet sie das Kajak und lässt uns mit dem nächsten Schwall rückwärts in eine schmale Enge gleiten. Adrenalin schießt durch meinen Körper. Die Aktion ist aufregend, der Anblick faszinierend. Wir schwimmen mit unserem Boot in einer Spalte, inmitten der steil aufragenden Felsen. Es kommt mir vor, als würde ich mich in New York auf den Boden legen und von unten in eine Häuserschlucht starren. Mit dem Unterschied, dass hier die Natur der Baumeister ist und der Mensch keinen Anteil an dieser Schönheit hat.

»Wahnsinn«, brülle ich.

»Ja, das wollte ich dir zeigen«, brüllt Tory zurück. »Aber jetzt musst du mir mal helfen.«

Schnell verstaue ich meine Kamera unter dem Spritzwasserschutz, dann greife ich nach dem Paddel und warte auf Torys Kommando.

»Jetzt. Volle Kraft voraus!«

Gemeinsam paddeln wir, so stark wir können, um wieder aus der Enge herauszukommen. Die Muskeln schmerzen, als wir es schließlich geschafft haben und dem röhrenden Schlund entkommen sind. Kajakerfahrung hin oder her, ohne Tory hätte ich diesen Abstecher nicht gewagt. Ich drehe mich breit grinsend zu ihr um.

»Das war stark. Machst du das häufiger?«

»Nur wenn die Bedingungen gut sind und nur mit besonderen Gästen«, antwortet sie und zwinkert mir zu.

Ich liebe es, wenn mich der Moment mit allen Sinnen gefangen hält. In diesen Sekunden fühlt sich das Leben unglaublich intensiv an. Die Natur relativiert die eigene Größe und reibt mir meine Endlichkeit unter die Nase. Und im selben Moment bringt sie mich weiter, denn sie fordert Körper und Geist.

Wir sind bereits seit drei Stunden unterwegs, aber der Eindruck der Wassermassen nutzt sich nicht ab. Ich kann mich gar nicht sattsehen an der schäumenden See, den versprengten Inselchen und der schroffen Küstenlinie. Außer unserer Expeditionsgruppe und einem kleinen Segelboot, das in der Port-Davey-Bucht ankert, sind weit und breit keine Menschen unterwegs.

Nachdem wir die Breaksea Islands passiert haben, queren wir die Nordpassage und steuern auf das Ufer zu. Unser Ziel ist eine kleine Bucht an den Hängen des Mount Stokes. Zwei Nächte wollen wir hierbleiben, um den Berg zu besteigen und mit den Kajaks eine Tagestour nach Norden zu unternehmen.

Nach der Ankunft bauen wir schnell die Zelte auf und schnüren dann die Wanderschuhe. Ein steiler Pfad bringt uns über die Baumgrenze hinaus. Der Wind fegt uns ins Gesicht, als wir die kahle Schulter des Berges erreichen und den letzten Aufschwung in Angriff nehmen. Als ich den höchsten Punkt erreicht habe, knöpfe ich meine Jacke bis zum letzten Loch zu und hocke mich hinter einen großen Stein. Es ist wirklich ungemütlich.

Update 311 vom 28. Januar (43°18' S, 146°0' O): Luftige Grüße vom Mount Stokes. Von hier oben eröffnet sich ein atemberaubender Blick auf den Südwestnationalpark.

Ich sitze 484 Meter über dem Meeresspiegel. Zu meinen Füßen breitet sich Port Davey aus, und ich vollziehe die Route nach, die wir hierhergefahren sind. Spain Bay, Shanks Islands, Breaksea Island, Bramble Cove – von hier oben habe ich den Überblick und gerate ins Träumen.

Hundertundein Tag sind seit meiner Abreise aus Berlin vergangen. Ich war in Namibia unterwegs, habe mit Martin Südafrika erkundet und bin schließlich in Australien angekommen. In dieser Zeit habe ich die unterschiedlichsten Landschaften gesehen, vom Regenwald bis zur Wüste. Aber nirgendwo war ich derart tief berührt wie im Südwesten Tasmaniens.

Nur wenige Menschen nehmen den beschwerlichen Weg hierher überhaupt auf sich – was vielleicht ein Grund ist für die Unberührtheit der Natur. Bereits 1955 wurden Teile der Region als Lake-Pedder-Nationalpark unter Schutz gestellt. Über die Jahre wuchsen Bedeutung und geschützte Fläche, bis der Park 1990 schließlich seinen heutigen Namen bekam. Rund sechstausend Quadratkilometer nahezu unbewohntes Land haben den besonderen Status inzwischen erhalten und gehören zum UNESCO-Weltkulturerbe »Tasmanische Wildnis«.

Wer als Gruppe in dieser Umgebung unterwegs ist, der wächst fast zwangsläufig zu einer Einheit zusammen. Im Alltag gehen wir Beschäftigungen nach, die unterschiedlicher kaum sein könnten: Bill, der Schildermacher, Warrick und Prudence, die Rentner, Martina, die Kauffrau, Peter, der Bäcker, Julie, die Biologin, Vered, die Chirurgin, Torsten, der schreibende Geograf. Aber all die Berufsbezeichnungen spielen in der Wildnis nur eine untergeordnete Rolle. Hier geht es nicht um Titel, sondern um anwendbare Fähigkeiten. Abseits der gewohnten Umgebung verliert der Mensch seine Maske, und die grundlegenden Charakterzüge mit all ihren Stärken und Schwächen kommen zum Tragen.

Wahrscheinlich bin ich deswegen auch von Tory so angetan. Es ist erfrischend, wie offen und direkt wir uns hier begegnen können. Kein Vergleich zu den Dates in der Heimat, bei denen man in der Bar um die Ecke einen Cocktail schlürft, dabei aber nie so richtig weiß, was beim anderen echt und was Fassade ist. Gefühlt dauert es im urbanen Umfeld wesentlich länger, einen Menschen kennenzulernen.

Ich muss mir eingestehen, dass mich Tory aus der Fassung bringt. Mit ihrer frechen Art, dem süßen Lächeln und ihrem durchdringenden Blick hat sie mich für sich gewonnen. Ich weigere mich, weiter in diese Richtung zu denken, als ich abends mit ihr am Strand der Bramble Cove sitze und wir an unsere tiefgründigen Gespräche anknüpfen. Die anderen Teilnehmer sind schon längst in ihren Zelten verschwunden, und die Nacht ist sternenklar. Zwischen uns liegt ein Knistern in der Luft, und wir schauen uns mehrfach für eine gefühlte Ewigkeit in die Augen.

Es scheint, als würde uns der gleiche Gedanke bremsen – sie kommt aus Tasmanien, ich aus Deutschland. Viel weiter können zwei Orte auf diesem Planeten nicht voneinander entfernt sein. Die Vernunft gibt dem Bauchgefühl einen Tritt in die Magengrube und erinnert an die Absurdität der Konstellation.

Zu unserem Glück bestätigt sich die Prognose der Wetterexperten, und das Hochdruckgebiet verlagert sich nur langsam. Wir nutzen die Gunst der Stunde und dringen nach Norden vor. Noch einmal verlassen wir dazu den schützenden Bathurst Channel und überqueren die aufgewühlte Nordpassage. Erneut spielt die Dünung ihr Spiel mit uns, dazu kommt heute ein lebhafter Wind aus Südwesten. Lieber wäre mir, der Luftstrom käme aus der anderen Richtung. Denn beim Kajaken ist es wie beim Radfahren – besser auf dem Hinweg den Wind von vorn haben, damit er einen auf der Rücktour schiebt.

Vorbei an Kathleen Island schlängeln wir uns durch das kleinteilige Felsenlabyrinth der Mavourneen Rocks und halten geradewegs auf Ashley Point zu. Vor dieser Landnase sammeln wir uns und stimmen das weitere Vorgehen ab. Wir sind heute weniger als sonst. Die Hälfte der Gruppe hatte sich entschieden, in der Bramble Cove einen Ruhetag einzulegen.

»Okay, jetzt wird es knifflig«, sagt Jake im ernsten Ton.

»Ziel ist es, am Strand der Wallaby Bay zu landen. Dort wird das Wasser sehr schnell sehr flach. Deswegen türmen sich die Wellen auf und brechen am Strand. Wenn wir es nicht schaffen, gerade anzulanden, dann werden uns die Wellen packen, umwerfen und überspülen.«

Die Luft misst 16 Grad Celsius, die Fluten kühle 14 Grad. Lust zu kentern hat niemand, und dementsprechend groß ist die Anspannung, als wir uns der Gefahrenzone nähern.

Dass ich mit Jake im Boot sitze, ist dabei zeitgleich Fluch und Segen. So angenehm das Gefühl ist, einen ausgewiesenen Experten an meiner Seite zu haben, so ungut ist die Tatsache, dass wir als Erste anlanden werden, um die Bedingungen zu testen.

»Are you ready?«, will Jake wissen.

»Ready!«, gebe ich zurück und warte auf sein Zeichen.

Wir treiben etwa zehn Meter hinter dem Bereich, in dem die Wellen brechen, und beobachten den Landeplatz.

»Go!«, kommt das Signal.

Mit vereinter Kraft nutzen wir eine heranrollende Welle, um auf ihr zu surfen. Eins, zwei, drei, vier schnelle Paddelschläge sind nötig, um den Kamm zu erreichen und uns von der Woge tragen zu lassen. Dabei müssen wir eine Lücke zwischen den Felsen finden und im rechten Winkel zu der Welle bleiben. Gelingt uns das nicht, krachen wir auf die Steine, und der nächste Brecher wirft uns um.

Als wir das kratzende Geräusch des Sandes unter uns hören, reißen wir schnell den Spritzschutz vom Ausstieg und springen aus dem Boot. Gerade rechtzeitig vor den schäumenden Ausläufern der nächsten Welle haben wir das Kajak ins knöcheltiefe Wasser gezogen und atmen durch. Dann beobachten wir die anderen, die nacheinander zur Landung ansetzen. Erst kommen Bill und Vered, ihnen folgt Tory, die allein im Kajak sitzt. Währenddessen verharren Jake und ich in Habachtstellung, um im Notfall sofort eingreifen zu können.

Die Zeit in der Wallaby-Bucht nutzen wir für Erkundungen auf eigene Faust. Mich zieht es nach Norden, wo ich in nicht allzu weiter Entfernung einen kleinen Felsblock erspähe. Meine Hoffnung auf eine Klettertour zerschlägt sich allerdings schnell. Ich muss einsehen, dass ich keine Chance habe, gegen das Dickicht anzukommen. Ein Geflecht aus Büschen, Bäumen und Kletterpflanzen versperrt mir den Weg. Derart undurchdringlich stelle ich mir den gesamten Inlandsbereich des tasmanischen Südwestens vor. Kein Wunder, dass die Nationalparkverwaltung nur zwei Wege angelegt hat, die das Gebiet durchdringen. Der Port-Davey- und der Southwest-Track sind die einzige Chance, die Region zu Fuß zu erkunden.

In Ermangelung einer besseren Möglichkeit suche ich ein windgeschütztes Plätzchen und strecke alle viere von mir. Selten gibt es bei mir diesen Moment des absoluten Faulenzens. Nicht, dass ich mir keine Ruhe gönnen würde, aber tatenlos herumzusitzen ist einfach nicht mein Ding. Ein Selbstversuch im Urlaub endete einmal nach sechs Stunden. Dann hatte ich genug von der Liege am

Swimmingpool, mietete mir ein Mountainbike und machte mich auf den Weg zur nächsten Passstraße. Nie schlafe ich besser als nach einem Tag voller Bewegung an der frischen Luft.

Mein meteorologisches Grundwissen aus dem Studium reicht aus, um zu verstehen, dass sich das schöne Wetter allmählich verabschiedet. Der Himmel zieht sich zu, und der Wind frischt auf.

Gegen die Brandung kämpfen wir uns zurück auf das Wasser, dann drehen wir nach Süden ab und begreifen augenblicklich, was auf uns zukommt – ein Kräftemessen mit dem Wind. Die Rückkehr in die Bramble Cove ist ein zähes Ringen um jeden Meter.

Kampf gegen die Elemente

Als wollte uns die Natur unter die Nase reiben, was für ein außerordentliches Wetterglück wir in den vergangenen Tagen hatten, zeigt sie uns nun ihre raue Seite. Der Wind pfeift uns mit 30 Knoten, 56 km/h, um die Ohren, auf dem Wasser bilden sich Schaumstreifen.

Zu allem Überfluss setzt die Ebbe ein. Das bedeutet zum einem, dass wir gegen das ablaufende Wasser ankämpfen müssen. Zum anderen liegen einige Steine dicht unter der Oberfläche und bilden gefährliche Untiefen.

Tory und Jake haben ordentlich zu tun, den sichersten Weg zu finden. Zweimal müssen wir unterwegs die Besatzungen tauschen, da die Strapazen der vergangenen Tage ihre Spuren hinterlassen haben. Vor allem Prudence und Julie bringen kaum noch Druck auf das Paddel. Übel nimmt ihnen das niemand, denn wir sind ein Team – wenn einer nicht mehr kann, springen die anderen gern ein.

Es geht zurück durch den Bathurst Channel nach Westen. Wolkenfetzen jagen mit viel Tempo am Mount Rugby vorbei. Heute wäre ein Aufstiegsversuch lebensgefährlich.

Die volle Breitseite des Sturms erwischt uns, als wir in den Bathurst Harbour einbiegen. Immer wenn wir mit der Spitze des Kajaks in ein Wellental eintauchen, überspült uns das Wasser, und die Gischt peitscht uns entgegen. Ich bin froh, dass ich hinten sitze, denn der Vordermann wird im Sekundentakt geduscht.

Immer und immer wieder führe ich die gleiche Bewegung aus, steche mit dem Paddel in die tosenden Fluten, drehe mich aus dem Rumpf heraus um meine Achse, bis das Paddel schräg hinter mir ist. Dann lasse ich es aus dem Wasser gleiten und wiederhole den Vorgang auf der anderen Seite. Dabei ist wichtig, nicht den Oberarmen zu vertrauen, sondern die Rumpfmuskulatur einzusetzen. Denn der Bizeps ermüdet wesentlich schneller als die Muskeln in Brust, Rücken und Bauch. Ich weiß nicht, wie lange wir schon unterwegs sind, aber es kommt mir wie eine Ewigkeit vor. Das konstante Fauchen des Windes bläst alle Gedanken aus meinem Kopf. Längst befinde ich mich in einem Tunnel und versuche die Schmerzen auszublenden. »Leiden kann man lernen«, sagte mir einmal ein erfahrener Bergsteigerfreund. Wenn er recht hat, dann besuche ich heute ein Seminar für Fortgeschrittene.

Unterwegs haben wir keine Möglichkeit, Schutz zu suchen. Das Ufer ist unzugänglich, und außer den einen Kilometer entfernten Celery Top Islands gibt es hier keine Inseln. Uns bleibt nur der direkte Weg über den Bathurst Harbour, das sind fünf Kilometer gegen den Sturm.

Als wir endlich den Lagerplatz in der Waldlagune erreichen, haben wir nur ein Ziel – runter vom Wasser und raus aus den Booten. Den ganzen Tag haben wir eingepfercht in den Kajaks verbracht. Mit Ausnahme der zwei kurzen Stopps zum Wechsel der Teams sind wir ohne Pause gepaddelt. Nun brennen die Hände, alle Muskeln oberhalb der Hüfte schmerzen, und die Blase drückt.

Als ich es endlich ins Zelt geschafft habe, lege ich mich auf den Rücken und starre die grüne Plane an. Ich höre den Wind, der durch die Bäume fährt und an meiner Behausung rüttelt. Regen peitscht gegen die Außenwand. Ich hoffe, dass von unten kein Wasser ins Zelt dringt, denn der viele Niederschlag hat den Erdboden völlig aufgeweicht.

Die Sorgen werden von einer bleiernen Müdigkeit erdrückt, und allmählich nehme ich den Sturm nur noch als leises Rauschen wahr. Ich drifte ins Land der Träume und entfliehe der nasskalten Realität. Wenigstens für acht Stunden, dann klingelt der Wecker.

Update 319 vom 31. Januar (43°22' S, 146°7' O): Nun steht es fest – heute fliegt hier nichts. Aufgrund der niedrigen Wolkendecke wäre das zu gefährlich. Abwarten ist angesagt.

Im Grunde überrascht uns diese Nachricht nicht. Es ist die logische Konsequenz der apokalyptischen Zustände vor dem Zelt. Die Frage, die uns umtreibt, ist eher, wie lange wir ausharren müssen. Ein, zwei oder sogar drei Tage? Niemand weiß das so genau. Der Versuch, eine Prognose abzugeben, käme dem Blick in eine Kristallkugel gleich.

Wir müssen abwarten und sind zum Nichtstun verdammt. Die Bilder auf meiner Kamera habe ich ebenso wie die Landkarte schon Dutzende Male angeschaut, und nach draußen möchte man bei diesem Wetter keinen Hund jagen. So hänge ich meinen Gedanken nach, döse vor mich hin und lausche dem Sturmspektakel aus dem gemütlichen Schlafsack heraus.

Bis zum Abend ist der Hauptteil des schlechten Wetters über unsere Köpfe hinweggezogen. Ich wage den Gang vor das Zelt und mache eine interessante Entdeckung: Das Wasser auf der Lagune ist spiegelglatt. Einzig das Problem der Wolken ist geblieben. Sie hängen tief über dem Boden und ersticken die Landschaft unter ihrem tristen Grau. Dazu ist es unangenehm nasskalt.

»Hältst du es auch nicht mehr drinnen aus«, höre ich plötzlich von hinten.

Dort steht Tory. Wir hatten seit dem Abend in der Bramble Cove kaum mehr die Gelegenheit, miteinander zu reden. Unausgesprochen liegt zwischen uns eine Spannung in der Luft.

»Ja, ich bin froh, nach den ganzen Stunden im Zelt mal wieder draußen zu sein. Womit hast du dir die Zeit vertrieben?«

»Ich habe ein Buch gelesen und geschlafen. Und du?«

»Geträumt und nachgedacht.«

»Worüber denn?«

»Da geisterte einiges durch meinen Kopf. Ich dachte an die Wochen auf Tasmanien und die zufälligen Begegnungen im Leben.«

Wir schauen uns tief in die Augen.

»Ich glaube, ich weiß, was du meinst«, erwidert Tory und schaut nachdenklich auf das Wasser hinaus.

»Wie geht es bei dir jetzt weiter?«

»Mal angenommen, dass wir in der Wildnis nicht verhungern, fliege ich in ein paar Tagen nach Sydney und von dort aus nach Chile weiter«, sage ich und lächle.

»Na, verhungern wirst du nicht, du hast doch bestimmt noch irgendwo Schokolade gebunkert.« Sie sagt das lachend und gibt mir mit dem Ellbogen einen leichten Stoß.

»Ey, du bist ja nur neidisch. Und natürlich habe ich noch eine Notreserve. Das ist eine Regel meiner Oma – gehe nie ohne eine eiserne Ration aus dem Haus.«

Tory lacht. »Klingt vernünftig.«

Nach einer kurzen Pause schaut sie mich wieder an. »Du, ich würde dich in Hobart gerne noch mal sehen, bevor du fliegst.«

Ich nicke still, unsere Blicke haften für einige Sekunden aneinander. Dann knackt es im Gebüsch, und Warrick wandert durch das Unterholz.

»Eklig nass, he?«, brummt er und schlurft mit Klopapier und Spaten davon.

Am nächsten Morgen ist das Bild nahezu unverändert: kaum Wind, trübe Suppe. Mit etwas gutem Willen meine ich zu erkennen, dass die Wolken ein paar Meter höher als gestern hängen. Aber vielleicht bilde ich mir das auch nur ein. Fest steht, dass bei diesen Bedingungen weiterhin nicht geflogen werden kann.

Ein letztes Mal stellt Tasmanien dann seine Unberechenbarkeit unter Beweis.

»Hört mal alle her«, ruft Jake und wackelt an den Zelten.

Kurze Zeit später stehen wir im Kreis beisammen, und Tory verkündet uns die neusten Informationen: »Es besteht die Chance, dass es heute Nachmittag kurzzeitig aufklart. Die Piloten wollen es versuchen. Wir sollen um 15 Uhr an der Landepiste stehen.«

Die Aussage bringt Bewegung ins Lager. Zügig bauen wir unsere Zelte ab und paddeln die sieben Kilometer zum Melaleuca-Einlass zurück. Dort angekommen, lagern wir die Kajaks und bewegen Sack und Pack zum Buschflughafen.

Dann beginnt das bange Warten. Mit uns fiebern vier Wanderer dem Brummen der Triebwerke entgegen. Fünf Tage haben sie für den siebzig Kilometer langen Port-Davey-Track gebraucht. Sie wirken glücklich, sind aber ziemlich erledigt. Ihnen geht es wie uns.

Die Stunden verstreichen, und nichts passiert. Ohnehin sind die Lichtblicke derart kurz, dass ich mir nur schwer vorstellen kann, dass es ein Flugzeug auf die Schotterpiste schafft. Aber ich irre mich. Als wir uns fast damit abgefunden haben, eine weitere Nacht in der Wildnis zu verbringen, hören wir irgendwo über den Wolken Flugzeugmotoren. Wir starren in den grauen Himmel. Wird der Pilot landen, wird er abdrehen?

Minuten des Hoffens vergehen, bis zwei Britten-Norman Islanders im Abstand von wenigen Hundert Metern die Piste ansteuern.

Die Fluggesellschaft Par Avion hat ihre beiden erfahrensten Piloten geschickt, um uns hier herauszuholen, denn in den nächsten Tagen sollen die Bedingungen noch schlechter werden.

Die Rückkehr ähnelt der Anreise: Eile beim Laden, schlechte Sicht und Turbulenzen in der Luft.

In eineinhalb Stunden bringt uns die Maschine nach Hobart und damit in die Zivilisation zurück. Als ich auf dem Rollfeld des Cambridge Airport stehe und sich die Anspannung langsam löst, merke ich, wie müde ich bin.

Abschied mit Wehmut

Nach acht Nächten ohne Strom, fließendem Wasser, Handynetz und festem Dach über dem Kopf fühlt es sich himmlisch an, frisch geduscht und mit sauberen Sachen auf dem Bett zu liegen. Bei aller Freude über den Luxus ist die Situation aber auch ein bisschen ungewohnt. Statt in meinem Zelt liege ich nun in einem Haus mit Steinmauern, statt in der Gruppe bin ich allein. Und auch Tory fehlt mir.

Knapp einen Monat bin ich schon auf Tasmanien unterwegs, und die Insel ist zu meiner zweiten Heimat geworden. Es ist das erste Mal auf all meinen Reisen, dass ich davon spreche, zurückkommen zu wollen, obwohl ich noch nicht einmal abgefahren bin. Ich habe hier Freunde gefunden. Anne, Ray, Jake und Tory sind mir ans Herz gewachsen. Dann sind da noch Anthony und Ross, die in Hobart mit viel Liebe ein altes Haus vor dem Abriss gerettet und daraus ein nettes kleines Hostel gemacht haben. Dreimal schaute ich bei ihnen vorbei, seit dem zweiten Besuch gehöre ich quasi zur Familie und darf im Haus der Eltern wohnen, die derzeit durch Europa touren.

Ich wohne im Stadtteil Sandy Bay. Hier reihen sich schicke Einfamilienhäuser aneinander. Quer über die Straße gibt es einen

Supermarkt und einen kleinen Park. Wenn ich im Garten sitze, sehe ich den Mount Wellington, und direkt gegenüber wohnen weitere Bekannte.

Die Rechtsanwälte Barbara und Collin habe ich während der Radtour kennengelernt. Sie haben mich in Orford auf meine Sturzverletzung angesprochen, und so kamen wir ins Reden.

»Melde dich, wenn du wieder in Hobart bist«, haben sie damals zum Abschied gesagt.

Nun, knapp drei Wochen später, komme ich auf dieses Angebot zurück und genieße ein köstliches Abendessen. So schnell kann es gehen. Gestern noch mit dem Gaskocher in der Wildnis, heute schon ein Drei-Gänge-Menü mit gutem Wein und entspannter Jazzmusik. Ich versuche diese Kontraste bewusst zu erleben und mache mir klar, wie wenig selbstverständlich das alles ist.

Der letzte Abend auf Tasmanien bricht an. Tory hat sich angekündigt und steht pünktlich vor der Tür. Ich erkenne sie kaum wieder. Statt Funktionsbekleidung und Regenschutz trägt sie ein sportlich-elegantes Outfit. Sie sieht toll aus.

Wir gehen in den Park und lassen die Expedition Revue passieren.

»War echt eine schöne Tour. Ich habe auch noch niemanden kennengelernt, der unter einfachsten Bedingungen derart delikate Gerichte zubereitet. Vielen Dank dafür«, sage ich.

»Sehr gern. Ich hoffe, du konntest es genießen.«

»Oh ja, das konnte ich.«

Wir trinken das in Hobart gebraute Cascade-Bier und reden über Gott und die Welt. Langsam, aber sicher bahnt sich der Abschied an. Morgen fliege ich nach Sydney, in wenigen Tagen bin ich Tausende Kilometer von Tasmanien entfernt. Zugegeben, ich bin nicht besonders gut darin, diesen Gedanken zu verdrängen.

Bei mir in der Wohnung zeige ich Tory die Bilder der Tour. Dann klappt sie unvermittelt meinen Laptop zu und guckt mich an.

»Darf ich dich küssen?«

Ich komme nicht dazu zu antworten.

Für fünf Minuten entlädt sich die Spannung der vergangenen Tage in einem wunderbaren Gefühl.

»Ich wollte das schon in der Bramble Cove tun. Aber das wäre ja unprofessionell gewesen, schließlich war ich der verantwortliche Guide«, sagte sie und lächelt.

Dann klingelt ihr Handy, und die Realität hat uns wieder.

»Ich muss los, habe Freunden versprochen, ihnen zu helfen.«

Ich hasse Abschiede, erst recht, wenn sie so schmerzhaft sind, wie dieser es ist. Ich fühle mich hundeelend, als Tory schließlich mit ihrem in die Jahre gekommenen Toyota um die Ecke biegt und aus meinem Blickfeld verschwindet. Werden wir uns je wiedersehen? Der Bauch hofft Ja, der Verstand sagt Nein.

Am nächsten Morgen holt mich Reg ab und bringt mich zum Flughafen. Er ist der Chef von Roaring Forties, und wir haben ein Interview vereinbart. Er berichtet von den Anfängen der Geschäftsidee, der Schwierigkeit, gute Guides zu finden, und von seitenlangen Checklisten. So interessant seine Aussagen auch sind – wenn ich ehrlich bin, habe ich für diese Informationen allenfalls ein halbes Ohr übrig. Vielmehr hoffe ich darauf, dass Tory doch noch am Flughafen auftaucht und es ein kurzes Wiedersehen gibt.

Es bleibt bei einem unerfüllten Traum. Nachdem sich Reg verabschiedet hat, stehe ich einsam und verlassen am Terminal des Hobart International Airport und gebe meinen Rucksack ab. Ich kann mich nicht entsinnen, dass mir eine Abreise schon einmal derart an die Nieren ging. Tory mag der Hauptgrund dafür sein, aber da sind noch andere Sachen. Tasmanien, diese wilde Insel, hat mich gefangen genommen. Mach's gut, du einzigartiges Eiland. Irgendwann werde ich wiederkommen. Aber erst einmal verlasse ich dich auf unbestimmte Zeit.

Feuer & Eis, Wasser & Wüste

Chile, Land der Gegensätze

Nachts. Irgendwo über dem Pazifik, auf halbem Weg zwischen Sydney und Santiago. Ein mit Kerosin vollgepumpter Aluminiumhaufen mit Hunderten Menschen an Bord wird kräftig durchgeschüttelt. Turbulenzen. Flughöhe 10 668 Meter. Außentemperatur −54 Grad Celsius.

Ich habe mir den Kopf gestoßen und vermeide einen weiteren Schlafversuch. Stattdessen beobachte ich, wie das Positionslicht der linken Tragfläche schwungvoll auf und ab wandert. Wie groß mögen die Kräfte sein, die da wirken? Gut, dass ich keine Flugangst habe.

Nachdem ich mich sattgesehen habe und sogar eine Sternschnuppe vorbeizischen sah, lehne ich mich zurück und stelle ein paar Rechenspiele an.

Auf dem Flug von Sydney nach Santiago de Chile werden zehn Zeitzonen gekreuzt. Das heißt, dass die Uhr zehnmal um jeweils eine Stunde vorgestellt werden muss. Damit nicht genug. Es ändert sich auch der Kalendertag, denn der 180. Längengrad ist als Datumslinie definiert, und wer ihn überquert, macht einen »Zeitsprung« rückwärts. Konkret bedeutet das, dass ich eineinhalb Stunden früher in Südamerika landen werde, als ich in Australien gestartet bin. Und das, obwohl ich zwölfeinhalb Stunden in der Luft gewesen bin.

Ich betrachte die Zeitzonenkarte im Bordmagazin und stelle mir vor, wie es wäre, den gestrigen Tag noch einmal zu erleben.

Vor meinem geistigen Auge sehe ich mich in einem kleinen, dunklen Hotelzimmer sitzen. Überall im Raum hängt Bekleidung, die nach dem Waschen trocknen soll. Ich habe es eilig, springe hin und her durch dieses Chaos. Waschen, packen, planen, Postkarten schreiben, sortieren – die To-do-Liste ist lang und wird immer länger. Höchste Priorität hat mein Beitrag für *National Geographic*. Über jede Etappe der Reise schreibe ich einen Blogartikel für die Homepage des Magazins. Der aktuelle Text trägt den Titel: »Mit dem Kajak in die Wildnis« und ist mein fünfter für die Kollegen. Zwei Tage feilte ich an den Formulierungen, nun jage ich das Schriftstück per E-Mail nach Hamburg.

Nach und nach lichtet sich die Unordnung, Sack und Pack stehen für die Abreise bereit, und ich wünschte, ich könnte das Gleiche auch von mir behaupten. Seit meiner Abreise aus Tasmanien stehe ich neben mir. Das Loslassen der lieb gewonnenen Insel und der harte Aufschlag in Sydney zehren an meinen Kräften. Dazu kommt das Bewusstsein, dass ich nach zwei Monaten des Alleinseins bald wieder Begleitung haben werde.

Kann es sein, dass der Mensch immer das haben will, was er gerade nicht hat? Als ich solo auf Tour war, wünschte ich mir einen Gefährten. Nun, da sich Gesellschaft ankündigt, denke ich wehmütig an die Wochen zurück, in denen ich auf mich allein gestellt war.

Die Sache mit Tory erschwert den nahenden Abschied vom fünften Kontinent zusätzlich. Ich bleibe bei Skype und Facebook den ganzen Tag online und hoffe darauf, etwas von ihr zu hören. Doch die Stunden vergehen, ohne dass sich etwas tut. Seit dem Lebewohl in Hobart haben wir nicht mehr miteinander gesprochen, und der anstehende Zeitversatz wird unseren Austausch in Zukunft erschweren.

Ein abendlicher Streifzug durch Sydney bringt mich auf andere Gedanken. Noch einmal bestaune ich die Skyline mit all ihren Wolkenkratzern und bunten Lampen. Ein letztes Mal laufe ich an den Sehenswürdigkeiten vorbei und denke an die Silvesternacht zurück. Kurz treffe ich Chrissi, dann ziehe ich mit zwei kanadischen Freunden durch die Bars. Wir bleiben in einem Jazzclub hängen, »My Funny Valentine« von Miles Davis geht unter die Haut und spiegelt mein Gefühl wider. Ich bin melancholisch, habe aber gleichzeitig große Lust auf das Leben. Die Neugier treibt mich weiter.

Als ich im Jumbojet dem Sonnenaufgang entgegenfliege, klingt mir die rauchige Stimme der Trompete noch immer im Ohr. Der Schimmer des neuen Tages legt sich als orangener Streifen auf den Horizont, mit jeder Minute verliert die dunkle Farbe des Himmelsgewölbes an Intensität. Als gleißender Feuerball steigt die Sonne empor und beendet die Nacht. Guten Morgen, neuer Tag. Oder sollte ich besser »Buenos días« sagen?

Nach meiner Zeit in Afrika und Australien steuere ich auf den dritten Kontinent der Weltumrundung zu. Südamerika. Über 7600 Kilometer misst der Erdteil von Norden nach Süden, von der kolumbianischen Karibikküste bis hin zum sturmumtosten Kap Hoorn. Endlos lange Küsten, mächtige Gebirge, aktive Vulkane, dichte Regenwälder und riesige Hochflächen – all das findet, wer die lange Reise auf sich nimmt.

Es sind ebendiese Facetten und Gegensätze, die mich anziehen. Auf meiner Route liegen mit Chile und Argentinien zwei Länder, die an Kontrasten kaum zu überbieten sind.

»Man braucht in Südamerika keine große Erfindungsgabe. Man steht eher vor dem Problem, das, was man in der Wirklichkeit vorfindet, glaubhaft zu machen«, sagte einst der kolumbianische Literaturnobelpreisträger Gabriel José García Márquez über seinen Kontinent. Wie werde ich ihn wahrnehmen?

Update 335 vom 6. Februar (33°23′ S, 70°47′ W): Es ist heiß und trocken, und der Hals kratzt. Vermelde Ankunft in Santiago.

Die Klimaanlage an Bord des Qantas-Fliegers ist mir nicht gut bekommen. Nach 110 Reisetagen bahnt sich der erste Infekt an – zu einem ungünstigen Zeitpunkt, denn in drei Tagen will ich schon in Patagonien sein.

Vom Jetlag gebeutelt und von der heranrollenden Erkältung gebremst, bringe ich nicht viel auf die Reihe. Die Apothekerin schaut mich groß an, als ich auf Englisch nach Bonbons zum Lutschen frage. Ich bemerke den Irrtum und suche im Gedächtnis nach meinen Spanischkenntnissen. 2009 habe ich die Sprache während meiner Zeit in Peru gelernt. Nun, sechs Jahre später, sind die Erinnerungen verblasst. Das spanische Wort für Bonbon ist mir entfallen, und mehr als ein unsauberes Gestammel bringe ich nicht hervor.

»¿Tiene un bonbon?«

»¿Como?«, fragt die Dame im weißen Kittel und verzieht ihre linke Augenbraue.

Mit den Fingern deute ich auf meinen Hals und räuspere mich.

»¡Ahh, usted quiere un caramelo contra la tos!« Sie verschwindet im Nebenraum und hält mir kurze Zeit später stolz eine weiße Packung unter die Nase.

Ich habe mittlerweile kapiert, dass die Pastillen gegen den Hustenreiz sind. Das ist zwar nicht ganz das, was ich will, aber die Warteschlange hinter mir ist derart angewachsen, dass ich mich damit zufriedengebe. Ich lege 930 Pesos, rund 1,20 Euro, auf den Tisch und verschwinde. Nächstes Mal werde ich mich vorher im Wörterbuch schlaumachen. Für den Moment bleibt die bittere Erkenntnis, dass mein Spanisch nur ein Rudiment dessen ist, was es früher war. Ich kann die Menschen um mich herum zwar ganz gut verstehen, aber für eine sinnvolle Antwort reicht es nicht.

Santiago liegt in einem gewaltigen Kessel fünfhundert Meter über dem Meeresspiegel. Die Stadt wird im Norden vom Aconcagua-Tal, im Süden vom Rancagua-Becken und seitlich von der Anden- und Küstenkordillere begrenzt. Rund sechs Millionen Menschen leben in Chiles größter Stadt. In den regenreichen Monaten führt der Río Mapocho Wasser und spült Santiago das lebensnotwendige Nass direkt ins Herz. Davon ist derzeit nichts zu sehen. Der Fluss ist trocken, die Gegend karg. Grau und Braun sind die dominierenden Farben, nur mit Mühe und künstlicher Bewässerung ringen die Menschen der dürren Gegend grüne Flecken ab.

Santiago ist keine Stadt, die auf den ersten Blick ihren Charme offenbart. Im Vergleich zum viel grüneren Sydney kann sie höchstens in puncto Skyline ansatzweise mithalten, denn einige hohe Gebäude ragen weit in den Himmel empor und bilden das moderne Zentrum. Wenige Querstraßen entfernt befindet sich die Plaza de Armas, die, umrahmt von prächtigen Kolonialbauten, den historischen Kern markiert. Ein Hauch der Vergangenheit liegt über dem Platz.

Vor 460 Jahren marschierten die Spanier ein und verpassten dem Ort seine schachbrettartige Grundform. Damals konnten die Kolonialherrscher nicht ahnen, dass ihr neu erschaffenes Machtzentrum Hunderte Jahre später aus allen Nähten platzen würde. Landflucht und Bevölkerungswachstum führten dazu, dass Santiago großflächig in alle Richtungen wucherte. Zahllose Autobahnen und Schnellstraßen wurden errichtet, um die alltäglichen Verkehrsprobleme zu lösen. Doch trotz ständiger Erweiterungen kann die Metropole das steigende Aufkommen kaum bewältigen. Der Berufsverkehr auf der Berliner Stadtautobahn ist ein Witz verglichen mit der Blechlawine, die sich täglich über Santiagos Straßen wälzt. Ich bin froh, dass mich die Reise weiter nach Süden führt. Weg vom Lärm, hin zur Natur.

Hoher Besuch in Patagonien

Blickrichtung See. Der Wind pfeift, und es fällt mir schwer, die Kamera stillzuhalten.

»Eins noch«, sage ich mir und visiere das Motiv an. *Klick.* Ich schaue auf den Bildschirm und vergleiche das Ergebnis mit der Realität. Ich bin zufrieden. Aber irgendwie auch nicht.

»Okay. Noch ein Bild. Ein letztes«, denke ich mir und gehe zurück in die Fotoposition. *Klick.*

Dreißig Minuten später stehe ich noch immer an derselben Stelle. Ich habe mittlerweile 125 Fotos geschossen, und der einzige Grund, das Shooting zu beenden, ist die Kälte. Meine Finger sind so steif, dass ich nur mit Mühe den Auslöser drücken kann.

Es fällt mir schwer, den Rückzug anzutreten. Vor mir breitet sich der sturmumtoste Lago Sarmiento aus, dahinter ragen gewaltige Gesteinsriesen aus Granit empor. Darüber schwebt eine Wolke, die wie ein riesiger Wattebausch aussieht und von der untergehenden Sonne angeleuchtet wird. Zu gern würde ich die Schuhe schnüren und mich auf den Weg machen. Aber ich kann nicht.

Ich habe rasselnden Husten und Fieber aus der Hauptstadt mitgebracht, die fünfte Reiseetappe steht unter keinem guten Stern. Während das Antibiotikum den Kampf gegen die Bakterien führt, versuche ich, so gut es geht, die Gegend zu genießen.

Wenn der Zeitpunkt des Infekts irgendetwas Gutes hat, dann ist das die Tatsache, dass ich nicht allein bin. Meine Eltern sind seit einigen Tagen an meiner Seite.

Als die Weltreise konkrete Züge annahm, überlegten wir, wann und wo eine gemeinsame Zeit möglich wäre. Die Wahl fiel auf den Abschnitt in Chile, denn Südamerika ist seit Langem ein Wunschziel der beiden. Obendrein haben sie mir ein logistisches Problem abgenommen, indem sie meine gesamte Fahrradausrüstung für die Schlussetappe im Gepäck hatten.

Im Vorfeld des Wiedersehens habe ich viel darüber nachgedacht, ob das Zusammensein gut gehen würde. Es ist unsere erste gemeinsame Reise seit sieben Jahren, und entgegen alter Gewohnheiten kommen die beiden nun bei mir mit und nicht wie früher ich bei ihnen.

Auf etlichen Touren in meinen Kindertagen haben sie mir vorgelebt, was es heißt, draußen unterwegs zu sein. Egal, ob im Kanu, auf dem Fahrrad oder im Gebirge – wir haben schon einiges zusammen erlebt, und Sigrun und Peter haben großen Anteil daran, dass ich naturverbunden aufgewachsen bin und nun neugierig die Welt erkunde.

Und jetzt sind wir hier, in Patagonien. Dreieinhalb Flugstunden südlich von Santiago empfängt uns eine andere Welt. Verkehrschaos, Hitze und Smog sind Fremdwörter, die Landschaft am »Ende der Welt« ist facettenreich und besticht durch riesige Gletscher, Berge, Fjorde, steppenartige Ebenen und zahlreiche Seen. Genau wie Tasmanien liegt Patagonien im Einfluss der »Roaring Forties«. Ein Tag ohne Wind ist selten, oft fegt der kalte Luftstrom mit viel Kraft über die spärlich bewachsene Gegend und treibt mit hoher Geschwindigkeit Wolkenfetzen vor sich her.

Von Punta Arenas aus haben wir uns auf den Weg nach Norden gemacht und reisen über das beschauliche Puerto Natales in den Nationalpark Torres del Paine. Unterwegs haben wir genügend Zeit, um uns zu »beschnuppern«. Seit dem Abschied am Flughafen Berlin-Tegel sind vier Monate vergangen, und das Wiedersehen verlief nicht so, wie wir es geplant hatten. Bei der Ankunft fehlte Peters Rucksack, und statt uns herzlich zu begrüßen, hetzten wir durch die Hallen, um das verlorene Gepäckstück wieder aufzutreiben.

Mit jedem Tag des Zusammenseins spielen wir uns nun besser aufeinander ein. Wie geplant hocken wir nicht vierundzwanzig Stunden am Tag aufeinander und erklimmen nicht jeden Felsen gemeinsam. Allerdings bin ich es, der mit angezogener Handbremse unterwegs ist und nicht, wie im Vorfeld still vermutet, meine Eltern. Während sie durch die Gegend streifen, ist mein Bewegungsradius durch die Erkältung eingeschränkt. Es schmerzt, die patagonische Landschaft nicht in vollen Zügen genießen zu können, und es fällt mir schwer, vernünftig zu sein. Das muss ich aber, denn bald beginnt die Schlussetappe. Dann will ich mit dem Fahrrad vom Pazifik bis zum Atlantik radeln – ein verschleppter Infekt wäre das Letzte, was ich dabei gebrauchen kann.

»Aber mach nicht so gefährliche Sachen, das muss doch nicht sein«, meint meine Mutter, als sie mich mit einer Landkarte im Zimmer sitzen sieht und vermutet, dass ich wieder eine »verrückte« Tour aushecke.

Ich halte meinen Mund und lächle. Mittlerweile habe ich verstanden, dass es keinen Zweck hat, mit ihr über die Gratwanderung zwischen Abenteuer und vernünftiger Planung zu diskutieren. Wie gut, dass sie keine Vorstellung davon hat, was auf der bisherigen Reise alles passiert ist. Auf meiner Homepage veröffentliche ich allenfalls die Hälfte meiner Aktionen, und jetzt ist sicherlich nicht der richtige Zeitpunkt, um ihr reinen Wein einzuschenken. Ich will nicht, dass sie sich Sorgen macht und heute Nacht nicht schlafen kann. Es muss wahnsinnig schwierig für sie sein, mich immer wieder gehen zu lassen. Ihren einzigen Sohn zieht es regelmäßig in die Ferne, um dort seine Grenzen zu testen. Wenn ich so darüber nachdenke, wird mir klar, dass ich wirklich eine tolle Mutter habe. Bei aller Sorge steht sie immer hinter mir.

Update 350 vom 12. Februar (50°57' N, 72°54' W): Wir sind noch rund eineinhalb Gehstunden von unserem Nachtlager – dem Cerro Torre Base Camp – entfernt.

Ein schmaler Pfad zieht sich an der Westseite des Ascencio-Tals hinauf. An seinem Grund sprudelt ein Fluss, der sich, von Gletschern gespeist, seit Jahrtausenden in das Gestein einschneidet. Die frostigen Zeugen einer vergangenen Zeit verwehren sich unseren Blicken und überdauern in den Nischen und Mulden des Gebirges.

Weiter unten krallen sich Bäume in den Schuttflächen fest und geben dem Tal einen grünen Schein. Weiter oben dominiert das nackte Grau der Steine. Die gewaltigen Halden haben ihren Ursprung in markanten Felswänden, die sich Hunderte Meter über unseren Köpfen in den Himmel emporheben.

Ein kleiner Campingplatz schmiegt sich in diese Szenerie. Im Schutz der Bäume errichten Wanderer aus aller Welt ihre Zelte. Schlafen darf hier nur, wer sich vorher angemeldet hat, denn die Nationalparkverwaltung hat zum Schutz der Natur die Anzahl der Stellplätze limitiert.

Wir sind spät dran und haben Mühe, auf dem abschüssigen Boden einen ausreichend großen Flecken Erde für das Dreimannzelt meiner Eltern zu finden. Schließlich steht unsere Behausung.

»Ums Kochen kümmere ich mich«, lasse ich verlauten.

Die verwunderten Blicke meiner Eltern erinnern mich daran, wie lange wir schon nicht mehr zusammen unterwegs waren. Denn seit einigen Jahren bin ich eigentlich immer derjenige, der abseits von Elektroherd und üppiger Kochgeschirrauswahl das Essen zubereitet.

Zum einen liegt das daran, dass mein Benzinkocher sensibel ist und ich als Einziger ein Händchen für ihn habe. Außerdem macht es mir Spaß. Aus einfachen Mitteln etwas möglichst Schmackhaftes zu zaubern ist eine interessante Herausforderung, und obendrein komme ich als Koch meist um den ungeliebten Abwasch herum. Die Regel ist klar – einer richtet an, die anderen machen sauber.

Das Kochen in der Natur ist vor allem ein logistischer Prüfstein. Ich habe nur zwei Töpfe und einen Deckel, auf dem Menüplan steht für heute eine Gemüsepfanne mit Reis und angebratener Salami sowie Pudding als Nachtisch.

Die schönste Belohnung für die hektischen Minuten über dem röhrenden Benzinkocher ist der erfreute Blick von Sigrun und Peter. Offensichtlich haben sie hier oben eher mit einer harten Brotscheibe und Käse als mit einem Zwei-Gänge-Menü gerechnet. Aber auch das hat sich über die Jahre bei mir verändert: Mittlerweile achte ich sehr auf gute Verpflegung. Ich habe festgestellt, dass Essen und Schlaf fundamentale Säulen des Outdoorlebens sind. Das klingt banal, wird aber abseits der gewohnten Umgebung gern übersehen und führt im Extremfall zu schlechter Laune und Kräfteschwund.

Wir hören den rauschenden Fluss, riechen die Salami und schauen das Tal hinauf. Die Bäume gewähren uns gerade genug Durchblick, um zu erkennen, dass die untergehende Sonne die obersten Felszacken anleuchtet. Es ist wie im Kino, nur dass wir keine 3-D-Brille brauchen. Wir sind mittendrin, und die raffinierten Details der Natur würde sich ohnehin kein Mensch ausdenken können.

»Du bist irgendwie noch der Alte und hast dich trotzdem verändert«, sagt Peter zu mir.

»Wie meinst du das?«

»Na, du bist noch der, den wir kennen. Aber ich spüre, dass du Erfahrungen gemacht hast, die dich geprägt haben. Du wirkst im Reinen mit dir.«

»Hmm. Ja, da mag was dran sein. Ich denke, ich habe die Angst vor dem Alleinsein verloren. Zeitgleich habe ich aber auch begriffen, wie wichtig mir feste Bindungen sind. Weißt du, wie ich das meine?«

Peter denkt kurz nach und nickt dann.

»Freust du dich denn schon wieder auf die Heimat?«, klinkt sich meine Mutter ein – und erwischt mich auf dem falschen Fuß. Darüber habe ich bisher kaum nachgedacht.

»Puh, du stellst Fragen. Da schlagen zwei Herzen in meiner Brust. Das eine freut sich auf Berlin, das andere würde lieber weiterreisen. Aber ganz ehrlich, lass uns jetzt nicht darüber reden, sondern lieber den Moment genießen.«

Meine Mutter kennt die Geschichte mit Tory nicht. Insgeheim hoffe ich noch immer darauf, dass wir zueinanderfinden. Ich kann mir gerade sogar vorstellen, zeitweise in Tasmanien zu wohnen. Noch vor vier Monaten wäre das für mich undenkbar gewesen. Ich habe immer behauptet, dass Auswandern nicht infrage käme. Was dieses Thema angeht, bin ich nun stiller geworden. Eine einzige Begegnung kann offensichtlich genügen, um ein gefestigtes Geflecht von Ansichten durcheinanderzubringen. Allerdings habe ich keine Lust, mit meinen Eltern über das Thema zu reden, und bin froh darüber, dass uns die Kälte der Nacht in unsere Schlafsäcke drängt.

Zumindest für mich wird es eine kurze Ruhephase, denn ich will noch vor dem Sonnenaufgang weiter aufsteigen.

Der Wecker klingelt bereits um vier. Die Natur ist noch nicht zum Leben erwacht, als ich aus dem Zelt krieche und im Lichtkegel der Stirnlampe einem Trampelpfad nach oben folge. Ringsherum ist es stockduster, der Sternenteppich bedeckt den Himmel. Die Luft ist kalt und klar, beim Ausatmen stoße ich kleine Dampfwolken in die Umgebung.

Schritt für Schritt nähere ich mich meinem Ziel, nach einer Stunde habe ich es schließlich geschafft und stehe am Ufer eines eineinhalb Kilometer langen Gletschersees. Noch verbirgt das Dunkel der Nacht die Schönheiten der Umgebung, erst mit der Sonne wird die Gegend zum Leben erwachen. Dann kann sie mir zeigen, warum man ihr nachsagt, sie sei das achte Weltwunder.

Meine Zeitrechnung geht allerdings nicht auf. Ich bin viel zu früh hier oben. Die Temperaturen liegen dicht über dem Gefrierpunkt, und ich hüpfe auf der Stelle, um nicht auszukühlen. Der Erfolg hält sich in Grenzen, langsam schwindet die Wärme des Aufstiegs, und die Kälte kriecht in meine Knochen. An meinen fragilen Gesundheitszustand mag ich gar nicht denken, was würde ich für eine Tasse warmen Tee geben.

Als würde sich der schwarze Vorhang allmählich heben, schimmern nach einer frostigen Stunde des Wartens ganz seicht die Farben des neuen Tages vor mir. Ich kann nicht weggucken, denn was ich sehe, macht süchtig nach mehr.

Immer klarer wird das Antlitz dreier markanter Granitzacken. Ich hebe meinen Blick und sehe sie am Ende des Sees stehen – die Torres del Paine, Türme des blauen Himmels. Wie drei dicke Nadeln stechen sie steil empor, überragen die Umgebung um Hunderte Meter. Der höchste von ihnen misst 2850 Meter und ist Spitzenkletterern vorbehalten.

Im sanften Morgenlicht glitzert eine Eisfläche zu Füßen der kahlen Gesteinsriesen. Mit jeder Minute werden die Farben intensiver, und schließlich erscheinen die Türme als gestochen scharfes Spiegelbild im überraschend glatten Gletschersee. Ich bin fasziniert. Und entsetzt. Gerade hier, an einer der schönsten Stellen Patagoniens, offenbart sich der Nachteil einer so bezaubernden Landschaft. In den vergangenen Jahren sind immer mehr Touristen an den südlichen Zipfel des Kontinents gekommen, die Zahl der Besucher hat sich seit der Jahrtausendwende fast verdreifacht. So gut der Andrang für die Wirtschaft des Landes ist, so sehr wirkt er sich auf den Alltag aus. In Stoßzeiten herrscht oft Gedränge auf den Wegen und an den berühmtesten Aussichtspunkten. Es ist kaum sechs Uhr, und ich stehe zusammen mit achtzig anderen Schaulustigen auf den Felsblöcken am Ufer des Lago Torres. Kameras klicken, Gruppen wandern im Gänsemarsch hintereinander her. Bei aller Schönheit des Anblicks schrecken mich die Menschenmassen ab. Unweigerlich muss ich an Tasmanien denken, wo ich solch einen Ansturm nirgendwo erlebt habe.

Woran liegt das? Vermutlich befindet sich Tasmanien in einem touristischen Windschatten zwischen dem australischen Festland und Neuseeland. Patagonien hat hingegen eine globale Strahlkraft und vermarktet sich geschickt. Viele Touristen kommen nach Südamerika, um ebendiese Landschaft zu sehen. Mit Blick auf die Torres-Türme im Morgenlicht kann ich es ihnen nicht verdenken, aber vor dem Hintergrund meiner Weltreiseerfahrung sehe ich auch die problematischen Seiten, den Müll und die schwindende Ursprünglichkeit.

Schade, dass ich durch meine Krankheit wertvolle Zeit verloren habe. Zu gern würde ich die Gegend zu Fuß erkunden und mich auf einem der Wanderwege tief ins Hinterland begeben.

Sollte ich die Chance haben und noch einmal wiederkommen, werde ich mich auf die Suche nach den Kontrasten zwischen abgelegenen und erschlossenen Regionen begeben. Aber das ist Zukunftsmusik, in diesem Moment sollte ich dankbar sein. Dankbar dafür, dass ich überhaupt hier stehe. Das Fieber ist weg, allmählich geht es wieder bergauf mit mir.

Ich wäre wohl nicht ich, wenn ich nicht von Zeit zu Zeit meinem Bewegungsdrang erliegen würde. Meine Ungeduld führt beinahe zu einem Rückschlag, aber ich kann dem steilen Wanderweg zu einem der Aussichtspunkte nicht widerstehen. Statt gemütlich hinaufzugehen, lasse ich die Stoppuhr mitlaufen. Ohne Pause und in großen Schritten absolviere ich die gut sechshundert Höhenmeter. Wenigstens war ich so clever, an warme Kleidung zu denken. Oben angekommen schützt sie mich vor dem eisigen Wind. Ich ziehe mich hinter einen Felsblock zurück und lasse den Blick schweifen. Die Wolken hängen tief, aber in den lichten Momenten kann ich die Umgebung erahnen.

Zu meinen Füßen breitet sich der lang gezogene Lago Grey aus, dessen gräuliche Färbung ihm seinen Namen einbrachte. Die immense Ausdehnung ist ein Zeichen für den gigantischen Eiskörper, der dahinter liegt. Der Grey-Gletscher beginnt in den patagonischen Anden und erstreckt sich über achtundzwanzig Kilometer Länge bis zu seinem dreilappigen Ende am Nordufer des Sees. Die Größe des Eisschildes entspricht knapp der Stadtfläche von Dortmund. Gewaltige Trinkwasserreserven sind in ihm gespeichert, und Wissenschaftler beobachten mit Sorge die immer rasantere Schmelze.

Gemessen an den Folgen des Klimawandels, mögen meine Sorgen lächerlich klein erscheinen. Aber seitdem ich in Puerto Natales mit Gerald geskypet habe, klingeln meine persönlichen Alarmglocken. Mein Freund will in gut zwei Wochen nach Chile kommen, um sich gemeinsam mit mir auf das Fahrrad zu schwingen. Das Ärgernis: Sein Drahtesel ist per Post unterwegs und müsste längst in Santiago angekommen sein. Ist er aber nicht. »Leider können wir Ihnen nicht mitteilen, wo sich Ihre Sendung derzeit aufhält. Wir arbeiten an einer Lösung und bitten um Ihr Verständnis«, lässt die Spedition auf schriftliche Nachfrage verlauten.

Verständnis hin oder her. In zwei Wochen muss sein Fahrrad in Santiago sein, sonst haben wir ein Problem.

Während Gerald in Berlin stündlich seine E-Mails checkt, bläst mir der patagonische Wind die Sorgen aus dem Kopf. Kilometer für Kilometer rollen wir durch die Landschaft, bestaunen türkis anmutende Seen, beobachten Kondore und Guanakos. Sosehr sich die Touristen an den Höhepunkten auf die Füße treten, so sehr verteilen sie sich im Rest der weitläufigen Gegend. Auf den oft geraden Straßen kann ich meinen Gedanken nachhängen, denn Gegenverkehr ist selten, und der Blick nach draußen ist spannend. Nie ist es flach, nie sieht es gleich aus. Wolken ändern fortwährend ihre Form und geben der schroffen Szenerie einen bizarren Rahmen. Patagonien – wild, windig, wunderschön.

Der Kreis schließt sich in Punta Arenas. Die meist flachen Häuser mit ihren farbenfrohen Dächern trotzen tapfer dem Wind, der ungehindert über die Magellanstraße einfallen kann. Dreißig Kilometer misst die Meerenge vor den Toren der Stadt. Sie ist berüchtigt für starke Strömungen, gefährliche Fallwinde und hohe Wellen. Am anderen Ufer beginnt Feuerland. Wer es sich traut und das nötige Kleingeld besitzt, der kann sich von hier aus auf den Weg zum Kap Hoorn machen oder in nur drei Flugstunden die Antarktis erreichen.

Wir erleben die wilde Seite der Magellanstraße hautnah. Auf dem Weg zur Isla Magdalena neigt sich das Schiff bedrohlich von einer Seite zur anderen. *Rums.* Das Boot kracht in ein Wellental und wird von der Gischt umhüllt. Dann hebt sich der Bug in den Himmel, um kurz darauf wieder in die Tiefe zu krachen. *Rums.* Wasser überspült das Deck.

An Bord ist es still. Es gibt wohl kaum jemanden unter den Passagieren, der beim Anblick der tosenden See kein Herzklopfen bekommt. Nur fünf Kilometer trennen uns noch von der Insel, als der Kapitän plötzlich eine harte Kurve einleitet.

»Sehr geehrte Passagiere, leider können wir unsere Fahrt nicht fortsetzen und fahren zurück nach Punta Arenas«, schnarzt es aus den Lautsprechern. Den Rest verstehe ich nicht. Unruhe breitet sich aus. Hat das Schiff einen Schaden? Gibt es einen medizinischen Notfall?

Ich begebe mich auf die Suche nach einem Crewmitglied.

»¿Qué pasó?«

»Todo está bien. Pero el viento es demasiado fuerte para el aterrizaje«, kommt die knappe Antwort.

Aha, der Wind ist schuld.

Update 363 vom 17. Februar (52°56' S, 70°36' W): Saludos de tormenta, stürmische Grüße. Die Pinguine bleiben uns verwehrt, der Plan wurde vom Winde verweht.

Bei meiner Mutter sitzt die Enttäuschung tief. Sie hatte sich am meisten auf die Pinguinkolonie gefreut. Es sollte ein versöhnlicher Abschluss der Zeit in Patagonien werden, denn in gewisser Weise ist der geplatzte Ausflug zur Isla Magdalena ein Sinnbild der vergangenen Wochen: Unsere Patagonien-Reise war eindrucksvoll, blieb aber ungekrönt.

Sollte ich je die Chance dazu bekommen, werde ich wiederkommen. Wanderschuhe, Zelt und Zeit – mit diesen drei Dingen lässt sich in Patagonien noch so viel mehr entdecken.

Abstecher zum Mond

Im Endanflug auf Calama presse ich meine Nase gegen die Fensterscheibe. Landen wir auf dem Mars? Fast kommt es mir so vor, denn draußen erkenne ich nichts außer einer staubigen Fläche, die sich schier endlos ausbreitet.

Übertragen auf Europa, entspricht die Nord-Süd-Ausdehnung Chiles in etwa der Entfernung zwischen dem Nordkap und der Straße von Gibraltar. Wir sind vom Südzipfel des Landes bis weit in den Norden gereist. Hier, rund 3400 Kilometer und sechs Flugstunden von Punta Arenas entfernt, zeigt Chile ein anderes Gesicht. Statt eisigen Winden, zerfurchten Fjordlandschaften und riesigen Gletschern schlagen wir auf einem Hochplateau auf. Es gibt praktisch keine Vegetation, Niederschlag ist selten, und bei Tag klettern die Temperaturen auf sage und schreibe über 30 Grad Celsius im Schatten.

Nach der Namib in Namibia und dem Ödland in Westaustralien ist die Atacama die dritte Wüstenlandschaft auf meiner Reise. Der karge Anblick ist mir vertraut.

Härter trifft es dagegen meine beiden Begleiter, die noch nie mit einer derartigen Weite und Trostlosigkeit konfrontiert worden sind. Sie sitzen neben mir und sind verdächtig ruhig. In einem kleinen Suzuki Grand Vitara rollen wir in Richtung San Pedro de Atacama.

»Und, gefällt es euch?«, frage ich.

»Mhh, ist beeindruckend«, brummt Peter und starrt konzentriert nach draußen.

Ich kann sein Gefühl erahnen. Wahrscheinlich würde er am liebsten Folgendes sagen: »Was ist das denn hier? Sosehr ich auch danach suche, es ist einfach nichts Spannendes zu entdecken. Es ist öde und grau, und ich kann mir beim besten Willen nicht vorstellen, hier für zwei Wochen zu bleiben. Da hätte ich lieber woanders hinfahren sollen. Schade um die wertvolle Urlaubszeit.«

Meiner Mutter scheint es ähnlich zu gehen. Auch sie hält sich bedeckt und ist ungewöhnlich still.

Update 367 vom 18. Februar (22°54' S, 68°11' W): Morgens Patagonien, abends Nordchile. Wir sind gut angekommen in San Pedro de Atacama, einem Ort irgendwo im Nirgendwo.

Inmitten eines der einsamsten und trockensten Gebiete der Erde befindet sich San Pedro de Atacama. Ich bin immer wieder erstaunt darüber, an welch unwirtlichen Orten Menschen leben. Vor 11 000 Jahren waren es die Atacameños, die sich hier niederließen und Landwirtschaft betrieben. Sie nutzten die Gegebenheiten der Natur und bauten auf den wenigen fruchtbaren Flächen verschiedene Maissorten, Reis, Bohnen, Feigen, Baumwolle, Kürbisse und Kartoffeln an. Konstruierte Terrassen, künstliche Bewässerung und Lamakot als Düngemittel stellten die Fortschrittlichkeit der Ureinwohner unter Beweis und hauchten dem trostlosen Flecken Leben ein. Leben, das bis heute überdauert.

Viele Jahrtausende sind vergangen, und von der indigenen Urbevölkerung sind kaum noch Spuren geblieben. Aber die strategisch günstige Lage hat sich durchgesetzt. Mittlerweile ist San Pedro eine Hochburg des Tourismus und ein wichtiger Verkehrsknotenpunkt, denn Richtung Osten sind die Grenzen zu Argentinien und Bolivien nicht fern.

Als würden sie Schutz vor der abweisenden Umgebung suchen, befinden sich Hostels, Reisebüros, Restaurants und Märkte auf engstem Raum. Die lehmfarbenen Gebäude sind flach gebaut und stehen dicht an dicht. Auf den engen Straßen herrscht reges Leben. Touren werden angepriesen, Waren feilgeboten, Speisekarten herumgereicht. Von irgendwoher klingt immer Musik, Hunde kläffen, Menschen diskutieren. Es scheint, als würde diese quirlige Oase nie zur Ruhe kommen.

Für uns wird San Pedro zum Basislager und Rückzugsort. Wir brauchen einige Zeit, um uns auf die neue Umgebung einzustellen. Ungeachtet der Höhenlage ist es hier tagsüber brütend heiß. Erst mit Sonnenuntergang schwindet die Hitze. Dann strahlt der Boden in kürzester Zeit die gespeicherte Wärme ab und läutet die kühlen Nächte ein.

Die erste Tour führt uns nach Süden. Auf einer Fläche, so groß wie das Saarland, überdauert seit Zehntausenden von Jahren ein großflächiger Salzsumpf. Das wenige Wasser der Umgebung sammelt sich hier und verdunstet. Übrig bleibt eine raue Kruste aus verunreinigtem Salz, die am Tag gleißend weiß erscheint. Das kostbare Nass tritt sporadisch in Tümpeln hervor und zieht Lebewesen an. Flamingos gehören zu den Nutznießern dieses Biotops und versammeln sich in großen Gruppen.

Der Anblick ist einzigartig: Im Vordergrund die rosa gefiederten Vögel im seichten Wasser, dahinter ragen die hohen Berge der Andenkordillere empor, ringsherum nichts als Salzwüste. Die Sonne steht hoch am wolkenlosen Himmel und hat ordentlich Kraft.

Allmählich scheinen meine beiden Reisebegleiter mit dem Norden Chiles warm zu werden.

»Wahnsinn, damit hätte ich nicht gerechnet. Bei der Ankunft dachte ich ja, wir landen inmitten eines Tagebaugebietes«, lacht Peter.

Als wir auf den vermutlich mühsam angelegten Pfaden durch die fantastische Landschaft wandern, löchern mich meine Eltern fortwährend mit Fragen. »Immerhin hast du doch Geografie studiert.«

Stimmt. Aber die Geologie Nordchiles ist derart komplex, dass ich beileibe nicht jede Unklarheit spontan beantworten kann. Zurück in der Unterkunft versuche ich dann mithilfe der wackeligen Internetverbindung plausible Erklärungen zu finden. Nicht immer gelingt mir das – das beste Beispiel meiner Ratlosigkeit offenbart sich uns am nächsten Tag.

Das Valle del Arcoiris, Regenbogental, bringt mich zur Verzweiflung. Von der Erosion wild zerfurcht, ragen skurrile Formationen in den Himmel empor. Mineralien scheinen in jedem Quadratzentimeter des Bodens zu stecken und sorgen für ein buntes Durcheinander an Farben. Rot, grün und gelb schimmern die steilen Hänge. »Kathedrale« heißt eine Wand aus senkrechten Säulen und bunten Farben. Es ist der anschauliche Versuch des Menschen, seinem Staunen einen angemessenen Namen zu geben.

Ich setze mich auf einen Stein und lasse die Gegend auf mich wirken. Der Grand Vitara wirkt hier bunt wie ein Spielzeugauto, und eigentlich kann ich nur den Kopf schütteln. Die Dinge, die ich hier sehe, nimmt mir doch kein Mensch ab. Was sagte Gabriel José García Márquez doch gleich? Man steht in Südamerika vor dem Problem, die Wirklichkeit glaubhaft zu machen ...

Bis auf 3500 Meter haben wir uns durch das Tal des Rio Grande hinaufgeschlängelt. Nun bugsiere ich den Suzuki vorsichtig um die engen Kurven zurück in Richtung San Pedro. Die Piste ist schlecht, der Allradantrieb nützlich. Es ist eine Strecke ganz nach meinem Geschmack, und ich kann mir ein Lächeln nicht verkneifen, als ich mit Schwung durch das Flussbett fahre.

»He, das macht dir wohl auch noch Spaß. Mach mal langsamer«, mahnt meine Mutter und krallt sich auf der Rückbank fest.

Peter und ich müssen lachen. Das ist eine Sache, die sich über all die Jahre überhaupt nicht geändert hat. Wenn es ins Gelände geht, stirbt meine Mutter als Beifahrerin tausend Tode. Um den Familienfrieden nicht zu gefährden, nehme ich mich zurück und lasse den wendigen Japaner gemütlich auf 2500 Meter hinabrollen. Immerhin bleibt somit mehr Zeit, um die Umgebung zu bestaunen. Gegenverkehr ist selten, und mit jedem Kilometer wird die Straße besser.

Gerade rechtzeitig zum Sonnenuntergang erreichen wir das Valle de La Luna. Einmal mehr bestaunen wir die Gegend und sitzen sprachlos nebeneinander. Was sollen wir auch sagen? Erst die Salzwüste, dann das Regenbogental und nun das.

Rötlich schimmern die Felsklippen im Abendlicht, der Boden ist wild verworfen und sorgt für bizarre Schattenspiele. Das vegetationsarme Gebiet erinnert an die Oberfläche des Mondes. Das passt ganz gut zu unserem Gesamteindruck, denn seit der Ankunft im Norden Chiles wähnen wir uns auf einem anderen Planeten.

Auf dem Dach der Tour

Die Lunge brennt, der Puls ist hoch. Ich schnappe nach Luft und schaue auf die Uhr. Schon vier Kilometer bin ich gelaufen, ein letzter liegt noch vor mir. Also weiter, Schritt für Schritt durch die karge Gegend. Der Rhythmus ist gleichmäßig, das Tempo niedrig. Aber was habe ich auch erwartet, 4200 Meter über dem Meeresspiegel?

Trotz der Schmerzen fühlt es sich verdammt gut an, endlich wieder voll belastbar zu sein. Der Infekt ist überstanden, und die Kraft kommt zurück. Ich bin hoch motiviert und stürze mich ins Training. Die abendliche Laufeinheit in luftiger Höhe ist Teil eines mir selbst auferlegten Programms. »In der Höhe trainieren, weiter unten schlafen«, so lautet die Zauberformel für die Höhenanpassung. Nirgendwo geht das leichter als hier.

Östlich von San Pedro steigt die Straße steil an, schwingt sich in fünfzig Kilometern bis auf 4800 Meter empor – das entspricht der Höhe des Mont Blanc.

Es wäre eine Lüge zu behaupten, dass schnelle Bewegungen in großer Höhe eine Wohltat sind. Im Gegenteil, das Training ist eine Schinderei übelster Sorte. Durch den verringerten Luftdruck kommt es im Körper zu einem Sauerstoffmangel, und das Atmen fällt schwer. Ohne eine ausreichende Anpassung drohen gar Symptome der Höhenkrankheit.

Ich weiß nicht, ob ich in diesem Punkt ganz normal ticke, aber seit jeher treibt mich der Wunsch an, die Grenzen meines Körpers auszuloten. Stück für Stück taste ich mich an das obere Limit heran, lerne mich dabei besser kennen und bin immer wieder fasziniert davon, was der Organismus leisten kann. Vielleicht liege ich falsch. Aber ich habe das Gefühl, dass viel zu wenige Menschen ahnen, was für ein starker Motor in ihnen steckt.

Am nächsten Tag setze ich meine Erkundungstour in die Höhe fort. Diesmal sind meine Eltern dabei, und wir dringen weiter in Richtung Osten vor.

Nördlich der Laguna Aguas Calientes verlassen wir die gut ausgebaute 27CH und fahren quer über die ausgedehnte Schotterfläche nördlich der Lagune. Rechts und links türmen sich fünftausend Meter hohe Berge auf, in der Senke dazwischen wähne ich einen Weg.

Nach einigem Suchen stoßen wir tatsächlich auf die Piste, von der nicht mehr viel zu erkennen ist. Steine liegen im Weg, und an einigen Stellen wachsen flache Büsche. Aber irgendwie geht es voran. Der Motor jault, der Wind faucht, Staub fliegt durch die Luft. Wir müssen uns jeden Meter mühsam erarbeiten und wären ohne Allrad schon längst liegen geblieben. Hier, fernab vom Schuss, möchten wir keine Panne haben.

Nach fünfzehn Kilometern ist Schluss, die Piste hört einfach auf. Wir stehen auf einer weiten Fläche und haben einen gewaltigen Rundumblick. Einen Steinwurf von uns entfernt fällt das Gelände jäh ab. Hundert Meter unter uns schimmert das seichte Blau der Laguna Tara, an ihren Ufern erkenne ich grüne Tupfer als Zeugen des spärlichen Lebens. Wie groß mag die Lagune sein? Und wie weit ist eigentlich der Berg entfernt, der sich zu unserer rechten Seite unübersehbar in den Himmel erhebt?

Wir stehen eine Weile da und versuchen die Dimensionen zu erfassen. Als wäre das nicht knifflig genug, bremst der fehlende Sauerstoff das Gehirn bei der Denkarbeit. Jeder von uns gibt eine Schätzung ab, dann blicken wir auf die Karte, um das Rätsel zu lösen.

»Ach, da haben wir uns ja total vertan«, stöhnt Peter und runzelt die Stirn.

»Hmm, voll daneben. Wir haben viel zu klein gedacht«, sage ich und blicke überrascht auf die Landkarte. »Die Lagune da unten ist vierzehn Kilometer lang und bis zu fünf Kilometer breit. Der Kumpel da drüben, der so aussieht, als wäre er zum Greifen nahe, befindet sich dreißig Kilometer von uns entfernt und ist beinahe 5800 Meter hoch. Er heißt Nevados de Poquis und scheint ein lange erloschener Vulkan zu sein. Herrje, das ist ein ziemlich massiver Klotz ganz in der Nähe der argentinischen Grenze. Dem würde ich ja gern mal auf den Rücken steigen.«

»Übertreib es doch nicht immer. Der Anblick ist doch auch schön. Sieh nur die roten Hänge und die schneeweiße Spitze. Man könnte denken, jemand hat ihn mit Puderzucker bestäubt.«

Ich lache. »Ach Mutter, du hast ja recht. Aber oben draufzustehen ist ganz bestimmt auch schön. Stell dir nur den schönen Ausblick und den spannenden ...«

»Gut jetzt«, unterbricht mich Peter und wirft mir einen strengen Blick zu. Bevor die Stimmung kippt, halte ich mich lieber zurück, auch wenn es mir gerade schwerfällt. Am liebsten würde ich meine Wanderstiefel schnüren und direkt losmarschieren. Das ist zwar total unrealistisch, aber ich verspüre den Drang nach Abenteuern in mir. Ich will einfach losziehen und die Gegend erkunden, der Nase nach einen Berg besteigen.

Zurück in San Pedro kämpfe ich wieder mit dem Internet. Nach einer gefühlten Stunde rutschen zwei E-Mails zu mir durch, die den Abend auf den Kopf stellen. Die erste kommt von Gerald:

Hola Amigo, mein Fahrrad ist leider immer noch nicht aufgetaucht, und langsam wird die Zeit knapp. Hmm, hast du noch eine Idee? Bis bald!!!

Die Information ist ein Schlag ins Gesicht, und der Optimismus verabschiedet sich. Wie sollen wir eine Fahrradtour ohne Fahrrad beginnen? Klar kann sich Gerald in Santiago ein neues kaufen.

Optimal ist das aber nicht, denn erstens ist das teuer, und zweitens wäre es von großem Vorteil, wenn wir bewährtes Material benutzen könnten. Schließlich wollen wir die Anden überqueren.

Dann die nächste Mail.

Hallo Torsten,
Ich habe gute Neuigkeiten für dich!
Ich habe eine Nachricht von Pierre Cox, dem Direktor, erhalten, und er hat deinen Besuch autorisiert! Deswegen brauche ich so schnell wie möglich deine Reisepassnummer.
Außerdem muss ich dir mitteilen, dass du dich einer Blutdruckmessung unterziehen musst, bevor du auf die Chajnantor-Hochfläche hinauffahren darfst.
Ich warte auf deine Mail
Cheers!
Ralph

»Verdammt, wie geil«, schreie ich meine Freude heraus, denn diese Nachricht rettet den Abend. Der oberste Direktor einer nahe gelegenen Forschungsstation hat meine Anfrage in letzter Sekunde abgenickt. Das heißt, ich darf einen Ort besuchen, der für die meisten Menschen tabu ist – morgen geht es zu ALMA, dem größten Radioteleskopverbund der Welt.

Nach einer unruhigen Nacht packe ich meinen Kram zusammen und springe ins Auto. Ich folge der schnurgeraden Straße über achtzehn Kilometer nach Süden, biege links ab und stehe vor einer Schranke. In einem kleinen Häuschen bekomme ich einen Besucherausweis und muss mir einen Lehrfilm anschauen. Dann darf ich mich auf den Weg zum Versorgungszentrum machen.

2800 Meter über dem Meeresspiegel befindet sich das Herz des internationalen Großprojekts. Moderne Bauten schmiegen sich in das trostlose Einerlei und wirken wie der Außenposten der Menschheit. Zweihundertsechzig Personen, von der Putzfrau bis zum Wissenschaftler, arbeiten hier. Es gibt eine Werkstatt für die überdimensional großen Maschinen, Wohnräume, Labore, Kantine und Krankenhaus.

»Hey, willkommen!«, begrüßt mich Thais. Sie ist meine Betreuerin und erklärt mir den Ablauf.

»Also, wir gehen jetzt schnell deinen Blutdruck messen, und dann können wir hinauf. Okay?«

»Okay«, antworte ich. Thais kann ja nicht ahnen, was sich in mir abspielt. Ich weiß nicht, warum, aber ich habe Schiss vor Ärzten. Und das, obwohl meine Mutter eine ist. Immer wenn ich eine Praxis betrete oder einen Menschen im Arztkittel sehe, schrillen bei mir die Alarmglocken. Dass dabei auch der Blutdruck steigt, ist klar und könnte nun zu einem Fallstrick für mich werden.

Der Doktor bläst die Manschette auf und nimmt den ersten Wert.

»Und?«

Er runzelt die Stirn. »Na ja, im Grunde viel zu hoch. Wir warten mal noch etwas.«

Da können wir lange warten. Sooft wir auch messen – die Werte liegen nicht im Normbereich. Ich versuche ihm mein Weißkittelsyndrom zu erklären und flehe ihn förmlich an, mir zu glauben, dass ich gesund und trainiert bin. Doch der Arzt hat die Macht und lässt sich nicht erweichen.

Irgendwie gelingt es mir dann doch, ihn zu überzeugen. Vielleicht waren es die Fotos vom abendlichen Höhentraining, die ihn umgestimmt haben? Ich werde es wohl nie erfahren.

Thais steuert den bulligen Geländewagen gekonnt über die breite Sandpiste. In festgelegten Intervallen muss sie sich per Funk in der Zentrale melden.

»Hier ist Thais, wir sind jetzt auf viertausend Metern Höhe. Bitte bestätigen.«

»Habe gehört und bestätige«, knarzt es aus dem Lautsprecher.

Wir queren die Höhenlinien im rechten Winkel und kommen schnell hinauf: 4000, 4400, 4800. Ich verfolge unsere Fahrt auf dem Höhenmesser.

Dann sind wir da, auf der Chajnantor-Hochebene. Im Schatten der erloschenen Vulkane El Chascón und Chajnantor breitet sich die Hochebene nahezu topfeben aus. Fünftausend Meter über dem Meeresspiegel wirkt das Blau des Himmels noch kräftiger, und die Sonne hat eine enorme Kraft. Wir stoppen kurz, um unsere Sauerstoffsättigung im Blut zu messen. Der schnelle Höhenwechsel ist eine enorme Belastung für den Körper – für den Notfall haben wir künstlichen Sauerstoff dabei.

»Für Menschen ist diese Gegend lebensfeindlich, aber für die Astronomie bietet sie gute Forschungsbedingungen. Denn hier ist die Luft sauber, und es fehlt das Schmutzlicht der großen Städte«, erklärt mir Thais.

Dann rollen wir auf die Ebene und halten auf die Radioteleskope zu, die hier wie verirrte Aliens herumstehen und ihre Schüsseln in den Himmel richten. Wenn ich es nicht besser wüsste, würde ich vermuten, dass es sich dabei um eine Abhöranlage für die Spionage handelt. Aber ausspioniert werden hier allenfalls die Ursprünge unseres Universums. Die Radioteleskope senden Strahlung im Millimeterbereich aus und funktionieren im Verbund wie ein gewaltiges Zoom-Objektiv.

»So ein Ding wiegt hundert Tonnen und kostet zehn Millionen US-Dollar. Sechsundsechzig Radioteleskope stehen den Wissenschaftlern zur Verfügung. Maximal sechzehn Kilometer stehen sie auf der Ebene voneinander entfernt. Die meisten Messungen werden aber nicht jetzt, sondern im Winter durchgeführt. Dann ist noch weniger Staub in der Luft.«

Wir laufen langsam durch die Reihen der geparkten Teleskope, die unsere Körpergröße um das Sechsfache überragen.

»Arbeiten hier oben eigentlich viele Leute?«

»Nee, die meisten bleiben unten in der Zentrale. Hier kommen nur wenige her. Wir haben strenge Vorschriften, und die Arbeiter sind speziell geschult.«

Nach einer Stunde drängt Thais zum Aufbruch, und wir rauschen wieder in die Tiefe hinab. 4800, 4200, 3800. Die Höhenmeter purzeln, und mit jeder Minute fällt das Atmen wieder leichter. Unterwegs stoppen wir an einem großen Kaktus, der am Rand der Piste wie eine Antenne aus der ansonsten kahlen Gegend herausragt. Ein Foto, dann geht es weiter. 3600, 3200, 2800 – wir haben das Basislager erreicht.

Thais führt mich durch den Kontrollraum. Etliche Monitore flimmern an der Wand, zwei Physiker halten die Stellung und kontrollieren die milliardenschwere Technik. Im Gegensatz zu optischen Teleskopen sind Radioteleskope von der Tageszeit unabhängig. Geforscht werden kann somit rund um die Uhr. An den Wänden im Flur hängen Aufnahmen, die mit ALMA gemacht wurden. Als Laie erkenne ich nicht mehr als bunte Wirbel und Wolken, die auch zu einem intergalaktischen Fantasiespiel gehören könnten.

Nach einem Stopp in der Kantine verabschiede ich mich von Thais und schlendere zurück zu meinem Auto. Ich stutze. Habe ich eben Deutsch gehört? Ich bleibe stehen und höre genauer hin. Und tatsächlich, einige Meter entfernt von mir telefoniert ein schlanker Mann mit breitem Wüstenhut in meiner Muttersprache. Als er aufgelegt hat, spreche ich ihn an. Er stellt sich als Dr. Rabanus vor.

»Eigentlich komme ich aus Wuppertal, aber mittlerweile lebe ich in Chile. Die Pendelei zwischen den Kontinenten wurde lästig.«

Hier hat er sein Herz an eine Frau verloren – und an die Wissenschaft.

»Ich arbeite als Systemtechniker und bin dafür verantwortlich, dass alles läuft. Das ist superspannend.« Seine Augen leuchten.

»In Westaustralien habe ich den Bordingenieur eines Fernzuges getroffen. Der musste mit einem begrenzten Ersatzteillager komplexe Probleme lösen. ALMA liegt fernab vom Schuss. Müssen Sie hier auch oft improvisieren?«

Mein Gegenüber lacht. »Na ja, achtzig Prozent der Probleme sind bekannt und treten immer wieder auf. Dafür haben wir ein großes Ersatzteillager. Spannend wird es aber bei neuen Fehlern. Oft bekommen wir es so hin, aber manchmal müssen wir Material aus dem Ausland kommen lassen. Das geht dann richtig ins Geld, denn jeder Ausfall kostet das Observatorium eine Unsumme.«

Dr. Rabanus drückt mir seine Visitenkarte in die Hand und verabschiedet sich.

»Wir eröffnen hier gerade ein Besucherzentrum. Dafür kannst du gern Werbung machen. Wir wollen die Wissenschaft aus dem Elfenbeinturm holen und den Menschen erklären, wie unsere Arbeit hier ausschaut.«

Mein Kopf ist voll mit neuen Eindrücken, als ich ALMA verlasse und San Pedro ansteuere. Früh am Abend falle ich in Tiefschlaf. Ich träume von bösen Ärzten und riesigen Teleskopen, bis mich das schrille Piepen meines Weckers zurück ins Reich der Lebenden holt.

Es ist gerade fünf Uhr am Morgen. Wir wollen unsere gute Akklimatisierung nutzen und machen uns noch einmal auf den Weg nach Süden. Vier Stunden sind wir unterwegs, folgen erst der Hauptstraße und rumpeln anschließend über ausgefahrene Pisten. Dann sind wir da.

Der Blick geht nach Norden. Wir stehen an der Laguna Lejía und haben das Ziel vor Augen. Verführerisch spiegelt sich ein Vulkankegel im flachen Wasser der Lagune. Es scheint, als wollte uns der Láscar in seine Nähe locken. Doch wir haben die tödliche Bedrohung erkannt.

Giftige Dämpfe steigen aus dem Schlund und ziehen direkt in unsere Aufstiegsspur. Es wäre leichtsinnig, sich den Gasen auszusetzen, und wir halten respektvoll Abstand.

Der Láscar ist der aktivste Vulkan im Norden Chiles. 1993 brach er so heftig aus, dass die Asche bis ins 1500 Kilometer entfernte Buenos Aires flog.

»Hey, Geograf, kannst du uns was dazu sagen?«, fragt meine Mutter und deutet auf die Berge.

Diesmal kann ich das. Der Norden Chiles befindet sich in einer geologisch hochinteressanten Zone. Die Nazca-Platte kollidiert vor der Küste mit der Südamerikanischen Platte und wird hinabgedrückt. Im Ozean entsteht ein mehrere Tausend Meter tiefer Graben, an Land hebt sich ein Hochgebirge empor – die Anden. Erdbeben und Vulkanausbrüche begleiten die tektonischen Bewegungen und gehören seit jeher zur Geschichte des Landes.

Tumbre kann ein Lied davon singen. Das Dörfchen befindet sich an den Nordhängen des Láscar und ist bereits der Lava zum Opfer gefallen. Die Menschen wollten dennoch in der Gegend bleiben und bauten ihren Ort etwas weiter westlich wieder auf. Der Platz soll sicherer sein, eine Garantie dafür gibt es aber nicht. Wer hier lebt, der muss auf die Gnade von Apu Ampato hoffen. Der Vulkangott der alten Inka scheint auch im 21. Jahrhundert das Sagen zu haben, denn trotz modernster Techniken lassen sich die Eruptionen nicht langfristig vorhersagen. Im Ernstfall bleiben nur wenige Stunden, um die Region zu evakuieren.

Einig sind sich die Experten darüber, dass die Dämpfe Vorboten des nächsten Ausbruchs sind. Mit diesem Wissen im Hinterkopf habe ich großen Respekt, als ich hier, in sechzehn Kilometer Entfernung zum Gipfelkrater, den Geruch von faulen Eiern wahrnehme. Ich spüre, dass ich nur ein kleines Lämpchen bin, das die

Kraft der Natur mühelos ausschalten kann. Ich hätte dem Láscar gern in den Rachen geschaut. Aber heute will er uns nicht empfangen, und wir tun gut daran, das zu akzeptieren.

Ich suche nach einer Alternative und entdecke einen Höhenzug auf der Südseite des Láscar. Weder finde ich für diesen Berg einen Namen, noch gibt es einen ausgewiesenen Weg hinauf. Aber wenn ich das Gelände richtig interpretiere, dann müsste ein Aufstieg machbar sein.

Meine Eltern bevorzugen es, unten zu bleiben, und lassen mich schweren Herzens gehen.

»Pass auf dich auf«, gibt mir Peter mit auf den Weg. Dann drehe ich mich um und ziehe los. Im Gepäck habe ich nur eine Wasserflasche, etwas zu essen, eine zusätzliche Jacke und den Satellitenempfänger.

Schritt für Schritt entferne ich mich vom Auto. Ein leichter Wind schiebt mich von hinten. Die Sonne steht hoch am wolkenlosen Himmel, und ich muss mir eine Spur durch das Geröll suchen. Aus der Entfernung sahen die Hänge seichter aus, als sie es eigentlich sind. Mit jedem Meter werden das Gelände steiler und die Felsbrocken loser.

Meine GPS-Uhr zeigt mir an, dass ich mich schon zwei Kilometer vom Ausgangspunkt entfernt habe und dabei vierhundert Höhenmeter aufgestiegen bin. Was sie mir nicht verraten kann, ist, wie es weitergeht. Ich muss mich auf mein Bauchgefühl und meine Erfahrungen verlassen. Umdrehen oder weitergehen? Diese Frage stelle ich mir regelmäßig. Viertausendachthundert Meter über dem Meeresspiegel wollen die Entscheidungen gründlich überlegt sein. Erst recht, wenn man allein unterwegs ist.

Ich tauche mitten hinein in eine Bergwelt, die so viel mehr zu bieten hat als Geröll und Schneereste. Abseits der ausgetrampelten Wege schärft sich der Blick für die Feinheiten der Natur, und ich muss mitdenken, um wieder heil nach unten zu kommen. Alle

Sinne sind gefordert, und genau das ist es, was mich reizt. Der Kopf ist herrlich leer, und sämtliche Gedanken machen Platz für die Gegenwart.

Die Rinne wird allmählich schmaler und teilt sich unterhalb einer Felsflanke in zwei Richtungen. Ich entscheide mich für die rechte Seite, denn dieser Weg erscheint mir sicherer.

Nach zwei Stunden und einem Müsliriegel komme ich auf fünftausend Metern an. Kurz setze ich mich auf einen Stein und halte inne. Es ist totenstill. Nur der Wind säuselt leise vor sich hin. Die Sonne steht hoch, die Konturen der Steine wirken gestochen scharf, der Himmel ist tiefblau.

Ich gehe weiter, die Rinne führt mich geradewegs auf eine Hochfläche. Als ich sie erreiche, peitscht mir eine Windböe ins Gesicht. Aus dem Säuseln ist ein Fauchen geworden, weit und breit gibt es nun keinen Schutz mehr. Ich kämpfe mich langsam voran und habe die Zeit dabei immer im Blick. Nach höchstens vier Stunden werde ich umdrehen, ganz egal, wo ich dann bin. Das habe ich meinen Eltern versprochen. Sie würden mir nachsteigen, wenn ich nicht zur vereinbarten Zeit zurück bin.

Nach weiteren eineinhalb Kilometern geht es nicht mehr höher. Ich habe den Scheitelpunkt des Plateaus erreicht und ziehe den Reißverschluss meiner Daunenjacke bis ganz nach oben. Die Temperaturen liegen bei plus fünf Grad Celsius, wirken durch den scharfen Wind aber wie Minusgrade.

Update 391 vom 26. Februar (23°26' S, 67°44' W): Das Dach der Weltumrundung ist erreicht – Gipfelgruß von 5200 Metern Höhe.

Bis auf sieben Kilometer bin ich an den Láscar herangerückt. Er zeigt mir seine südliche Schulter, die giftigen Gase wabern noch immer aus dem Schlund direkt in die Aufstiegsspur. Es war die richtige Entscheidung, ihn in Frieden zu lassen. Zwar ist der Berg, auf dem ich stehe, nicht so markant wie sein kegelförmiger Nachbar, aber der Ausblick ist trotzdem spektakulär.

In allen Richtungen ragen Vulkane spitz in den Himmel empor. Gen Osten, irgendwo über Argentinien, braut sich eine massive Wolkenwand zusammen. Und dann sind da diese schier endlosen Weiten. Riesige Flächen ohne ein einziges Zeichen von Vegetation. Braun, Gelb und Grau sind die dominierenden Farben, und einmal mehr wähne ich mich auf einem anderen Planeten.

Ein Selfie, ein Müsliriegel und ein paar Fotos später beginne ich den Abstieg. Länger halte ich es auf der Hochfläche nicht aus, außerdem ist meine Mission erst beendet, wenn ich wieder am Auto angekommen bin. Sieben Kilometer durch wegloses Gelände liegen vor mir. Ich bin froh, dass ich die Koordinaten auf dem Hinweg gespeichert habe. Denn hier oben sieht alles ziemlich gleich aus, und wenn ich nicht aufpasse, steige ich womöglich die falsche Rinne hinab.

Am Anfang komme ich schnell voran. Mit Schwung springe ich in das lose Geröll und rutsche Stück für Stück den Hang hinab. Mühselig wird es, als die Steine größer werden. Immer wieder muss ich mein Körpergewicht abfangen, und meine Oberschenkel beginnen zu schmerzen. Das geht eine ganze Weile so, und ich bin erleichtert, als ich schließlich das Auto als kleinen Punkt in der Landschaft entdecke. Nun habe ich das Ziel vor Augen und halte geradewegs darauf zu.

Meine Eltern freuen sich, dass ich wohlbehalten zurückgekehrt bin, und überraschen mich mit Schokolade.

»Hattet ihr auch eine gute Zeit?«

»Ja, wir haben alle viere von uns gestreckt. Das tat auch mal gut. Außerdem habe ich gelesen, dass die NASA in der Gegend schon Roboter für die Marsmissionen getestet hat«, sagt meine Mutter.

»Na, das kann ich mir gut vorstellen. Dann lasst uns mal zurück zur Basis fahren, mein Magen knurrt.«

Von Peter und Sigrun kommt kein Einspruch, und die verlockende Aussicht auf ein leckeres Abendmahl treibt uns schnell voran. Drei Stunden werden wir für den Rückweg nach San Pedro benötigen. Mach's gut, Láscar. Möge Apu Ampato gnädig sein.

Klack. Ich werfe die Fahrertür ins Schloss, drehe den Zündschlüssel nach rechts, winke meinen Eltern zu und rolle los. Auf der Rückbank liegt meine gesamte Kameraausrüstung und ein Schlafsack für den Notfall.

Ich verlasse San Pedro in den frühen Abendstunden und folge noch einmal der steil ansteigenden Straße nach Osten. Die untergehende Sonne taucht die Anden in ein warmes Licht und entlockt den Hängen ihre Farben. Der Licancabur mit seiner fast perfekten Kegelform streckt sich nur wenige Kilometer von mir entfernt dem Himmel entgegen. Seine Spitze ist weiß, seine Flanken schimmern rot und gelb. Es scheint, als wollte er am letzten Abend noch einmal deutlich machen, wer der König der Region ist. Der erloschene Vulkan ist eine Augenweide und ein Rätsel für die Wissenschaft. In seinem Krater befindet sich ein See, der trotz üppiger Minusgrade nie zufriert. Die NASA zieht es regelmäßig auf den Gipfel, doch ich habe heute anderes vor.

Meine Fahrt führt durch die karge Landschaft auf 4600 Meter hinauf. Als die Straße nach Süden abknickt, verlasse ich die gut ausgebaute Trasse und biege auf eine Piste ab, die in keiner Karte verzeichnet ist. Es ist ein furchtbares Geholper, und mein Herz klopft vor Aufregung. Ich bewege mich durch Niemandsland auf die bolivianische Grenze zu und muss mir, so gut es geht, die Route merken. Wenn ich umkehre, wird es dunkel sein – und berauscht von der Umgebung habe ich vergessen, die Koordinaten des Abzweigs zu speichern.

Vor mir erstreckt sich eine weite Ebene, die gemächlich abfällt und dann am Ufer eines Sees mündet. Mit den letzten Sonnenstrahlen des Tages schimmert die Laguna Blanca silbrig-grau. Gerahmt wird sie durch die Vulkane Juriques und Cerro Sandoncito, die erhaben über die Gegend wachen.

Es ist beunruhigend ruhig. Kein Wind, keine Wolke, die Luft ist trocken und klar. Ich weiß nicht, warum, aber ganz wohl ist mir nicht. Ich fühle mich winzig klein und habe das Gefühl, dass die Stille wie eine Bleischürze auf der Landschaft liegt. Wie weit mögen die nächsten Menschen von mir entfernt sein? Zehn, dreißig oder gar sechzig Kilometer? Ich weiß es nicht und will es ehrlich gesagt auch gar nicht wissen.

Allmählich wird der Himmel dunkler. Die anbrechende Nacht treibt die Helligkeit nach Westen aus und nimmt die Wärme gleich mit. Es ist mittlerweile empfindlich kalt, und ohne Daunenjacke und Handschuhe würde ich es kaum aushalten. Es war definitiv die richtige Entscheidung, eine lange Unterhose anzuziehen.

Eine Stunde später ist das letzte Licht erloschen. Im Schein der Stirnlampe programmiere ich meine Kamera, schalte die Leuchte aus und drücke auf den Auslöser. Für die nächsten dreißig Sekunden ist es so dunkel, dass ich kaum meine eigene Hand erkennen kann. Die Redewendung »Schwarz wie die Nacht« bekommt hier oben eine ganz neue Bedeutung.

Wenn ich mich vorhin klein gefühlt habe, dann nehme ich mich nun als Winzling war. Anders kann ich es nicht beschreiben, denn das Sternenmeer raubt mir den Verstand. Ich verstricke mich in der Frage nach dem Sinn des Lebens und sehe uns als Erbse in der Unendlichkeit. Es ist doch verrückt, dass wir auf einem Gesteinshaufen mit glühendem Kern sitzen und mit sechsundachtzigfacher Schallgeschwindigkeit einen mehrere Millionen Grad heißen Stern umkurven.

Wenn mir meine Reise bisher eines gezeigt hat, dann die Tatsache, wie kostbar und wenig selbstverständlich unser Leben ist. Doch statt gemeinsam das Beste daraus zu machen, hauen sich die

Menschen die Köpfe ein und zwängen sich in ein Korsett, das sie Alltag nennen.

Warum eigentlich?

Nach zwei Stunden drängt mich die klirrende Kälte zum Aufbruch. Trotz Fernlicht habe ich das Gefühl, mit einer kleinen Kerze durch den Wald zu laufen. Ich komme nur mit Schrittgeschwindigkeit voran und muss mich auf mein Bauchgefühl verlassen. Leider führt mich das in die Irre.

»Immer habe ich die Koordinaten gespeichert. Warum denn ausgerechnet heute nicht«, fluche ich.

Ich bin falsch gefahren. Keine Ahnung, wo ich den Fehler gemacht habe, aber ich stehe auf jeden Fall nicht da, wo ich stehen sollte. Statt die Straße zu sehen, schaue ich in einen Graben. Er ist nicht besonders groß, und umzudrehen wäre ja auch keine wirkliche Alternative. Wo soll ich schon hinfahren?

Kurz entschlossen hole ich etwas Schwung und rolle auf den Graben zu. Als das Auto nach unten sackt und sich kurz darauf die Nase nach oben hebt, realisiere ich, wie dumm die Idee war. Die Räder drehen durch, und es geht weder vor noch zurück. Ich stecke fest.

Ein Rad hängt in der Luft, ein anderes hat sich in den Sand eingegraben. Im Licht der Scheinwerfer ziehen aufgewirbelte Staubwolken um das Auto, und es riecht nach Gummi. Die Szenerie ist gespenstisch.

Mit Händen und Füßen versuche ich eine Rampe zu schaufeln, damit mein linkes Hinterrad wieder Bodenhaftung bekommt. Ich habe jegliches Zeitgefühl verloren. Das Adrenalin pulsiert in meinen Adern und verleiht mir Extrakräfte.

Schließlich wage ich es. Ich setze mich ans Steuer und werfe alles in die Waagschale. Langsam lasse ich die Kupplung kommen und sende dabei ein Stoßgebet in den Himmel. Es dauert eine gefühlte Ewigkeit, bis sich der Suzuki langsam in Bewegung setzt. Die Rampe hält! Ich befreie mich im Rückwärtsgang aus der Umklammerung des Sandes.

Gelöst ist das Problem damit noch nicht, denn ich stehe nach wie vor auf der falschen Seite des Grabens. Noch einmal schichte ich mit Händen und Füßen den Erdboden um. Noch einmal ziehen die Staubwolken durch die Luft. Es wäre die perfekte Kulisse für einen Thriller.

Vorsichtig rolle ich erneut auf den Graben zu. Wird meine Konstruktion halten, werde ich hinüberkommen? Der Sand schabt am Bodenblech, und der Motor jault. Die Erlösung kommt Sekunden später – ja, ich schaffe es!

Völlig fertig spüre ich, wie die Anspannung abflaut, und atme tief durch. Ich bin einfach nur erleichtert darüber, dass es weitergehen kann und ich hier oben nicht übernachten muss. Genau wie beim Klettern in Südafrika war es auch diesmal eine Unachtsamkeit, die mich in die Enge getrieben hat.

Nach kurzem Suchen finde ich die Straße und rolle zurück nach San Pedro. Dort angekommen bin ich froh, dass meine Eltern tief und fest schlafen und wir getrennte Zimmer haben. Ich gleiche einem Bergarbeiter, bin völlig überzogen von Staub. Meine Hände sehen aus, als hätte ich einen Stollen mit ihnen gegraben – der Dreck sitzt tief unter den Nägeln. Aber sei es drum. Die Bilder des Sternenmeeres kann mir keiner mehr nehmen. Sie sind gleich doppelt gesichert: auf der Speicherkarte der Kamera und in meinem Kopf.

Es geht zurück nach Calama. Ein letztes Mal rollen wir durch die Weiten der Atacama-Wüste.

»Wahnsinn, wie sich der Blick verändert hat«, sagt Peter. Auf der Hinfahrt fühlte er sich von der Gegend abgestoßen, nun will er sie gar nicht mehr loslassen.

»Ich könnte hier wohl noch zwei Wochen bleiben, und es würde trotzdem nicht langweilig werden. Da haben sich Bilder eingebrannt, die nachhaltig wirken.«

»Hmm, stimmt«, meint meine Mutter, schaut zu mir und setzt fort: »Wie ordnet sich die Etappe in Chile in das bisher Erlebte auf deiner Weltreise ein?«

»Puh, du stellst Fragen.« Ich muss kurz überlegen. »Landschaftlich lässt sich Chile kaum mit etwas vergleichen, was ich auf der Reise bisher gesehen habe. Ich sehe da eher Parallelen in Bezug auf das Klima. Wie in Namibia gibt es auch hier eine kalte Meeresströmung, die für Trockenheit sorgt und ...«

»Warte mal, das meinte ich nicht«, unterbricht mich meine Mutter. »Mich interessiert mehr, wie du die Menschen wahrgenommen hast.«

»Ach so. Hmm, das ist gar nicht so leicht zu beantworten. Ich glaube, ich muss die Erlebnisse erst noch ein wenig sacken lassen, um den Vergleich ziehen zu können. Was ich aber mit Sicherheit sagen kann, ist, dass es Spaß gemacht hat, mit euch zusammen unterwegs zu sein.«

»Hattest du etwa Zweifel daran?«, fragt Peter und wirft mir halb ernst einen strengen Blick zu.

»Natürlich nicht«, entgegne ich und zwinkere zurück.

Die Ankunft in Santiago de Chile hält ein urbanes Abenteuer für uns bereit. Wir geraten mitten in den Berufsverkehr und gehen in dem irreführenden System aus Einbahnstraßen hoffnungslos verloren.

»Das schaffen wir nie«, sage ich und schaue auf die Uhr. Seit eineinhalb Stunden schieben wir uns in der Blechlawine voran. Zu allem Überfluss scheint der Mietwagen nagelneu zu sein. Bei den Zentimeterabständen genügt ein kleiner Fehler, um den Lack zu zerkratzen oder eine dicke Beule in die Karosserie zu fahren.

Peter hantiert auf dem Beifahrersitz mit der Karte, die viel zu ungenau für eine zuverlässige Navigation ist. Wenn das so weitergeht, werde ich niemals rechtzeitig am Flughafen sein, um Gerald abzuholen. Mein Freund landet in zwei Stunden, und es ist Ehrensache, dass ich ihn in Empfang nehmen will. Zumal es seine erste große Reise ist und er kaum Spanisch spricht.

Irgendwie schaffen wir es, uns aus dem Sumpf der Innenstadt zu befreien und zum Aeropuerto Internacional Comodoro Arturo Merino Benítez zurückzufinden. Meine Mutter schnappt sich daraufhin ein Taxi und fährt zum Hostal, um noch ein paar Sachen für das Abendessen zu organisieren. Peter und ich bleiben am Flughafen und warten auf Gerald.

Mit einem Seesack auf dem Rücken und einem verschmitzten Lächeln auf den Lippen kommt mein Kompagnon in Chile an. Die Reise steckt ihm in den Knochen. Von Berlin aus ging es für ihn über Panama direkt in den Sommer. Nun schiebt er seine Gepäckkarre genau auf mich zu.

»Amigo, schön dich zu sehen«, sage ich.

»Gleichfalls! Ist ja ganz schön warm hier.«

»Na, warte erst mal ab, bis wir draußen sind.«

Wir lachen und drücken uns fest. Ich freue mich riesig darüber, dass Gerald den Weg auf sich genommen hat. Wir haben zwar keine genaue Vorstellung davon, was uns in den kommenden Wochen erwartet. Aber zu zweit werden wir das schon irgendwie packen.

Auf dem Weg in die Stadt bekommt Gerald einen ersten Eindruck von der neuen Umgebung. Es ist mittlerweile dunkel geworden, und der Feierabendverkehr hat sich beruhigt. Wir rollen über fast leere Straßen auf das Zentrum zu. Im Rückspiegel sehe ich Gerald sitzen, sein Gesicht wird von den rhythmisch vorbeiziehenden Lichtflecken der Laternen erhellt. Er erzählt von der langen Reise und davon, dass in Berlin Schnee liegt.

»War mal wieder ein richtig ekliger Winter bisher. Kalt und nass. Hast also alles richtig gemacht mit dem Zeitpunkt deiner Reise«, grient er.

»Erinnere mich nicht daran. Wir müssen bald zurück in die graue Suppe«, schaltet sich Peter ein.

»Ach, na ja, sooo schlimm ist es nun auch nicht. Es gab ja auch schöne Tage in den vergangenen Wochen«, versucht Gerald seine Aussage zu entschärfen.

Irgendwann haben wir es tatsächlich geschafft und biegen in die Vicuña Mackenna ein. Wir rollen an den prächtigen Kolonialbauten vorbei und finden unser Hostal. Dort hat meine Mutter den Tisch gedeckt, und es ist ein unglaublich schönes Gefühl, mit meinen Eltern und Gerald zusammenzusitzen. Es ist ein Stück Heimat, 12 500 Kilometer von Berlin entfernt.

Bei aller Freude über das Wiedersehen holt uns die Realität schnell wieder ein. Geralds Mountainbike ist immer noch verschollen. Ohne Fahrrad keine Fahrradtour. Es ist Freitagabend. Wir haben einen Tag Zeit, um das Problem zu lösen, denn am Sonntag sind die Läden geschlossen, und am Montag wollen wir bereits den Ausgangspunkt an der Küste erreicht haben. Jeder zusätzlich verlorene Tag verkleinert unseren Spielraum und könnte uns später auf die Füße fallen.

Zwei Räder, eine Mission

Mit dem Fahrrad vom Pazifik zum Atlantik

Es raschelt. Ich schaue schlaftrunken auf die Uhr und drücke mir das Kissen auf den Kopf. Das kann doch nicht wahr sein. Es ist vier Uhr. Vier Uhr! Gerald kramt in seiner Tasche herum und sucht irgendetwas.

»Mensch, Gerald, was machst du denn für einen Lärm?«, frage ich etwas unwirsch.

»Guten Morgen, Amigo, na, hast du gut geschlafen?«

Will er mich veralbern? Es ist mitten in der Nacht, ich schlafe noch!

»Ey, Gerald, im Gegensatz zu dir habe ich keinen Jetlag. Tu mir den Gefallen und gib mir noch wenigstens zwei Stunden!«

Einen gemeinsamen Tagesrhythmus zu finden wird wohl eine der größten Herausforderungen in den kommenden Wochen. Schon als wir zusammen in der WG gewohnt haben, wurde offensichtlich, wer von uns die Lerche und wer die Eule ist.

Geralds Fahrrad hängt noch immer irgendwo zwischen Europa und Südamerika und wird definitiv nicht pünktlich in Santiago ankommen. Bis zuletzt hatten wir auf ein Wunder gehofft, aber nun kommen wir um einen Neukauf nicht herum. Wir entscheiden, dass es nicht klug wäre, gemeinsam die Läden abzuklappern, denn es gibt auch sonst genug zu tun. Während sich Gerald auf die Suche begibt, kümmere ich mich derweil um die Logistik. Wenn meine Eltern in wenigen Tagen das Land verlassen, dann werden sie auch den Großteil meines Gepäcks mitnehmen. Ich muss mir daher genau überlegen, worauf ich verzichten kann und was ich unbedingt brauche. Alles, vom Abspanngurt bis zur Zahnpasta, stelle ich auf den Prüfstand. Wenn wir auf dem Fahrrad die Anden überqueren, wird sich jedes unnötige Gewicht rächen. Außerdem besorge ich Nahrungsmittel, die wir unterwegs nur schwer bekommen werden, etwa Trockenmilchpulver und Müsliriegel.

Ich komme nach der Einkaufstour gerade zur Tür rein, als mein Handy klingelt. Es ist Gerald.

»Amigo. Komm schnell her. Der Laden schließt gleich, und meine Kreditkarte funktioniert nicht.«

Im gestreckten Galopp sprinte ich aus der Unterkunft auf die Straße und winke das nächstbeste Taxi heran. Dem Fahrer gebe ich ein üppiges Trinkgeld, damit er mich schnellstmöglich zum Ziel bringt. Vielleicht hätte ich das besser nicht tun sollen. Denn der Kerl nimmt die Aufforderung sehr ernst. Er küsst das Kreuz an seiner Kette und heizt mit verbissener Miene und quietschenden Reifen durch die Straßen. Bei seinen irren Überholmanövern halte ich mir die Hand vor die Augen und hoffe auf das Beste. Es grenzt an ein Wunder, dass nichts passiert, aber wenigstens sind wir wirklich schnell.

Nach einem Stopp am Geldautomaten erreiche ich den Fahrradladen gerade rechtzeitig zum Ladenschluss. Der Besitzer ist dabei, die Metallrollos herunterzulassen, und Gerald steht kreidebleich an der Tür. Nur einen Tag nach der Ankunft und bei drückender Hitze unterwegs zu sein hat ihn ausgelaugt. Als dann beim Bezahlen seine Kreditkarte streikte, war der Nervenzusammenbruch nicht weit. Aber wir können das Unheil gerade so abwenden, und nun nennt Gerald ein knallgrünes Mountainbike sein Eigen.

»So, es kann losgehen«, grinst er mich an.

»Na, so wie du aussiehst, sollten wir erst einmal was essen gehen.«

»Da habe ich nichts dagegen. Ich sage dir, ich habe es mir einfacher vorgestellt, in einer Millionenstadt ein brauchbares Fahrrad zu bekommen.«

Gerald zeigt mir eine Straße, in der sich die Fahrradläden aneinanderreihen. Allerdings verrät bereits der Blick in die Schaufenster, dass es hier keine Tourenräder gibt. Am Ende entschied sich mein Freund deshalb für ein stabiles Mountainbike und ließ sich einen Gepäckträger darauf montieren, der laut Bauanleitung eigentlich nicht hätte passen dürfen. Sein Rad ist von einem amerikanischen Rahmenhersteller, hat 29-Zoll-Reifen und heißt in Anlehnung an einen mythischen Magier »Merlin«. Gut, dass wir in diesem Moment nicht ahnen, dass dieser Drahtesel wirklich zauberhafte Fähigkeiten entwickeln wird. Fähigkeiten, die unsere ganze Tour auf den Kopf stellen werden.

Von null auf zweitausendfünfhundert

»Junge, es geht los!!!«, ruft mir Gerald zu, als wir uns in den Sattel schwingen. Wie sehr haben wir diesen Tag herbeigesehnt. Endlich müssen wir uns keine Gedanken mehr über logistische Probleme machen. Ab jetzt können wir einfach losstrampeln.

Wir rollen auf der Küstenstraße nach Süden. Rechts von uns brechen sich die Wellen des Pazifiks, links von uns schwingt sich das Gelände hundert Meter empor. Einfache Häuser säumen den Weg, eine Gruppe Pelikane segelt neben uns her. Es ist angenehm kühl, als wir Duao verlassen.

Update 405 vom 4. März (35°2' S, 72°9' W): Adiós, Océano Pacífico! Wir drehen jetzt nach Osten ab.

Es ist ein merkwürdiges Gefühl, dem Ozean den Rücken zuzudrehen, denn wir haben keine richtige Vorstellung von dem, was uns erwartet – landschaftlich und auch in Hinsicht auf die Erfahrungen, die wir machen werden. Die Straße folgt dem fruchtbaren Tal des Río Mataquito. An den Hängen gedeiht Obst, und immer wieder passieren wir Weinanbaugebiete.

»Mensch, krass, das nächste Meer ist dann der Atlantik«, sprudelt es aus Gerald heraus.

»Jo. Wir sollten uns ein bisschen beeilen, ich will baden gehen«, feixe ich zurück.

Die Laune ist bestens. Der Wind schiebt uns leicht an, und wir kommen gut vorwärts.

Nach zwanzig Kilometern legen wir eine erste kurze Rast ein. Meine Eltern, die zwei Tage mit uns am Pazifik verbrachten, haben im Auto zu uns aufgeschlossen und wollen sich verabschieden.

»Na dann, ihr beiden, schlagt euch wacker. Wir werden euch von zu Hause im Auge behalten«, sagt Peter.

»Passt bitte auf euch auf, ja?«, betont meine Mutter, die sichtlich am Abschied zu knabbern hat.

Wir nehmen uns fest in den Arm. Gerald und ich stehen wie begossene Pudel da, als meine Eltern in den Wagen steigen und davonrollen. Wir winken, bis wir sie nicht mehr sehen können. Dann setzt das Bewusstsein ein, dass wir nun wirklich allein sind. Mit Sigrun und Peter verlässt uns ein Stückchen Sicherheit. Morgen geht es für meine Eltern zurück nach Deutschland, wir selbst werden erst ein paar Kilometer weiter sein. Fortan sind wir auf uns gestellt, es gibt niemanden, der uns mit dem Auto begleitet.

Die beste Ablenkung ist Fahrradfahren. Einfach den Lenker festhalten und in die Pedale treten. Jede Minute wirbeln wir die

Kurbel rund neunzigmal im Kreis. Der Tacho zeigt 25 km/h an, die Quecksilbersäule ist mittlerweile auf 35 Grad Celsius geklettert. Der Schweiß beginnt zu tropfen, und mit jedem Meter entfernen wir uns mehr von Meeresrauschen und Urlaubsstimmung.

»Mann, Gerald, fahr doch mal bitte gleichmäßig«, schimpfe ich mit meinem Vordermann.

»Hä? Ich fahr doch supergleichmäßig«, protestiert dieser prompt.

»Nee, machst du nicht. Mal ziehst du an, mal lässt du locker. Entscheide dich doch mal für einen Rhythmus. Das wäre echt nett.«

Es wird offensichtlich, dass wir aus unterschiedlichen Lagern kommen. Gerald ist Mountainbiker. Er passt seinen Takt dem Gelände an und gerät auf ebenen Strecken durcheinander. Ich komme vom Rennrad und bin es gewohnt, konstante Geschwindigkeiten zu fahren.

»Denk mal ans Autofahren. Da ist eine gleichmäßige Fahrweise auch ökonomischer«, rufe ich nach vorn.

»Ja ja. Nicht mal beim Radfahren hat man seine Ruhe!«

Wir müssen lachen. Ich kenne Gerald seit zwei Jahren, bin nach der Trennung in seine WG nach Pankow gezogen. Seitdem haben wir uns nie ernsthaft gestritten. Wir können energisch diskutieren und beide unseren Dickkopf haben. Aber wir würden nie den anderen persönlich angreifen oder unfair behandeln. Wir ergänzen uns gut, und jeder hat seine Aufgaben. Gerald ist für die Technik zuständig und hat als Informatiker digitale Landkarten organisiert. Ich habe währenddessen die Nahrungsmittel im Blick und verhandele mit den Leuten am Wegesrand.

Nach sechsundsiebzig Kilometern erreichen wir La Huerta. Es ist genug für den ersten Tag, und wir beschließen, einen Platz zum Schlafen zu suchen. Die einzige Unterkunft ist eine üble

Kaschemme. Von außen sieht es ganz nett aus, aber innen offenbart sich ein anderes Bild. Die Matratzen sind versifft, die Klospülung funktioniert nicht richtig, und in der Dusche wächst Schimmel.

»Jackpot«, ruft Gerald. Die Absteige lässt sich nur mit Humor ertragen. Wir haben ohnehin keine andere Wahl, heute Nacht werden wir hierbleiben müssen. Zumindest kommt uns der Preis entgegen, denn umgerechnet zehn Euro pro Person sind selbst für chilenische Verhältnisse ein Schnäppchen.

Am nächsten Morgen ist es heiß, und der Wind kommt von vorn. Wir bleiben im weiten Tal des Río Mataquito und rollen an abgezäunten Obstplantagen vorbei. Es geht permanent hoch oder runter. Die Anstiege sind nicht lang, aber knackig, und die Tendenz ist klar – wir gewinnen stetig an Höhe. In den kommenden Tagen werden wir 2500 Meter nach oben fahren müssen, um den Grenzpass zu erreichen.

Wir finden doch noch einen guten Rhythmus und spulen unsere Meter auf der J-60 ab. Lkw donnern an uns vorbei. Auf ihren Ladeflächen türmen sich die Weintrauben so hoch, dass in jeder Kurve ein paar Dutzend herunterfallen. Die Beeren purzeln auf die Straße, werden festgefahren und bilden einen klebrigen Belag. Unsere Reifen schmatzen über den Asphalt und riechen nach vergorenen Trauben.

»Lass uns nachher die Reifen ablecken, dann müssen wir keinen Wein kaufen«, witzelt Gerald.

»Tu dir keinen Zwang an. Ich bleibe doch lieber beim Wasser«, entgegne ich und nehme einen tiefen Schluck aus der Flasche.

Wasser könnte zum Problem werden. Wir müssen darauf hoffen, dass die Gebirgsbäche genug von dem kostbaren Nass führen. Eine Garantie dafür gibt es nicht. Es bleibt die Hoffnung.

Nach einigen Stunden breitet sich eine weite Ebene vor uns aus. Wir sehen, wie sich die Flüsse Río Teno und Río Lontué vereinen. Gerade haben wir Trapiche passiert, Curicó kann nicht mehr fern sein.

Die Luft steht, als wir die geschäftige Stadt erreichen und uns mit unseren schwer beladenen Rädern einen Weg durch die verstopften Straßen bahnen. Die 100 000 Menschen leben hier vor allem vom Weinanbau. Immer wieder knattert ein alter Traktor vorbei und bläst uns die Abgase direkt ins Gesicht. 2010 verwüstete ein schweres Erdbeben die Region und legte die halbe Stadt in Schutt und Asche. Risse in der Fahrbahn deuten auf die immerwährende Gefahr hin, von der historischen Altstadt ist nicht mehr viel übrig. Teile sind mühevoll restauriert, an anderen Stellen klaffen Löcher, wo einst die Spanier ihre Kolonialbauten errichteten. Wir streifen durch Curicó und nutzen die Chance, uns bekochen zu lassen. Für die nächsten Tage wird es wohl die letzte Gelegenheit sein, in einem Restaurant zu essen. Wir stärken uns mit Ajiaco, einer Fleischsuppe, und Empanadas de pino, traditionellen Fleischpasteten.

Die Fahrt ins Unbekannte beginnt am nächsten Morgen mit einem Kurztrip auf der Panamericana. Wir ignorieren das Verbotsschild für Radfahrer und treten auf dem Seitenstreifen kräftig in die Pedale.

»Hey, Gerald, wolltest du nicht immer schon mal auf einer Autobahn Fahrrad fahren?«, brülle ich gegen den Verkehrslärm an.

»Nee, eigentlich nicht«, kommt die knappe Antwort. Die Laune meines Mitstreiters bessert sich erst, als wir nach zehn Kilometern die Panamericana verlassen und endlich auf eine Regionalstraße abbiegen.

»Boah ey, so viele Autos sind gar nicht mein Ding«, stöhnt Gerald, als sich der Verkehr beruhigt hat.

»Mountainbiker, bleib in deinen Wäldern«, lache ich und ernte ein Augenrollen. »Irgendwann werden wir uns noch freuen, wenn wir überhaupt mal ein Auto sehen.«

Am Horizont ragen die Anden in den wolkenlosen Himmel empor. Sie geben uns die Richtung vor, und mit jedem Meter, den wir ihnen näher kommen, wird der Anblick imposanter. Auf den ersten vierzig Kilometern haben wir uns fünfhundert Meter in die Höhe gearbeitet. Noch ist die Straße gut, noch sind die Beine frisch. Über alles andere denken wir am besten gar nicht nach.

Es ist warm geworden. Gerald tropft wie eine undichte Badewanne und hängt ständig am Schlauch seines Wassersacks. Der schnelle Umstieg vom Winter auf den Sommer macht ihm immer noch zu schaffen, und es ist zu befürchten, dass er den gesamten Río Teno leer trinkt. Der Fluss befindet sich stets in unserer Sichtweite. Er fließt hinab, wir fahren hinauf.

Irgendwo zwischen Colliguay und Los Queñes ist Schluss mit lustig. Vom einen auf den anderen Meter weicht die Asphaltdecke einem groben Kiesbelag, und wir holpern mehr schlecht als recht die Piste hinauf. Bisher war ich mit meinen schmalen Tourenreifen im Vorteil, nun wendet sich das Blatt, und ich schaue wehmütig zu Gerald hinüber. Auf den breiten Mountainbikestollen kommt er gut voran und kann mein Leid nur bedingt verstehen.

Das Tal ist wesentlich schmaler geworden, und die Berge um uns herum werden steiler. Wir passieren die letzte Siedlung und frischen noch einmal unsere Vorräte auf. Brot, Müsliriegel, ein paar Tomaten wandern in die Satteltaschen, dann geht es weiter.

Wir kämpfen noch eine Stunde mit der Piste und beschließen dann, einen Platz für die Nacht zu suchen. Am Ufer des Río Teno schlagen wir unser Lager auf. Sechzig Kilometer haben wir heute geschafft und uns dabei tausend Meter in die Höhe gearbeitet. Das reicht. Nun schmeiße ich den Kocher an. Es gibt Nudeln mit

Tomatensoße. Der Himmel ist klar, Isomatte und Schlafsack reichen uns, auf das Zelt verzichten wir.

Wir liegen nebeneinander und schauen in die Sterne. Mit dem Gurgeln des Flusses im Ohr und der klaren Bergluft in der Nase fallen wir in einen tiefen Schlaf.

Zwischen den idyllischen Stunden am Fluss und der sich anschließenden Knochenarbeit liegen nur wenige Stunden.

Nach der erholsamen Nacht packen wir früh unsere Siebensachen zusammen und brechen auf. Vier Stunden lang ackern wir anschließend ohne Unterlass gegen Hitze, Schwerkraft und den Schotter an. Permanent geht es bergauf, und schattige Plätze sind die absolute Ausnahme.

»So ein Dreck«, presst Gerald hervor. Seine Augen verbirgt er hinter den verspiegelten Gläsern der Sonnenbrille, aber ich weiß auch so, wie es ihm geht. Er schiebt sein Rad eine steile Rampe hinauf und hat sichtlich zu kämpfen, um überhaupt vom Fleck zu kommen.

»Hey, wie geht es dir?«, empfange ich meinen Freund auf der Anhöhe.

»Mäßig«, folgt die knappe Antwort. Kein Witz, kein Ironie? Kein gutes Zeichen! Wir sollten schleunigst eine Pause machen, damit er wieder zu Kräften kommt.

Ich verlagere beim Treten mein Gewicht, so weit es geht, nach vorn, denn es ist derart steil, dass ich andernfalls nach hinten umkippen würde.

Wir sind ein Team, wenn einer schwächelt, muss der andere stark sein. Während Gerald um jeden Meter ringt, fahre ich vor und suche nach einem Pausenplatz. Doch da ist nichts.

Die Hänge sind karg, der Río Teno fließt fünfzig Meter unter uns und ist unerreichbar. Das einzige Grün überdauert an seinen Ufern, es gibt da nur uns, die staubige Piste und das trostlose Tal.

Es hilft nichts, wir müssen es irgendwie zum chilenischen Grenzposten schaffen. Bis dahin sind es läppische vier Kilometer. Zu Hause, auf flacher Strecke und mit meinem Rennrad unter dem Hintern, würde ich keine sechs Minuten benötigen. Hier oben geht diese Rechnung nicht auf, der zerfahrenen Piste müssen wir jeden Meter abringen. Durchschnittlich acht Prozent ist die Rampe steil. Die Sonne zeigt kein Erbarmen und grillt uns auf höchster Stufe.

Als wir schließlich vor dem Schlagbaum stehen, ist Gerald unterzuckert und ein Schatten seiner selbst. Das Grenzgebäude trägt orangenen Putz und hat ein knallgrünes Dach. Die Flagge Chiles zappelt im Wind, von drinnen beäugen uns drei Beamte.

Wir schieben unsere Pässe durch das Loch in der Glasscheibe, sehen wie die Ausreisestempel auf das Papier gedonnert und wenig später wieder herausgereicht werden. Unter dem Schatten des Vordachs legen wir uns auf die Fliesen und machen eine Pause. Es gibt Ölsardinen, Brot und Traubenzucker. Gerald döst zwanzig Minuten und kommt allmählich wieder zu sich. Die Farbe kehrt in sein Gesicht zurück, der Wortwechsel nimmt an Fahrt auf.

»Boah, Torsten, ich war selten so alle. Das ist doch unmenschlich, was wir hier machen. Ich wünschte, ich hätte den Job der Grenzbeamten. Die kommen hier sicherlich nicht um vor Arbeit.«

»Psst, sag das nicht so laut. Nicht, dass die am Ende noch Deutsch verstehen und sich beleidigt fühlen«, zische ich und grinse.

»Hehe, dann lass uns lieber weiterfahren, bevor sie unsere Pässe einziehen oder uns für die bekloppte Idee mit der Radtour einsperren. Ich bin so weit wieder fit.«

Wir hieven unsere Körper auf die Sättel und setzen uns langsam in Bewegung. Im Rücken spüren wir die Blicke der Beamten. Sie werden sich fragen, warum wir ausgerechnet hier entlangwollen, wo es doch 120 Kilometer weiter südlich mit dem Maule-Pass eine durchweg asphaltierte Passstraße gibt.

Der chilenische Grenzposten liegt zwar hinter uns, das Land haben wir aber noch nicht verlassen. Den eigentlichen Übertritt nach Argentinien werden wir erst auf dem Paso Vergara bewerkstelligen. Ob wir es heute noch bis dahin schaffen werden, ist allerdings mehr als fraglich.

Das Tal fächert sich oberhalb der Grenzstation in zwei schmale Seitentäler auf. Wir folgen dem rechten und halten geradewegs auf eine graue Wand zu. Nach wenigen Hundert Metern geht es ordentlich zur Sache. Bis zu fünfundzwanzig Prozent ist die Piste steil, windet sich in Serpentinen den Hang hinauf. In einer Kehre hebt mein Vorderrad vom Boden ab, und ich komme nicht schnell genug aus den Pedalen heraus. In Zeitlupe kippe ich mit Sack und Pack um. *Plumps.* Ich lande im Staub und sitze verdattert auf dem Hosenboden. Die Satteltaschen lösen sich vom Gepäckträger und purzeln den Hang hinab.

Gerald sammelt meine Taschen ein und kommt zu mir.

»Geht's dir gut?«

»Nein, verdammt, mir geht es natürlich nicht gut! Ich bin gerade im Stehen umgekippt, das ist doch ein verfluchter Mist hier.« Ich greife einen Stein und schleudere ihn mit voller Wucht in die Ferne. So fertig war ich selten. Ich bin nicht der Typ für große Gefühlsausbrüche, aber jetzt gerade habe ich die Nase gestrichen voll.

Dann bemerke ich mein blutendes Knie. Grobe Reinigung, Desinfektion, Verband anlegen. Es ist das gleiche Prozedere wie in Tasmanien. Und wieder ist es die linke Seite ...

Als Gerald wenig später das gleiche Schicksal ereilt, beschließen wir, die Räder zu schieben. Das Gewicht ist einfach zu ungleich verteilt, und zwei Stürze innerhalb von zehn Minuten sind genug.

Teilweise ist es so steil, dass wir zu zweit anpacken müssen, um weiter hinaufzukommen. Zwei elendig lange Stunden benötigen wir, um drei Kilometer zurückzulegen. Dann haben wir genug. Hände in den Hüften, der Blick folgt der Piste. Eine dicke Staubschicht bedeckt unsere Haut, die Mischung aus Schweiß und Sonnencreme brennt in den Augen. Wir stehen auf 2300 Meter Höhe und beobachten völlig ausgepumpt, wie die Sonne langsam hinter der Bergkette verschwindet. Die Aussicht mag spektakulär sein, aber dafür haben wir keine Augen. So hatten wir uns das nicht vorgestellt. Den Pass wollten wir schon längst überwunden haben, um die Nacht in Argentinien zu verbringen. Stattdessen trennen uns sieben Kilometer und gut zweihundert Höhenmeter von unserem Ziel.

Wenigstens finden wir eine ebene Fläche in unmittelbarer Nähe zum Gebirgsbach. Wir rollen die Isomatten aus und entleeren unsere Satteltaschen. Auf das Zelt verzichten wir erneut.

Ein kurzes Bad im kalten Wasser weckt die Lebensgeister und befreit uns vom Schmutz. Müde sitzen wir auf unserem Lager und beobachten die anbrechende Nacht. Mit dem Licht verschwindet auch die Wärme, und bevor es ganz dunkel ist, beginne ich zu kochen. Heute ist das Essen besonders wichtig, denn der Tag war hart, und hungrig einzuschlafen wäre das Allerletzte, was wir gebrauchen können. Es gibt Reis mit Bohnen.

Mit einem wohligen Völlegefühl im Magen kriechen wir in die Daunenschlafsäcke und schauen in die Sterne. Es ist friedlich. Nur Richtung Norden erhellt der Widerschein von Blitzen den Nachthimmel. Donner ist nicht zu hören, dafür ist das Gewitter zu weit weg. Wir sind ganz allein hier oben und atmen die klare Bergluft. Der Fluss gluckert leise, der Mond steht noch hinter den Bergen. Gerald breitet seine Arme aus und streckt die Hände in Richtung Himmel, als wollte er nach den Sternen greifen.

»Das ist so ein Augenblick, von dem ich geträumt habe. Mit dem Fahrrad über die Anden fahren. Draußen in der Natur sein, fernab von Lärm und Hektik.«

Wir hängen unseren Gedanken nach. Es ist wieder einer dieser Momente, in denen Vergangenheit und Zukunft keine Rolle spielen. Egal, was war, egal, was kommt – jetzt gerade ist es schön. Dieses Erlebnis bleibt auf ewig ein Teil von uns und macht die Strapazen des Tages vergessen. Nun können die Zollbeamten gern vorbeikommen und uns nach dem Sinn unserer Route fragen. Ich würde mich einfach einmal im Kreis drehen, mit den Fingern auf die zauberhafte Berglandschaft zeigen und sagen: »Deswegen!«

Nach Schwarztee und Honigbrot zum Frühstück nehmen wir die fünfte Etappe in Angriff. Wir müssen direkt volle Leistung bringen, denn die Piste hat nichts von ihrer Steilheit verloren. Es ist früh am Morgen, und noch steht die Sonne hinter den Bergen. Wir genießen die frische, klare Luft und mühen uns voran.

Gerald kommt gut in Tritt, er hat einen Rhythmus gefunden und ackert sich den Hang hinauf. Ich bin gleichauf, fühle mich aber nicht gut. Ich hatte nach dem Aufstehen eine Tablette geschluckt, um meine rechte Achillessehne zu beruhigen, die seit zwei Tagen zwickt. Das Medikament erfüllt seinen Zweck, allerdings machen mir die Nebenwirkungen des Schmerzmittels zu schaffen, mir ist schwindlig.

Neidisch beobachten wir zwei Gauchos, die hoch zu Ross elegant vorbeiziehen und uns erhaben grüßen. Ihre Umhänge wehen im Wind, die Gesichter sind vom Wetter gegerbt. Sie wissen, wie man sich hier oben fortbewegt. Ihre vierhufigen Muskelprotze bewältigen die steinige Rampe scheinbar mühelos, uns zweibeinigen Abenteurern bleibt indes nichts anderes, als unsere Räder zu schieben. Wieder müssen wir zu zweit anpacken, um die vollbeladenen Fahrräder weiter hinaufzubekommen. Ab und an machen wir eine Pause, um wenigstens etwas von der atemberaubenden Hochgebirgslandschaft mitzubekommen.

Update 416 vom 8. März (35° 12' S, 70° 31' W): Wir haben den Vergara-Pass erreicht und sind damit endlich in Argentinien angekommen!

Vor fünf Tagen sind wir am Pazifik losgefahren, jetzt stehen wir auf 2540 Meter Höhe in den Anden und freuen uns über den ersten Meilenstein, den wir geschafft haben. Vor uns öffnet sich das Tal und gibt den Blick auf eine Hochebene frei. Ein lebhafter Wind streicht über die Gegend, und feine Wolkenfetzen verpassen dem Himmel ein Muster. Ausgetrocknete Grasflächen münden in gewaltige Schutthalden, die sich zu hohen Bergen aufschwingen. Weit oben krallen sich Schneereste im schroffen Fels fest.

Von unseren Rädern abgesehen steht noch ein Geländewagen neben dem blauen Grenzschild. Eine vierköpfige Familie steigt aus und löchert uns mit Fragen. Wo kommen wir her? Wo wollen wir hin? Warum nehmen wir nicht das Auto? Wie schwer sind die Räder? Wir reden recht flüssig auf Spanisch, nach fünf Wochen lockert sich der Knoten in meiner Zunge allmählich.

Die Familie brennt auf ein Foto mit uns und besteht darauf, sich zu revanchieren. Kurz tagt der Familienrat, dann teilen sie eine edle Wurst mit uns und spendieren eine Flasche Cola. Wir nehmen die Unterstützung dankbar an. Schließlich haben wir nur begrenzten Proviant dabei und wissen nicht, wann wir wieder an einem Supermarkt vorbeikommen werden.

»Gracias, muchas gracias«, bedanke ich mich immer und immer wieder.

»¡De nada! ¡Buena suerte!«, kommt es zurück. Dann brummt der Motor auf, und die Familie rumpelt davon. Aus dem offenen Fenster winken sie noch, bis wir uns nicht mehr sehen können. Gerald und ich bleiben allein zurück.

Sieben Kilometer später erreichen wir den argentinischen Grenzposten und bekommen unsere Einreisestempel verpasst.

»Was, Sie wollen von hier aus nach Las Leñas fahren? Na, wie soll das denn gehen?«, schaut mich der Beamte misstrauisch an, als ich unsere Pläne offenlege.

Ich zeige ihm auf der Karte den geplanten Weg.

»No, no! Das geht schon lange nicht mehr. Die Brücke über den Rio Grande ist kaputt, und über zwei Kilometer gibt es da auch keine Straße mehr. Keine Chance, das könnt ihr vergessen. Und was ist das überhaupt für eine Karte?«

Ich werfe Gerald einen fragenden Blick zu. Für das Kartenmaterial war er zuständig. Er hebt ratlos die Schultern.

Unser Plan hat sich in Luft aufgelöst. Verdattert stehen wir vor dem flachen Gebäude und rätseln, wie es weitergehen soll. Die Region ist dünn besiedelt und das Straßennetz im südlichen Argentinien sehr übersichtlich. Wir kommen um einen Stopp in Malargüe nicht herum. Allerdings entfällt nun der direkte Weg über Las Leñas. Damit haben wir einen Versorgungspunkt weniger, und die alternativen Routen bescheren uns zusätzliche Kilometer.

Die Stimmung ist gedrückt, als wir die Räder satteln und unsere Fahrt fortsetzen.

Wir holpern über eine mehrere Kilometer breite Ebene, an deren Rändern sich dreitausend Meter hohe Berge auftürmen. Wir kommen nur langsam voran. Die Gegend ist trocken, und unsere Reifen sinken in den Sand wie eine Kirsche in warmen Pudding. Gnadenlos brät uns die Sonne, in der Ferne glitzert der Gletscher des Peteroa-Vulkans verführerisch im Mittagslicht. Wir sind hin- und hergerissen zwischen Schönheit und Strapaze. Mal können wir die Umgebung für ein paar Augenblicke genießen, dann fordern uns der Gegenwind und die Anstiege aufs Äußerste.

»Oh Mann, irgendwie habe ich gehofft, dass es nach dem Pass runtergeht«, keucht Gerald.

An eine rauschende Abfahrt ist nicht zu denken. Die Piste windet sich auf und ab. Der Luftstrom faucht uns im stetig schmaler werdenden Gebirgsschlund entgegen, und wir taufen diesen Abschnitt »Windkanal«.

Auch wenn wir es zwischenzeitlich nicht für möglich gehalten haben, kämpfen wir uns noch siebzig Kilometer durch das Tal des Rio Grande. Wir erreichen die Stichstraße nach Malargüe in der Abenddämmerung und beschließen zu rasten. Nun können wir in Ruhe überlegen, wie es weitergehen soll.

Zehn Meter vom Fluss schlagen wir unser Lager auf und beginnen mit dem abendlichen Ablauf. Erst eine Katzenwäsche, dann koche ich, während Gerald die Räder wartet. Als Krönung des Tages folgt das gemeinsame Abendessen. Schließlich kriechen wir in unsere Schlafsäcke und gönnen den geschundenen Knochen eine Pause. Der Wind bläst unvermindert stark und wirbelt den feinen Sand durch die Luft. Ein leises Rumpeln hallt durch die Täler und verrät ein Gewitter, wir können jedoch schwer einschätzen, wie weit es entfernt ist. Im Zelt fühlen wir uns wohler. Die kleine Behausung hat sich auf der Weltreise schon mehrfach bei Wind behauptet und soll uns heute einen ruhigen Schlaf sichern.

Am nächsten Morgen müssen wir eine Entscheidung fällen. Folgen wir der Stichstraße direkt nach Malargüe, oder fahren wir außen herum über Bardas Blancas? Der eine Weg scheint kürzer zu sein, windet sich aber über schlechte Pisten auf 2800 Meter hinauf. Die andere Variante ist länger, verspricht allerdings bessere Straßen und weniger Höhenmeter.

Wir entscheiden uns dazu, dem Rio Grande zu folgen, und nehmen die zusätzlichen Kilometer in Kauf. Motiviert beginnen wir die sechste Etappe – Geralds Karte kündigt einen Belagwechsel an. Schon bald sollten wir auf einer Asphaltstraße Hunderte Meter in die Tiefe rauschen. Der Gedanke daran mobilisiert Extrakräfte und lässt mich vergessen, dass meine lädierte Achillessehne dringend eine Pause braucht. Wir zuckeln durch die Gegend und erfreuen uns der spektakulären Silhouette der Anden. Immer wieder sehen wir Rinder, die das Gras auf den spärlich bewachsenen Weiten suchen.

»Morgens und abends finde ich es besonders schön. Da wirkt die Landschaft viel lebendiger. Tagsüber habe ich immer das Gefühl, dass die Sonne alle Farben ausspült«, meint Gerald und deutet auf die orange schimmernden Felszacken zu unserer Rechten. Und tatsächlich. Die Mittagsstunden nehmen dem Land das Leben – das ist auch heute so.

Mit der steigenden Sonne schwindet unsere Zuversicht. Nach drei Stunden ist von der guten Laune kein Stück mehr übrig.

»Was ist das denn für eine miese Karte. Das stimmt doch alles nicht«, maule ich.

Wir stehen unter der sengenden Sonne und haben nur noch einen Liter Wasser. Die Piste hat sich keinen Deut verbessert, und Geralds Kilometerkalkulation geht nicht auf. Die Nerven liegen blank.

»Ich kann mir das nicht erklären, im Harz hat OpenStreetMap gut funktioniert.«

»Mensch, Gerald, wir sind hier aber nicht im Harz. Seien wir mal ehrlich, das Kartenmaterial ist unbrauchbar, und wir haben keinen blassen Schimmer, wie weit es bis zur nächsten richtigen Straße ist.«

»Hmm«, murmelt mein Partner.

Ich bin sauer. Gar nicht so sehr auf Gerald, sondern viel mehr auf mich. Ich bin derjenige von uns, der Geografie studiert und mehr Erfahrungen mit Landkarten im Gelände gesammelt hat. Ich hätte mich darum kümmern müssen. Habe ich aber nicht. Obendrein war ich zu naiv, was meine Reifen angeht. Für den losen Sand sind sie viel zu schmal. Ich sinke zentimetertief ein und muss mich wie ein Maulwurf durch das Sediment wühlen. Das macht keinen Spaß und geht an die Substanz.

Ich bin so aufgewühlt, dass ich gar nicht bemerke, wie flott ich unterwegs bin. Wie bei einem Triathlon-Wettkampf trete ich, als ob es kein Morgen geben würde. Dafür, dass sich der Rio Grande am Grund des Tals malerisch in die Gegend einschneidet, habe ich keinen Blick. Ich starre stur nach vorn, ignoriere die Schmerzen und kämpfe mit dem Gegenwind.

Nach fünfzehn Kilometern halte ich inne und stelle erschrocken fest, dass Gerald nicht mehr da ist. Ich blicke mich um und kann ihn nirgends entdecken. Fünf, zehn, fünfzehn – die Minuten verstreichen, ohne dass sich etwas tut. Ist ihm etwas passiert? Hat er eine Panne oder einen Hitzestich? Meine Gedanken kreisen vor Sorge, ich bin drauf und dran, die Satteltaschen abzuwerfen und umzudrehen. Dann erscheint mein Freund als kleiner Punkt am Ende der staubigen Piste und kommt langsam näher. Die Erleichterung ist riesengroß.

»Hola, Amigo«, begrüßt er mich und befreit sich das Gesicht mit seinen Handflächen vom Staub.

»Gut, dass du da bist. Ich habe mir Sorgen gemacht.«

»Brauchst du nicht. Hättest aber ruhig sagen können, dass du Dopingmittel dabeihast.«

»Hä?«

»Na, du bist ja abgegangen wie eine Rakete.«

Wir müssen lachen, die Stimmung ist wieder gut.

Der Tag hält eine bittersüße Überraschung für uns bereit. In Las Loicas stoßen wir tatsächlich auf eine gute Straße und finden sogar einen Laden, in dem wir unsere chilenischen Pesos loswerden. Auf den folgenden fünfunddreißig Kilometern nach Bardas Blancas geht es zwar stetig hinab, aber der Wind faucht uns derart heftig entgegen, dass wir nur mit Mühe vom Fleck kommen. Wir fahren dicht hintereinander und wechseln uns in der Führungsarbeit ab. Auf diese Weise kämpfen wir uns durch das tief eingeschnittene Tal des Río Grande und leiden leise vor uns hin. Abwärts treten zu müssen gehört zu den deprimierendsten Schicksalen, die einem auf dem Rad ereilen können.

Als wir von einem der seltenen Autos angehalten werden und der Fahrer unbedingt ein Foto mit uns schießen will, machen wir gute Miene und lächeln gequält in die Kamera. Eigentlich passt uns dieser Zwangsstopp überhaupt nicht, denn wir wollen einfach nur unten ankommen.

Einundneunzig Kilometer stehen auf dem Tacho, als wir Bardas Blancas in den Abendstunden erreichen. Das kleine Kaff bietet keine Übernachtungsmöglichkeit, und ringsherum ist das Land knochentrocken. Der Ort liegt direkt an der Ruta Nacional 40, einer Fernverkehrsstraße, der wir weiter nach Süden folgen wollen. Allerdings brauchen wir dringend eine Pause und frische Lebensmittel. Dazu müssen wir nach Malargüe. Die Stadt liegt siebzig Kilometer nördlich und damit entgegen unserer eigentlichen Fahrtrichtung.

Unentschlossen rollen wir ein paar Meter die RN40 entlang.

»Nee du, das macht keinen Sinn. Das schaffen wir heute nicht. In einer Stunde ist es dunkel, und wir kriechen doch jetzt schon auf dem Zahnfleisch«, wirft Gerald ein und zieht die Bremse.

Wir stehen am Straßenrand und prüfen unsere Möglichkeiten. Wir können hierbleiben und irgendwo im trockenen Flussbett zelten oder weiterfahren und mitten in der Nacht in Malargüe ankommen. Beide Varianten klingen wenig verlockend, so oder so fehlt uns Wasser. Den Río Grande anzuzapfen kommt nicht infrage. Wir haben gesehen, wie der Fluss an einer oberhalb gelegenen Baustelle mit Öl und Abfällen verdreckt wurde.

»Lass uns trampen«, werfe ich ein.

»Mit den Rädern? Da nimmt uns doch keiner mit.«

»Ja, warum denn nicht. Müssen wir halt auf einen Pick-up warten.«

Eine bessere Alternative fällt uns nicht ein, und wir begeben uns in Position. Das Vorhaben ist reichlich optimistisch, denn es gibt kaum Verkehr. Alle fünfzehn Minuten kommt jemand vorbei. Die meisten Autos fahren allerdings in die falsche Richtung oder sind zu klein. Andere verstehen unsere Situation nicht und rauschen hupend vorbei. Es ist frustrierend und wird zu einem Wettrennen gegen die Zeit. Die Sonne bewegt sich rasch auf den Horizont zu, und im Dunkeln eine Mitfahrgelegenheit zu finden scheint ausgeschlossen zu sein.

»Mensch, Gerald, die Lkw«, platzt es plötzlich aus mir heraus. Ich trete wie wild in die Pedale und lasse meinen verwunderten Kumpanen zurück. In einigen Hundert Metern Entfernung stehen zwei Trucks, deren Fahrer offenbar Pause machen.

Ich komme gerade rechtzeitig. Die beiden Männer wollen soeben einsteigen. Außer Atem schildere ich ihnen unsere Situation. Volltreffer. Sie erklären sich bereit, uns bis nach Malargüe mitzunehmen, und binden unsere Räder zwischen den Betonteilen auf den Ladeflächen fest.

So schnell kann es gehen. Eben standen wir noch verlassen in der abendlichen Hitze, nun rollen wir in klimatisierten Trucks der Zivilisation entgegen. Der Tag überrascht uns mit einem versöhnlichen Ende, und wenn unser Gonzalo so schwungvoll weiterfährt, dann erreichen wir Malargüe im Handumdrehen. Sein Fahrstil ist radikal, aber ich bin zu müde, als dass mich die quietschenden Bremsen und blinkenden Warnlampen aus der Fassung bringen könnten.

Wir schlagen in Malargüe auf und verwandeln unser Zimmer am nächsten Morgen binnen weniger Minuten in ein Schlachtfeld. Wild verteilt liegen sämtliche Kleidungsstücke auf dem Fußboden oder hängen zum Trocknen im Raum. Wir fläzen wie zwei schlaffe Wassersäcke auf unseren Betten herum und zapfen das WLAN an. Während ich einen neuen Beitrag schreibe, nutzt Gerald die Chance, um mit seiner Freundin zu skypen.

»Bisher läuft alles voll nach Plan«, höre ich ihn sagen. Ich schaue ihn fragend an, verziehe meine Augenbrauen. Er macht eine Handbewegung und bedeutet mir, still zu sein. Ich grinse und widme mich wieder meinem Blogartikel.

Vierhundert Kilometer haben wir seit dem Aufbruch am Pazifischen Ozean absolviert. Das mag wenig klingen, aber wir haben unterwegs kapiert, dass die Anzahl der Kilometer keinen direkten Aufschluss über die Leiden unterwegs gibt. Die gleiche Strecke hätten wir auf flacher Asphaltstrecke wohl in zwei Tagen gemeistert. Aber bisher waren die Straßen überwiegend unbefestigt – und wir haben trotzdem die Anden überquert. Damit Körper und Geist wieder zu Kräften kommen, gönnen wir uns nun zwei Ruhetage.

Wir schlendern durch die Siedlung, die typisch südamerikanisch im Schachbrettmuster angelegt ist. Es ist ein nettes Städtchen mit flachen Häusern und vielen Bäumen. Das Leben konzentriert sich entlang der Avenida San Martin. Den 18 000 Einwohnern stehen zahlreiche Geschäfte offen, und nur für spezielle Güter müssen sie den Weg in die vierhundert Kilometer entfernte Provinzhauptstadt Mendoza auf sich nehmen. Wir gönnen uns ein köstliches argentinisches Steak und genießen es, einmal nicht den Kocher anschmeißen zu müssen.

Nach einem Tag haben wir mitbekommen, dass Malargüe wie »Malarrrgué« ausgesprochen wird, außerdem habe ich mir mit Anleitung aus dem Internet die Achillessehne getapet, Gerald hat die Räder in Schuss gebracht, und wir haben eine Erkenntnis gewonnen, die uns Sorge macht. Offenbar haben wir einen der trockensten Sommer seit Jahren erwischt. Auf unserem Weg zum nächsten Zwischenziel bahnen sich dürre Kilometer an. Wir beschließen, unsere Wasservorräte aufzustocken und in Form von Wassersäcken am Lenker zu befestigen.

Die Zeit in dieser Oase des Lebens vergeht viel zu schnell, und am zweiten Abend gehen wir mit dem Bewusstsein ins Bett, dass wir morgen wieder irgendwo im Staub liegen werden. Die neugierige Vorfreude, die wir beim Start in Duao hatten, ist längst dem großen Respekt vor der Strecke gewichen.

Aktiv sterben

Der Rezeptionist Ignacio kannte jemanden, der jemanden kannte, der uns im Lieferwagen zurück nach Bardas Blancas gebracht hat. Vor zwei Tagen standen wir ausgelaugt auf der Brücke über den Rio Grande und warteten auf Autos. Nun befinden wir uns an der gleichen Stelle und sind bereit, das Abenteuer fortzusetzen.

Die RN40 hat ihren feinsten Zwirn übergeworfen, auf der nagelneuen Asphaltdecke kommen wir rasant voran. Wir jagen mit Rekordgeschwindigkeit nach Süden, der Wind schiebt uns leicht voran, als wollte er sich für die Strapazen in den Anden entschuldigen. Da fällt es auch kaum ins Gewicht, dass unsere Räder durch die zusätzlichen Wasservorräte fünfzehn Kilo schwerer geworden sind.

»Heute kann uns nichts aufhalten«, brülle ich zu Gerald, als wir nach zwei Stunden schon fünfzehn Kilometer absolviert haben. Wenig später bereue ich diese Worte.

Update 427 vom 12. März (36°18' S, 69°39' W): Das ist ein schlechter Scherz, oder? Eben hat sich die RN40 – eine nationale Fernstraße – in eine miese Schotterpiste verwandelt. Motivation, wo bist du?

Wir trauen unseren Augen kaum. Eine Kurve, eine Brücke, und plötzlich wird aus der Genussfahrt ein Höllenritt. Die Steine auf der Straße sind so grob, dass ich permanent mit den Rädern zur Seite rutsche und die Satteltaschen bedrohlich ins Schwanken geraten. Die Fahrer der vorbeifahrenden Autos grüßen uns herzlich, kommen aber nicht auf die Idee zu bremsen. Sie lassen uns im Staub stehen.

»Was sagtest du vorhin doch gleich«, legt Gerald seinen Finger in die Wunde. Was würde ich dafür geben, auf sein Mountainbike umsteigen zu können. Meine Bereifung taugt auf dieser bestialischen Piste nichts. Da könnte ich ebenso gut mit einem Rennrad durch einen Buddelkasten fahren.

Die Landschaft um uns herum ist eine monotone Steinwüste, die Hitze flimmert über der hügeligen Gegend, und die knorrigen Büsche, die hier und da herumstehen, sind die absoluten Höhepunkte. »Es ist eine Landschaft, die einen nicht umarmt«, sagen wir dazu. Es gibt keinen Grund, hier länger zu verweilen. Doch statt im Jeep durch die Gegend zu brettern, quälen wir uns auf dem Fahrrad voran und haben alle Zeit der Welt, die Umgebung zu betrachten. Wilde Sehnsüchte nach blühenden Kirschbäumen, rauschenden Wasserfällen und einem kühlen Getränk verankern sich in unseren Köpfen. Mit jedem Steinchen vor dem Vorderrad platzt die Traumblase. Die warme Plörre aus der Trinkflasche, der Staub auf unserer Haut und der grobe Schotter unter unseren Rädern sind die Realität.

Unsere Stimmung erhält einen weiteren Dämpfer, als ich ein uns entgegenkommendes Auto anhalte und frage, wann die Straße wieder besser wird.

»Es werden wohl noch vierzig Kilometer sein«, lautet die niederschmetternde Antwort. Vierzig Kilometer! Auf dieser Piste ist das ähnlich anstrengend, wie es 120 Kilometer auf guter Straße wären.

Es wird offensichtlich, dass wir in der Planung nachlässig waren. Die schlechten Karten sind eine Sache, die zu dünnen Reifen eine andere. Wir hätten uns im Vorfeld zudem viel intensiver mit der Route und ihren Eigenschaften beschäftigen müssen. Dass wir das nicht gemacht und uns für eine unkonventionelle Strecke entschieden haben, ist wohl eine Mischung aus Abenteuertrieb und Naivität – für uns ist es tatsächlich die erste mehrwöchige Radtour.

Gerald sitzt auf dem Weg zur Arbeit zwar täglich auf dem Fahrrad, aber mehr als eine Tour über vier Tage mit leichtem Gepäck durch den Harz hat er nicht vorzuweisen. Ich bin seit meiner Kindheit regelmäßig auf dem Rad unterwegs, aber auch für mich ist eine Mehrwochentour Neuland.

Als wir uns Monate vor dem Beginn der Weltreise in der WG mit einem Bier in der Hand die schönen Bilder des Trips ausgemalt haben, ahnten wir, dass es auch hart werden würde. Vielleicht war es sogar besser, dass wir damals keine präzise Vorstellung von dem hatten, was uns erwarten würde. Denn es ist fraglich, ob wir die Tour über diese Route dennoch gewagt hätten.

Dass wir bisher keinen einzigen anderen Radfahrer gesehen haben, scheint die Absurdität unserer Aktion zu unterstreichen. Der Verstand sucht erfolglos einen Sinn, der Ehrgeiz springt ein und treibt den Körper voran. Irgendwie muss es ja weitergehen, denn selbst wenn wir wollten, könnten wir nicht einfach so aufhören. Einen Abholdienst für müde Radfahrer gibt es nicht.

»Und in spätestens zwei Jahren ist die Piste hier glatt wie Babyhaut«, ächze ich.

»Meinst du?«

»Ja, sieh doch, wie gut die Straße vorhin war. Die werden die RN40 nach und nach asphaltieren. Wir kommen gerade noch rechtzeitig, um sie uns in ihrer traditionellen Pracht anzuschauen.«

»Hmm.« Gerald rumpelt wortlos neben mir her. Wenig später müssen wir stoppen. Sein Vorderreifen ist platt. Zum zweiten Mal seit dem Start in Duao ereilt ihn dieses Schicksal. Seine Mäntel sind zwar breiter, haben dafür aber keinen Pannenschutz.

Als die Moral ganz unten ist, führt die Straße ganz nach oben. Um sechshundert Meter schwingt sich das Gelände empor, und wir haben keine andere Wahl, als immer weiter auf diesem Weg zu fahren. Der Anstieg überrascht uns nicht, wir hatten das Höhenprofil der Etappe bereits in Malargüe geprüft. Da sind wir aber von einer guten Straße ausgegangen – eigentlich wollten wir jetzt schon viel weiter sein.

Bergauf fährt jeder seinen eigenen Rhythmus. Ich denke nicht, sondern trete nur. Der Schweiß perlt in dicken Tropfen, und nur zu gern würde ich die Trinkflasche über meinem Kopf entleeren. Aber das geht nicht, denn unsere Wasserreserven sind das Wertvollste, was wir haben.

Nach zwanzig Kilometern erreiche ich den Scheitelpunkt. Gerald ist zurückgefallen, ich erkenne ihn als kleinen schwarzen Punkt in der ockerfarbenen Landschaft. Während er sich den Hang hinaufmüht, bleibt mir Zeit, um durchzuatmen und mich umzusehen.

Gen Westen ragen die Gipfel der Anden empor. Im Norden braut sich ein massives Unwetter zusammen. Von Aufwinden getrieben, wabern die Wolken in die Höhe und sehen wie Blumenkohl aus. Das Licht der untergehenden Sonne verpasst dem Szenario einen dramatischen Anstrich und taucht die Cumulus-Haufen in rote Farben. Ich sehe Blitze zucken und bin froh darüber, dass das Gewitter weit entfernt ist. Das hätte uns nach dem Tag noch gefehlt. Schlimm genug, dass wir den Abend in der Nähe eines Sees verbringen müssen, den wir nicht erreichen können. Die Laguna Nueva ist abgezäunt, Pferde weiden auf den fruchtbaren Flächen ringsherum – mehr als die lästigen Mücken haben wir nicht vom Wasser. Aus der Trinkflasche gönnen wir uns zweihundert Milliliter für den Versuch einer Katzenwäsche. Das ist viel zu wenig für die dicke Kruste aus Schweiß, Dreck und Sonnencreme, die auf unserer Haut klebt. Wenigstens haben wir heute 110 Kilometer geschafft und liegen damit weiterhin gut im Zeitplan.

Nach einer schwülen Nacht und mit etlichen Mückenstichen übersät geht es weiter. Wir stoßen Jubelschreie aus, als die RN40 endlich wieder zu einer richtigen Straße wird und wir mit einer rauschenden Abfahrt belohnt werden.

»Lieber hoch auf Sand und runter mit Karacho auf Asphalt als umgekehrt«, brüllt mir Gerald zu und schießt an mir vorbei. Abwärts ist er schneller, wie ein Falke stürzt er sich hinab. Mir sind sechzig Sachen bei voller Beladung genug. Zumindest in diesem Punkt bin ich wohl der vernünftigere von uns beiden.

Es geht weiter durch eine Gegend, die »uns nicht umarmt«. Und noch immer geben wir uns wilden Fantasien hin.

»Ich hätte jetzt Lust auf eine Schneeballschlacht«, grinst Gerald.

»Du hast wohl einen Sonnenstich«, lache ich zurück.

Wir gehen mittlerweile automatisch davon aus, dass nach der nächsten Kurve eine böse Überraschung lauert, und freuen uns dann, wenn es nicht so ist.

In Barrancas füllen wir unsere Wasservorräte auf und schütten literweise Cola in uns hinein. Ich kann mich nicht erinnern, dieses Zeug jemals gemocht zu haben. Aber in diesem Moment gibt es für uns nichts Schöneres als dieses süße Zuckerwasser.

Während der Pause macht Gerald eine böse Entdeckung. Sein Gepäckträger zeigt erste Abnutzungserscheinungen. Die Streben sind verborgen und beginnen zu wackeln. Sie sind den ständigen Erschütterungen und dem schweren Gepäck offensichtlich nicht gewachsen, und Gerald versucht, das drohende Unheil mit Draht aufzuhalten.

Wir sitzen müde und gedankenversunken auf der Bordsteinkante vor einem Tante-Emma-Laden, als ein kleiner Junge zu uns kommt. Er inspiziert gewissenhaft unsere Räder. Mit seinen großen, runden Kulleraugen schaut er uns an und stellt Dutzende Fragen. Wir sind eigentlich völlig erledigt, aber der kleine Mann schafft es, unsere Herzen zu berühren. Wir können gar nicht anders, als ihm alles ganz genau zu zeigen. Thiago, mit seiner Wärme im Blick, der frechen Zahnlücke und mit seinem Lockenkopf, bringt uns zum Lachen. Wenigstens für ein paar Minuten vergessen wir den wenig belebenden Alltag. Bisher haben wir kaum Menschen getroffen. Aber alle haben uns mit ihrer Freundlichkeit und Aufgeschlossenheit beeindruckt. Ohne es zu wissen, gibt uns Thiago Kraft, die wir gut gebrauchen können.

Bei Buta Ranquil verlassen wir die RN40 und schlagen uns auf einer schmalen Nebenstraße zum Río Colorado durch. Zwei kläffende Köter jagen uns, und die vorbeifahrenden Autos überziehen uns mit Staub. In den harten Passagen leidet jeder still vor sich hin, auf den entspannten Abschnitten reden wir über irgendein Thema.

Mehr und mehr verstehen wir, dass unsere Fahrt ein Geduldsspiel ist. Ich erinnere mich an ein Fernsehinterview mit dem ehemaligen Radprofi Jens Voigt. Der verglich seine Kraftreserven mit einem Sack voller Körner. Je nach Anstrengung greift man in den Sack und schmeißt mal mehr, mal weniger Körnchen in die Umgebung. Aber die Anzahl der Körner ist begrenzt, und auf die Dosierung kommt es an. Wenn wir durchkommen wollen, müssen wir mit unseren Energiereserven haushalten und dürfen nicht überdrehen. Vom Atlantik trennen uns noch rund tausend Kilometer, und es ist davon auszugehen, dass die Straßen weiterhin schlecht bleiben.

Am steinigen Ufer des Río Colorado schichten wir die Brocken so lange um, bis wir eine einigermaßen ebene Fläche zum Schlafen geschaffen haben. Dabei entwickeln wir die Sehnsucht, uns ein Floß zu bauen, um uns bis zum Atlantik treiben zu lassen.

Nach einer unbequemen Nacht wache ich bereits im Morgengrauen auf. Die Sonne steht noch hinter dem Horizont, aber der neue Tag kündigt sich von Osten her an. Wir liegen exponiert auf unserem steinernen Bett. Der Fluss rauscht gleichmäßig, die Helligkeit vertreibt die Müdigkeit.

»Psst, Gerald. Schläfst du noch?«

Gerald streckt sich und gähnt. »Nö, nicht wirklich. Wie spät ist es?«

»Kurz vor sechs. Aber lass uns mal zeitig losmachen, noch ist es schön kühl.«

Die frische Morgenluft verleitet uns dazu, Sack und Pack in Höchstgeschwindigkeit zusammenzuraffen. Die Isomatte kommt längs auf den Gepäckträger, links und rechts die Satteltaschen, quer darüber der Seesack. Der Wasserbeutel findet seinen Platz am Lenker. Das Prozedere geht mittlerweile, fast ohne nachzudenken, von der Hand, und wenig später sitzen wir bereits auf den Rädern. Das Frühstück haben wir auf später vertagt, die Bedingungen sind zu gut, um Zeit zu verschenken. Die Hitze ist fern, die Sandpiste einigermaßen glatt – so haben wir das am liebsten.

Die gute Qualität des Untergrundes bezahlen wir mit reichlich Verkehr. Alle paar Minuten rasen Jeeps und schwere Laster an uns vorbei. Als wir wenig später Masten und moderne Bauten erspähen, erschließt sich der Grund für die Geschäftigkeit – hier geht es um die Ausbeutung der Bodenschätze.

Wir staunen nicht schlecht, als wir mitten in der kargen Landschaft Rohrstränge entdecken und an eingezäunten Bereichen vorbeirollen. Obendrauf ist Stacheldraht, der unterstreicht, dass Besucher hier offenbar nicht erwünscht sind. Die Region ist für Touristen allenfalls einen Zwischenstopp wert, besitzt für die Wirtschaft des Landes aber eine große Bedeutung. Gewaltige Erdöl- und Erdgasvorkommen schlummern in den Tiefen des Gesteins.

Die staatliche Gesellschaft YPF treibt die Förderung voran und errichtet hier, fernab vom Schuss, ihre Anlagen.

Wie groß der Einfluss der Ölindustrie ist, wird eine Stunde später deutlich. Eigens für ihre Maschinen hat die YPF zwei neunhundert Meter lange Landebahnen in die Gegend gegossen. Ziemlich genau bis zu diesem Miniflughafen hält unsere gute Laune, denn bis hierher befindet sich die Piste in einem brauchbaren Zustand. Scheinbar kümmert sich keiner darum, wie es im weiteren Verlauf um die Straße steht. Sie wird einfach ihrem Schicksal überlassen und sieht dementsprechend miserabel aus.

Zum wiederholten Mal machen wir die bittere Erfahrung, dass die Darstellung auf der Karte nichts mit dem tatsächlichen Zustand der Wege zu tun haben muss. Was auf dem Papier als dicker orangener Strich erscheint, entpuppt sich in der Realität als Katastrophe. Die RP6 toppt alles bisher Dagewesene und beschert uns grausame Stunden. Grobe Schotterpassagen wechseln sich mit tiefen Sandflächen ab. Wir kommen kaum voran, müssen in der Gluthitze immer wieder schieben und finden weit und breit keinen schattigen Fleck zur Erholung. Wir streichen die Vokabel »Rad fahren« und ersetzen sie durch »aktiv sterben«.

Wäre mein Rad nicht so schwer beladen, dann würde ich es wohl in den Straßengraben schmeißen. Gäbe es Verkehr, so wäre die Verlockung groß, in ein Auto umzusteigen. Längst geht es nicht mehr nur darum, eine Krise zu überstehen. Die ganze Tour steht auf dem Spiel, und mit jedem Kilometer schwinden unsere Kraftreserven. Wir wissen nicht, wie lange wir noch durchhalten werden. Zu allem Überfluss muss Gerald zweimal seinen Vorderreifen flicken. Selbst die Kraft zu fluchen fehlt uns mittlerweile.

Erst dreißig Kilometer vor unserem Etappenziel ändert sich der Belag. Aus der groben Piste wird nun wieder eine glatte Straße. Ringsherum entdecken wir Erdölpumpen, die wie skurrile Gerippe in der leblosen Gegend stehen. Weit und breit gibt es keine Bäume, das nackte Grau der Felsen dominiert.

Hundert Kilometer haben wir heute geschafft. Davon waren siebzig unbefestigt, zwanzig furchtbar, und zehn mussten wir schieben. Es reicht. Es ist 20 Uhr, als wir in Rincón de los Sauces ankommen. Duschen, essen, schlafen – zu mehr sind wir nicht mehr in der Lage.

Nach zehn Stunden Schlaf liegen wir träge auf unseren Betten und kommen nur langsam in Schwung. Sechshundertdreiundneunzig Kilometer haben wir seit dem Start am Pazifik gemeistert, das entspricht in etwa der Strecke von Berlin nach Salzburg.

Wir genießen es, heute ohne Zeitdruck in den Tag hineintrödeln zu können. Den Stadtrundgang durch Rincón de los Sauces begrenzen wir auf einen kurzen Streifzug, denn viel zu sehen gibt es nicht. Erst 1970 wurde die Siedlung offiziell gegründet, eine Altstadt suchen wir vergebens. Im Rausch von Erdöl und Erdgas ziehen die Menschen noch immer hierher. Die flachen Häuser werden schneller in die Gegend gesetzt, als die Straßen gebaut werden können. Sandige Pisten durchziehen die Stadt, deren Einwohnerzahl sich binnen zehn Jahren auf 10 000 verdreifacht hat.

»Der Klang des Geldes lässt die Leute kommen. Permanent werden die Fördermengen erhöht«, erklärt mir der Rezeptionist unserer Unterkunft. Seine Aussagen erinnern mich stark an die Gespräche in Westaustralien. Auch dort ging es um das Zusammenspiel von Geld und Bodenschätzen. Ohne den Einfluss der YPF käme wohl kaum ein Mensch auf die Idee, sich in dieser wenig einladenden Region niederzulassen. Der Boden wird durchlöchert und angezapft. Für Argentinien steht viel auf dem Spiel. Das zweitgrößte Land Südamerikas lebt vor allem von der Landwirtschaft und kann den immer größer werdenden Energiebedarf kaum aus eigener

Kraft decken. Das Erschließen von neuen Lagerstätten soll die Abhängigkeit des Landes von teuren Importen eindämmen.

Irgendwo im Nirgendwo

Bei 38 Grad Celsius ist der Fahrtwind eine willkommene Abkühlung, anhalten hingegen der Tod. Seit drei Stunden rollen wir ohne Pause durch die vegetationslose Gegend und haben dabei immer die Buckel des Auca Mahuida vor Augen. Der Vulkankomplex ragt auf unserer linken Seite auf, weithin hat er die Landschaft mit dunklen Lavadecken überzogen. Die schwarzen Schichten heben sich deutlich von den Gelb- und Ockertönen ab, an die wir uns längst gewöhnt haben.

Der Blick verliert sich in der Weite. Abgesehen vom Auca Mahuida gibt es nichts, woran man sich festsehen könnte. Lediglich die Heiligenschreine, die in unregelmäßigen Abständen an der Straße stehen, sorgen für etwas Abwechslung. Die kleinen Flaggen und Wimpel flattern im straffen Wind, der natürlich mal wieder von vorn kommt.

Der Plan sah vor, nach fünfundsiebzig Kilometern an einem Fluss zu nächtigen. Aber als wir dort ankommen, ist vom Wasserlauf nichts zu sehen. Mit Fantasie erahnen wir, wo das Nass im Winter entlangfließt. Doch das bringt uns heute nicht weiter, die Gegend ist knochentrocken und wenig einladend. Aus dem geplanten »aktiven Ruhetag« wird nichts. Besonders Gerald stecken die Strapazen der Vortage in den Beinen. Ich entlaste meinen Freund und fahre die meiste Zeit vorn, um ihm Windschatten zu geben.

Nach weiteren zwei Stunden verlassen wir die Straße und schieben unsere Räder durch den losen Sand. Viel trostloser könnte unser Platz für die Nacht nicht sein. Die flachen Büsche bieten gerade genug Sichtschutz, dass wir von den Autofahrern nicht gesehen werden – allerdings gibt es weit und breit keine bessere Alternative.

Update 439 vom 17. März (38°7' S, 69°2' W): Buenos días! Gestern haben wir einen großen Schritt Richtung Neuquén gemacht, heute wollen wir dort ankommen.

Wir kriechen früh aus unseren Schlafsäcken und treten nach einem spartanischen Frühstück kräftig in die Pedale. Wenn es uns gelingt, Neuquén heute zu erreichen, dann liegen wir nicht nur hervorragend im Zeitplan, sondern werden bereits in wenigen Stunden in eine andere Welt eintauchen. Vor unserem geistigen Auge ziehen die fruchtbaren Regionen des Río-Negro-Tals vorbei. Viel zu lange haben wir keine größeren grünen Flächen mehr gesehen. Unsere Sehnerven sehnen sich nach bunten Farben, unsere Körper dürsten nach Wasser.

Die Fantasien sind unser Antrieb. Im Tunnelblick durchmessen wir die karge Weite, immer wieder bauen sich die Fördertürme der YPF neben uns auf. In den vergangenen Tagen hat sich an diesem Anblick nahezu nichts verändert. Zumindest haben wir die Ausläufer der Anden nun endgültig hinter uns gelassen und müssen kaum noch größere Höhenunterschiede meistern.

Gerald rollt hinter mir, als das Unheil passiert. *Knack.* Das Geräusch geht durch Mark und Bein. Augenblicklich höre ich ein fieses Schleifen, und Gerald hält an. Ich drehe mich um und sehe den entsetzten Blick meines Freundes.

»Was ist passiert?«

»Mein Gepäckträger ist durchgebrochen. Das sieht übel aus.«

Geralds erster Verdacht bestätigt sich, die Aluminiumkonstruktion ist nicht mehr zu retten. Wir stehen fassungslos am Straßenrand und starren uns ratlos an. Was nun? Neuquén ist fünfundsiebzig Kilometer entfernt, aber mit diesem Rad kann Gerald keinen Meter mehr fahren.

Mein Partner ist tieftraurig, als wir die einzig sinnvolle Option aussprechen – er trampt, ich fahre weiter. Es ist für ihn in diesem Moment natürlich nur ein kleiner Trost, zumindest wird jedoch einer von uns so das gemeinsame Ziel erreichen, jeden einzelnen Meter vom Pazifik zum Atlantik mit eigener Muskelkraft zurückzulegen. Schnell reduziere ich mein Gepäck auf ein Minimum und gebe den Rest an Gerald weiter. Dann halten wir die Daumen raus und versuchen unser Glück.

Zwanzig Minuten dauert es, ehe der Fahrer eines Pick-ups Erbarmen hat. Wir legen das Rad auf die Ladefläche, und Gerald klettert auf den Beifahrersitz.

»Mach's gut, Amigo. Wir sehen uns zum Abendessen«, sagt er mir.

Wir werfen uns einen langen Blick zu. Dann fällt die Tür ins Schloss, und mein Freund rollt davon. Es ist ein verdammt komisches Gefühl, den Wagen in der Ferne verschwinden zu sehen, und ich hoffe, dass alles gut geht. Gerald spricht kaum Spanisch, und der freundliche Argentinier ist des Englischen nicht mächtig.

Ich sortiere meine Gedanken und steige dann aufs Fahrrad. Es sind die ersten Kilometer seit Duao, die ich allein unterwegs bin, und das fühlt sich merkwürdig an. Sechzig Kilometer stecken mir heute schon in den Beinen, aber die Anspannung verdrängt die Müdigkeit. Mit leichtem Gepäck und einem flauen Gefühl im Magen schalte ich in den »Wettkampfmodus«. Kopf runter und treten. Der Tacho pendelt sich irgendwo bei 28 km/h ein, und ich drehe die Musik in meinen Kopfhörern auf volle Lautstärke. Das Cinematic Orchestra treibt mich voran.

War das ein Stein? Ich drehe mich nach links und sehe einen Felsklumpen, der durch die Luft segelt. Er landet schräg hinter mir. Ich drehe mich noch weiter nach links und sehe, dass ich ein Problem habe. Offensichtlich wirft jemand nach mir.

Ich reiße meine Kopfhörer aus den Ohren und trete, so schnell ich kann. Wenig später bin ich aus dem Wurfradius des Verrückten entkommen. Ich drehe mich erneut um und erkenne, dass der Mann in ein Auto steigt und mir folgt. Verdammt, das Problem ist offensichtlich nicht gelöst.

Ich habe auf dem Rennrad schon einiges erlebt und mir dabei ein ziemlich dickes Fell zugelegt. Aber was jetzt passiert, ist einfach nur gruselig. Mein Blutdruck steigt, und tausend Gedanken schießen durch meinen Kopf. Viel Zeit zum Überlegen bleibt mir nicht, denn der Verrückte hält mit seinem Transporter voll auf mich zu. Ich muss in den sandigen Straßengraben ausweichen, um nicht über den Haufen gefahren zu werden. Er bremst vor mir und steigt aus. Ich fahre um ihn herum und lege den nächsten Sprint ein. Wieder fliegen Steine in meine Richtung. Einer von ihnen trifft mich am Helm.

Es ist ein Katz-und-Maus-Spiel – und ich sitze am kürzeren Hebel. Der Typ hat es auf mich abgesehen, und ich habe keine Chance, ihm zu entkommen. Ringsherum gibt es nichts als Sand. Die Straße ist weithin die einzig feste Fläche, eine Begegnung von uns beiden lässt sich wohl nicht vermeiden.

Ich werde erneut von der Straße abgedrängt und komme im losen Sand fast zu Fall. Diesmal stecke ich so tief drin, dass der Typ schneller aussteigt, als ich mich befreien kann. Mit einem lauten Knall haut er die Tür ins Schloss und kommt wutentbrannt mit einer Metallstange auf mich zu. Er ist einen halben Kopf größer, fett und alkoholisiert. Sosehr ich mich auch umschaue, weit und breit entdecke ich keine anderen Menschen. Scheiße, Gerald, wo bist du?

Zehn Meter trennen uns noch voneinander. Ich bin abgestiegen und habe das Fahrrad auf die Seite gelegt. Er brüllt Dinge, die ich nicht verstehe. Wird er mich angreifen, mir mein Fahrrad klauen, mich zusammenschlagen? Ich weiß es nicht. Ich habe keine Ahnung, was er von mir will.

Ruhig versuche ich, auf ihn einzureden, und entschuldige mich. Für was auch immer, aber vielleicht hilft es ja.

Der Typ spuckt mich an und fuchtelt mit dem Metallrohr herum. Ich rede weiter ruhig auf ihn ein und versuche, sein Problem zu verstehen. Der Mann ist betrunken und in Streitlaune. Zwei unpräzisen Angriffen weiche ich aus. Er versucht das Fahrrad zu treten, trifft es aber nicht. Die Zeit scheint stillzustehen, ich sehe mich panisch nach anderen Menschen um.

Irgendwann scheint ihm das Spiel keinen Spaß mehr zu machen. Die Stange lässt er fallen, dreht sich um und steigt in das Auto. Noch immer beschimpft er mich, dann fährt er los. Ich stehe einfach nur da und beobachte, wie er mehrere Male anhält und aus dem Fenster schreit. Jetzt legt er sogar den Rückwärtsgang ein und scheint zurückzukommen. Ich halte die Luft an und zähle die Sekunden. Schließlich entfernt sich der streitsüchtige Trunkenbold doch endgültig – mit quietschenden Reifen.

Ich stehe regungslos am Straßenrand und versuche zu begreifen, was eben passiert ist. Erst der gebrochene Gepäckträger, dann die Tempohatz im Solo-Modus und der Angriff des Verrückten. Das ist ein bisschen viel für eine Stunde. Meine Knie werden weich, als ich realisiere, was für ein unverschämtes Glück ich eben hatte. Ohne Weiteres hätte er mich umfahren oder eine Schusswaffe ziehen können.

Es ist die erste negative Begegnung meiner Weltreise, aber sie zeigt, dass ein Bekloppter reicht, um alles durcheinanderzubringen. Ich gebe dem Typen zehn Minuten Vorsprung und setze meine Fahrt dann zaghaft fort.

Umso näher ich Neuquén komme, umso dichter wird der Verkehr. Als ich mich über die Stadtautobahn quäle, halte ich im Augenwinkel noch immer Ausschau nach weißen Lieferwagen. Die Angst, dass er mir irgendwo auflauert, fährt mit.

Nach 134 Kilometern bin ich einfach nur froh, das Etappenziel erreicht zu haben, und freue mich über das Wiedersehen mit Gerald. Ich falle ihm erleichtert in die Arme und berichte von meinen Erlebnissen. Wir können es beide kaum fassen.

Die Erlösung

Die Ereignisse vom Vortag holen mich immer wieder ein. Sie kommen in Form von Szenen und Was-wäre-wenn-Fragen in meinen Kopf zurück. Die Begegnung hängt wie ein Bleimantel über meinen Schultern, und so richtig Lust, die Stadt zu erkunden, verspüre ich nicht. Dabei gibt es hier viel zu entdecken. Neuquén ist Kulturzentrum und wirtschaftlicher Mittelpunkt der gleichnamigen Region. Es gibt zahlreiche Museen, Schauspielhäuser, prächtige Gebäude und eine Universität. Knapp 250 000 Menschen leben hier. Nach Tagen in der Einöde bin ich überfordert mit dem Trubel der größten Stadt Südargentiniens. Der Anblick der hohen Gebäude ist ungewohnt, und es ist Hunderte Kilometer her, dass ich zuletzt an einer Ampel stehen bleiben musste. Immerhin hat es Gerald leicht, einen neuen Gepäckträger aufzutreiben. Das Aluminiumgestänge ist schnell verbaut, allmählich fällt die Anspannung von mir ab, und wir genießen einen Ruhetag. Schlafen, Schreiben, Steaks essen. Mehr brauchen wir nicht, um glücklich zu sein.

Auf dem Weg nach Choele Choel folgen wir für zwei Tage dem fruchtbaren Tal des Río Negro. Nach der aufreibenden Zeit im

Hinterland wähnen wir uns im siebenten Himmel. Die ruhigen Nebenstraßen sind mit Bäumen bestanden, deren Blätter leise im Wind rascheln. Es riecht nach Sommer, Schmetterlinge flattern durch die Luft. Wir haben Tränen der Freude in den Augen, als wir an Wäldchen und Obstplantagen vorbeifahren. Tausend Kilometer haben wir seit dem Start in Duao gemeistert, aber nun beginnen wir einen Abschnitt, auf dem wir uns nicht jeden Meter hart erarbeiten müssen und von der Gegend etwas zurückbekommen. Es ist eine Erlösung.

»Ich bin so richtig ... glücklich heute«, sagt Gerald und atmet tief durch.

Ich rolle neben ihm und nicke.

»Ja, das tut gut. Ich fühle mich fast ein wenig wie zu Hause. Könnte auch eine Tour durch Mecklenburg-Vorpommern sein. Die Umgebung erinnert mich irgendwie daran.«

»Da hast du recht, lass uns doch in den Krakower See springen.« Wir lachen. Tatsächlich ist das Einzige, was uns zu einem perfekten Moment fehlt, der Sprung in ein kühles Gewässer. Aber weit und breit gibt es keine Seen, und die schmalen Kanäle zur Bewässerung der Plantagen laden nicht zum Planschen ein. Seit dem Start am Pazifik waren wir nicht mehr baden, aber wenn es so weitergeht, dann werden wir den Atlantik spätestens in einer Woche erreichen. Beim Gedanken daran kann ich mir ein Grinsen nicht verkneifen. Wir legen noch einmal eine Schippe drauf und folgen dem immer lauter werdenden Lockruf des Ozeans.

Ping. Irgendwo hinter Chimpay hören wir ein Geräusch, das uns zusammenzucken lässt. Wir fahren beide lange genug Rad, um zu wissen, was das war – eine Speiche ist gerissen. Nach kurzer Suche finden wir die Stelle an Geralds Hinterrad.

»Och nö, kann es nicht mal einen Tag geben, an dem alles glattgeht?«, flucht Gerald.

»Aber dann wäre es doch langweilig«, versuche ich die Stimmung aufzuhellen. Im Grunde hat Gerald vollkommen recht – seit dem Start in Duao gab es genau zwei Etappen, die ersten beiden, auf denen alles nach Plan lief.

Ich mache Geralds Talisman für unsere Misere verantwortlich. Das grüne Männchen baumelt seit dem ersten Meter an seinem Lenker und grinst schadenfroh. Wenn es nach mir ginge, hätten wir den kleinen Giftzwerg schon längst in die Tonne gefeuert, aber Gerald besteht auf seinen »Glücksbringer«.

Das Vertrauen in sein Hinterrad ist dahin, denn die Speiche ist ohne Vorwarnung und auf glatter Strecke gerissen. Rund fünfundvierzig Kilometer trennen uns von Choele Choel, unserem nächsten Etappenziel. Mit einer Speiche weniger und der Hoffnung, in der Stadt einen Fahrradladen zu finden, machen wir uns wieder auf den Weg. Ich habe Gerald etwas von seiner Last abgenommen. Wir folgen der RN22 und bleiben dabei am Nordrand des flachen Río-Negro-Tals. Rechts von uns sehen wir in einigen Hundert Metern Entfernung Plantagen und Felder, links breitet sich die spärliche Grassteppe der Pampa aus. Viel Verkehr ist nicht, nur ab und an donnert ein Tanklaster an uns vorbei.

Pünktlich zur Ortseinfahrt ist Geralds Vorderreifen mal wieder platt. Diese Zugabe hätten wir nicht gebraucht, die 140 Kilometer hätten uns heute eigentlich gereicht. Auf der Suche nach einer Werkstatt hetzen wir zu Fuß weiter durch die Stadt.

Durch Zufall stolpern wir tatsächlich über das einzige Zweiradgeschäft im Ort. Kurz vor Feierabend kauft Gerald in weiser Voraussicht gleich fünf neue Speichen. Die Frage nach der Abendbeschäftigung stellt sich heute nicht. Wir suchen uns eine Unterkunft und zerlegen auf dem Innenhof Geralds Rad. Zwar haben wir genügend Puffer, um einen zusätzlichen Ruhetag einzulegen, aber große Lust dazu verspüren wir nicht. Nach Möglichkeit wollen wir morgen bereits wieder im Sattel sitzen, denn so ansprechend ist die Umgebung nicht. Choele Choel ist eine 10 000-Einwohner-Stadt mit vielen flachen Häusern und ohne großen Charme. Sie liegt am Ufer des Río Negro und ist den Launen des Flusses ausgesetzt. Während der Strom im Moment nur wenig Wasser führt und das halb trockene Flussbett nicht sehr anschaulich ist, kommt es in den regenreichen Wintermonaten regelmäßig zu Überschwemmungen.

Wir legen eine Nachtschicht ein, um möglichst schnell weiterzukommen.

Auf dem Lineal

Ein schnurgerader Asphaltstreifen zerteilt die trostlose Gegend. Pampa links, Pampa rechts. Straße vorn, Straße hinten. Wind im Gesicht. Wir sind bald drei Stunden unterwegs und haben noch nicht eine einzige Kurve gesehen. Die Ruta Nacional 22 verläuft ohne einen einzigen Knick nach Nordosten und ist zwischen Choele Choel und Río Colorado der Inbegriff der Monotonie. Die Gegend ist flach und karg, die Straße ist glatt und stellt keine Ansprüche. Ich erinnere mich an die vielen Kilometer, die ich in Westaustralien im Auto gesessen habe.

Wir folgen stur unserem Rhythmus. Erst fahre ich für zehn Kilometer vorn, dann Gerald. Alle zwanzig Kilometer legen wir eine kurze Kekspause ein, bevor das Spiel erneut beginnt. Der Vordermann ist der Windfänger, der Hintermann passt auf die Trucks auf, die alle paar Minuten an uns vorbeidonnern. So wie jetzt.

»Runter!«, brüllt Gerald.

Ohne nachzudenken, folge ich seiner Anweisung und weiche auf den mit Schlaglöchern durchsetzten Schotterstreifen neben der Straße aus. Wenig später rast ein Öltanker dicht an uns vorbei, lässt die Hupe tönen und uns in seinem Luftsog schwanken.

»Dieser blöde Affe, die Straße ist doch frei. Da ist doch kein Gegenverkehr«, schimpft Gerald. Noch nie habe ich ihn derart aufgebracht erlebt. Die skrupellosen Lkw-Fahrer rauben ihm den Verstand – und stellen mit den Abstechern in den Straßengraben das angeschlagene Material auf die Probe.

Während ich seit Beginn der Tour nur einen einzigen Platten hatte und mit meinem Bergamont-Tourenrad sehr zufrieden bin, fällt Geralds Notkauf allmählich auseinander. Wir haben aufgehört, die Anzahl der platten Reifen mitzuzählen, und seine Schläuche gleichen mittlerweile einem Flickenteppich. Dazu der gebrochene Gepäckträger und die gerissene Speiche. Zweihundertsechzig Kilometer trennen uns noch vom Atlantischen Ozean. Dass wir es körperlich schaffen werden, steht für uns mittlerweile außer Frage. Völlig offen ist indes, ob es auch Geralds Drahtesel bis zum Ende durchhält. Tag für Tag bangen wir, ob sein rollender Untersatz die Hufe hochreißt, jeden Kilometer gehen wir davon aus, dass irgendetwas Blödes passiert. Merlins magisches Vermächtnis spannt unsere Nerven aufs Äußerste. Das Vertrauen in das Rad ist weg.

Nach hundert Kilometern geradeaus fängt der Kopf an, mir Streiche zu spielen. Ich meine mich an Kurven zu erinnern, die es definitiv nicht gegeben hat. In den wenigen Wortwechseln mit Gerald weist mich mein Freund darauf hin, dass wir seit Stunden geradeaus fahren.

Die Ankunft in Río Colorado feiern wir. Den gleichnamigen Fluss hatten wir bereits auf der achten Etappe gesehen, als wir uns auf miesen Sandpisten jeden Meter erkämpfen mussten. Damals klang das ferne Gurgeln des Wassers wie ein fieses Kichern. Heute können wir darüber nur müde lächeln.

»Mensch, Gerald, der Río Colorado. Das ist ...«

»... eine Erlösung. Ich habe mich selten so erleichtert gefühlt. Alter, wir haben es fast geschafft«, jubelt Gerald und rollt vor lauter Freude fast in den Straßengraben.

Läppische 178 Kilometer trennen uns noch vom Atlantischen Ozean. Bisher haben wir uns verboten, die Vorfreude zuzulassen. Zu groß schien die Gefahr, doch noch enttäuscht zu werden. Aber jetzt, nur noch zwei Schritte vom Ziel entfernt, tritt die nahende Ankunft Emotionen los.

Ergriffen stehen wir am Ufer des Río Colorado und schauen stromaufwärts. Tausenddreihundertdreißig Kilometer stecken in unseren Beinen. Wir haben die Anden überquert, Pannen gemeistert, Lehrgeld bezahlt, Horrorpisten überlebt und einen Angriff überstanden. Das nahende Ende macht uns deutlich, wie wertvoll die Erfahrungen bisher waren. Wir haben uns besser kennengelernt. Jeder für sich und gemeinsam als Team.

Ein Bilderbogen unserer Tour spannt sich vor meinem geistigen Auge vom Atlantik bis zum heutigen Tag auf. Ich erinnere mich an die eindrucksvollen Ausblicke in den Anden und an die leidvollen Stunden im trockenen Hinterland. Die gereizte Achillessehne, der Sturz und die kräftezehrenden Sandpassagen werde ich wohl nicht mehr vergessen. Wir haben so viel zusammen gemeistert, dass wir selbstbewusst und mit viel Motivation zum Schlussspurt ansetzen. Um das Finale voll auszukosten, teilen wir die restlichen Kilometer nach einem Ruhetag auf zwei Etappen auf. Was soll uns nun noch stoppen?

Update 462 vom 25. März (38° 55' S, 63° 34' W): Gerald ist mal wieder eine Speiche gerissen …

Verdammt. Bei aller Freude hatten wir verdrängt, wie anfällig Geralds Untersatz ist. Das uns wohlbekannte Geräusch einer reißenden Speiche lässt uns vierzig Kilometer hinter Río Colorado hochschrecken. So schnell können sich die Relationen verschieben. Von der einen auf die andere Sekunde werden aus »nur noch« 140 Kilometern »verdammt lange« 140 Kilometer.

Wir bauen am Straßenrand das Fahrrad-Lazarett auf. Gerald ist der Techniker von uns beiden. Er fummelt die alte Speiche aus der Felge und setzt die neue ein. Dann zentriert er das Rad nach Augenmaß und baut alles wieder zusammen. Keine Stunde dauert die Prozedur, dann kann es weitergehen.

»Amigo, du solltest vielleicht deinen Job als Informatiker an den Nagel hängen und Fahrradmechaniker werden«, grinse ich meinen Mitstreiter an.

»Nee, lass mal. So professionell, wie es vielleicht aussieht, bin ich nicht. Die gekauften Speichen sind eigentlich auch etwas zu kurz und, ach, lass uns am besten gar nicht darüber reden und einfach weiterfahren. Wenn ich an mein Fahrrad denke, dann bekomme ich Bauchschmerzen.«

Mit jedem Meter, den wir dem Atlantik näher kommen, steigt die Aufregung. Weithin sind Agrarflächen zu erkennen, und der Verkehr nimmt stetig zu. Unser Endziel ist ein wichtiger Wirtschaftsstandort und verdankt seine Geschäftigkeit vor allem seinem Hafen. Eine viertel Million Menschen wohnt in der Region um Bahía Blanca, und mit jedem Meter tauchen wir tiefer in die Zivilisation ein.

Wir sind so nervös wie ein kleines Kind vor der Bescherung am Heiligen Abend und zählen die Kilometer herunter. Fünfzig, vierzig, dreißig, eine letzte Pause, zwanzig, zehn, Bahía Blanca! Wir stoßen Jubelschreie aus, als wir das Ortsschild passieren.

Wir fahren über die Avenida Colón geradewegs in die Innenstadt hinein. Ein letztes Mal erregen wir mit den vollbeladenen Rädern Aufsehen, noch einmal ist im dichten Verkehr volle Konzentration nötig. Dann sind wir da, stehen auf der Plaza Rivadavia, der für uns den Endpunkt markiert.

Klick. Der linke Schuh löst sich aus dem Pedal. Ich höre auf zu treten, rolle noch zwanzig Meter und bleibe schließlich stehen.

Hunderte Male hat sich diese Szene in den vergangenen drei Wochen wiederholt. Doch diesmal hat sie eine besondere Bedeutung, denn nach 1492 Kilometern ist Schluss. Wir haben unser Ziel erreicht, sind nach sechzehn Fahr- und sieben Ruhetagen in Bahía Blanca angekommen. Etliche Stunden haben wir auf unseren Drahteseln verbracht. Wir haben geschwitzt, gelitten, gelacht, geflucht, getreten. Und nun? Nun ist es vorbei! Vom einen auf den anderen Meter ist es geschafft.

Am Fuß eines imposanten Denkmals aus Stein, inmitten eines kleinen Parks und in Blickweite einer Mischung aus prächtigen Kolonialbauten und schlichten Türmen der Neuzeit fallen wir uns in die Arme und finden keine Worte für diesen Moment. Das Gefühl, »angekommen zu sein«, ist schwer zu begreifen. Es ist ein »Cocktail der Emotionen«, und wir haben noch nicht herausgefunden, welches die »Zutaten« sind. Erleichterung und Wehmut gehören sicherlich dazu. Erleichterung darüber, es geschafft zu haben. Wehmut, weil wir das Nomadenleben trotz aller Strapazen lieben gelernt haben. Uns wird etwas fehlen, wenn wir morgen nicht mehr auf die Drahtesel steigen. Unsere Begleiter stehen treu neben uns. Für mein Fahrrad war es bestimmt nicht die letzte Tour. Ich werde es zerlegen, in einen Karton packen und mit nach Berlin nehmen. Geralds Untersatz hat indes den Zenit seines Lebens überschritten und wird Argentinien wohl nicht mehr verlassen. Zumindest kann er auf ein Wiedersehen mit seinem alten Bike hoffen. Vor wenigen Tagen erreichte uns eine E-Mail der Spedition mit dem Hinweis, dass sich die Sendung nun auf dem Rückweg nach Berlin befinde.

Bahía Blanca, die weiße Bucht, die ihren Namen trägt, weil bei Ebbe weite weiße Flächen zu sehen sind, ist unsere endgültige Rückkehr in die Zivilisation. Nach einem Abend mit viel Wein zieht es uns an die Küste, in den Ferienort Monte Hermoso.

Ergriffen stehen wir Schulter an Schulter am Strand und blicken auf den Ozean hinaus. Vor 139 Tagen habe ich den Atlantik zum letzten Mal gesehen. Damals stand ich in Namibia. Ein Bilderblitz schießt durch meinen Kopf. Krasse Landschaften und luftige Kletterpartien in Afrika, endlose Weiten in Australien, die wilde Schönheit Tasmaniens und die Kontraste Südamerikas huschen in schneller Folge vor meinem geistigen Auge vorbei. Regina, Piet, Jake, Jeff, Brian und all die anderen Gesichter kommen mir in den Sinn. Natürlich ist auch Tory dabei, von der ich seit Tasmanien nichts mehr gehört habe. Es war eine irre Zeit, ein stetes Auf und Ab der Gefühle, dessen eindrucksvoller Schlusspunkt die Radtour war.

»Torsten, hallo?«

Gerald holt mich aus meinem Trancezustand zurück in die Realität.

»Was ist denn nun, wollen wir baden gehen oder nicht?«

Ich grinse wie ein Honigkuchenpferd.

»Na, was für eine Frage«, rufe ich und setzte mich in Bewegung.

Aus Gehen wird Laufen, aus Laufen wird Sprinten. Mit vollem Tempo stürzen wir uns in die erfrischenden Wellen. Was für ein Gefühl, was für eine Erlösung.

Epilog

Fünf sonnige Tage später schieben wir unser Gepäck durch die Hallen des internationalen Flughafens von Buenos Aires. Unser Flug ist zum Boarding bereit. Ich halte mein Ticket in der Hand und starre in die Gangway. Noch bin ich in Argentinien, am anderen Ende wartet die Heimat, die ich vor Monaten verlassen habe. Seit meiner Abreise hat sich die Erde 179-mal um ihre Achse gedreht.

»Geh schon mal rein«, sage ich zu Gerald. Mein Partner nickt und verschwindet im Rumpf der Maschine.

Ich halte noch einmal inne. Es sind die letzten Minuten meines Weltreiseabenteuers, und in meiner Brust schlagen zwei Herzen. Einerseits freue ich mich auf Freunde und Familie, andererseits wird mir bald etwas fehlen. Ein Traum, den ich jahrelang geträumt habe, steht vor der Vollendung. Vom ersten Gedanken bis zum Abschluss sind fast zehn Jahre vergangen. Die Zeit des Reifens und Daraufhinarbeitens gehört genauso zu diesem Projekt wie die sechs Monate, die ich tatsächlich *on tour* war.

Wenn ich über den Atlantischen Ozean zurück nach Europa fliege, dann wird sich ein großer Kreis schließen. Ich werde die Welt umrundet haben. Das haben vor mir schon zig andere Menschen getan. Aber mir ist klar geworden, dass es im Leben nicht immer um höher, schneller, weiter geht. Ganz egal, wie weit du gereist bist, es wird immer jemanden geben, der mehr gesehen hat. Ganz egal, wie viel du nachgedacht hast, es wird immer jemanden geben, der mehr Erkenntnisse gewonnen hat. Das ist nicht schlimm. Letztendlich ist das Leben kein Wettrennen, sondern eine Reise, bei der jeder Kilometer und jeder Kontakt mit einem anderen Menschen eine Bereicherung sind.

Diese Tour hat mein Leben verändert. Ich war zu Fuß, kletternd, im Kajak, auf dem Fahrrad, im Zug, im Auto und mit dem Flugzeug unterwegs. Auf diese Weise konnte ich ganz verschiedene Regionen mit ihren Facetten erkunden. Die Eindrücke aus der Natur und die Einflüsse der Menschen haben Spuren hinterlassen und eine tiefe Neugier in mir geweckt. Was steckt in uns und was in unserem Planeten? Wie können wir mit unserem persönlichen Potenzial und den Ressourcen der Natur verantwortungsvoll umgehen? Darüber werde ich in der Zeit nach meiner Rückkehr viel nachdenken. Es gibt so viel Spannendes zu entdecken. Draußen in der Welt und drinnen im Kopf.

»Ein Weg bildet sich dadurch, dass er begangen wird.« Das stimmt wohl auch dann, wenn es nicht nur geradeaus geht, sondern unterwegs Hindernisse und Sackgassen auftauchen oder sich unerwartet die Richtung ändert.

Ich blicke in die Gangway und nicke entschlossen. Meine Reise geht weiter. Auch wenn die Weltumrundung jetzt vorbei ist.

Danksagung

Ein großer Dank gilt meiner Familie, allen voran meiner Mutter, und meinen Freunden, die den Prozess von der ersten Idee bis zur Durchführung begleitet und mir mit Rat und Tat zur Seite gestanden haben. Erwähnt seien hier speziell meine Reisepartner Martin und Gerald sowie Max, der sich zuverlässig um die täglichen Updates kümmerte.

Ohne Unterstützung hätte ich die Reise in dieser Form nicht durchführen können. Ein dickes Dankeschön gilt daher den Förderern dieses Projekts. Aigle (Wüstenstiefel), die deeg GmbH (Bekleidung), Fahrrad-Krause in Berlin (Fahrrad), Petzl (Stirnlampe), Salewa (Zelt), Scott (Trail-Schuhe), Suunto (GPS-Uhr) und Yeti (Schlafsack) haben mich mit sehr zuverlässigem Material ausgestattet. Gregor und Milan von der Threebytes-Internetagentur aus Oranienburg haben mir zudem mit Kompetenz und Herzblut dabei geholfen, einen zeitgemäßen Internetauftritt zu schaffen. Danke!

Maßgeblichen Anteil an den Geschichten haben die Flugschule in Swakopmund, die australische Bahngesellschaft Great Southern Rail, die Shark Bay Air in Westaustralien, der tasmanische Seekajakanbieter Roaring Forties und das ALMA-Observatorium in Chile. Ohne die Freundschaftspreise und Sondergenehmigungen wären viele Abenteuer nicht zustande gekommen.

Unterwegs habe ich von vielen Unterkünften Rückendeckung und Sondertarife bekommen. Ihnen allen ein riesiges Dankeschön. Hervorheben möchte ich einige Herbergen, die es besonders gut mit mir meinten. In Namibia waren das die Klein-Aus Vista Lodge, die Namtib Desert Lodge in den Tirasbergen und das Hotel A La Mer in Swakopmund. Die Ganora-Farm und das Zuurberg-Hotel haben mich in Südafrika über die Maßen unterstützt. Auf australischem Boden möchte ich das Montacute Bunkhouse hervorheben, das für mich in Hobart zu einer zweiten Heimat geworden ist. Das Hostal Río Amazonas in Santiago de Chile hat mich gleich dreimal aufgenommen und sich mit dem chilenischen Zoll herumgeschlagen, als Geralds Fahrrad endlich in Südamerika angekommen war.

»Thank you« und »Gracias« möchte ich all denen sagen, die ich unterwegs getroffen habe und deren Namen weitere zwei Seiten füllen würden. Danke für die schönen Stunden, die tiefgründigen Gespräche und die tatkräftige Hilfe!

Letztlich möchte ich einen großen Dank denjenigen aussprechen, die dabei geholfen haben, dieses Buch auf den Weg zu bringen. Danke, Margret, Matthias, Antje und Anja!